法律在个案中的
发展与演进

——江苏行政法典型案例评析

金陵行政法案例研究中心　编

杨登峰　执行主编

武汉大学出版社

图书在版编目(CIP)数据

法律在个案中的发展与演进:江苏行政法典型案例评析/金陵行政
法案例研究中心编;杨登峰执行主编. —武汉:武汉大学出版社,2018.9
　ISBN 978-7-307-20484-3

　Ⅰ.法…　Ⅱ.①金…　②杨…　Ⅲ.行政法—案例—江苏
Ⅳ.D927.530.210.5

中国版本图书馆 CIP 数据核字(2018)第 193316 号

责任编辑:林　莉　沈继侠　　　责任校对:李孟潇　　　版式设计:汪冰滢

出版发行:**武汉大学出版社**　　(430072　武昌　珞珈山)
　　　　　(电子邮件:cbs22@whu.edu.cn　网址:www.wdp.com.cn)
印刷:北京虎彩文化传播有限公司
开本:720×1000　1/16　印张:18.75　字数:332 千字　插页:1
版次:2018 年 9 月第 1 版　　2018 年 9 月第 1 次印刷
ISBN 978-7-307-20484-3　　定价:55.00 元

法律在个案中的发展与演进是
法学研究的富矿（代序）

一、法律在个案中的发展与演进状况有待研究

　　法律人的素养，不仅在于对现行法律规范体系的了解和简单应用，更在于对法律精神、法律价值以及法律生成机理的理解和把握。要深入理解和把握法律精神、法律价值以及法律的生成机理，除了通常的理论和法律规范学习之外，还必须了解和把握法律规范发展和演进的历史，厘清法律规范发展、衍变、承继和沉积的过程，解释法律法规发展和演进的成因条件，感悟渗透在个案中的社会人和法律人的思想情感和思维方式，从而形成对于法律规范的历史的、地理的、立体的和客观的认识。只有这样，才能把握法律规范发展所处的社会条件、历史地位和未来发展的方向，才能继续站在历史、地理和社会的新起点上创新和发展法律，也才有可能从法律匠人脱颖、提升为一个法律大家。

　　法律的发展与演进，最主要和最显著的形式是法的立、改、废。我国行政法以及行政诉讼法的发展与演进也不例外。概括起来，从改革开放到目前为止，我国行政诉讼制度主要经历了四个重要的"立"和"改"的过程。改革开放不久，我国于 1982 年 3 月制定了《中华人民共和国民事诉讼法（试行）》。① 该法第 3 条第 2 款规定："法律规定由人民法院审理的行政案件，适用本法规定。"这一规定意味着，行政诉讼在新中国的历史上有了明确的法律依据。自此伊始，行政诉讼制度在我国法院审判实践中逐渐受到重视，相关案件以"行政案件"的名义得到了立案审理。不过，行政诉讼制度在我国的真正确立还得从 1989 年 4 月制定的《中华人民共和国行政诉讼法》（以下简

---

　　① 1982 年 3 月 8 日第五届全国人民代表大会常务委员会第二十二次会议通过，1982 年 3 月 8 日全国人民代表大会常务委员会令第八号公布，自 1982 年 10 月 1 日起试行。

称《行政诉讼法》)① 算起。《行政诉讼法》的制定标志着独立的行政诉讼制度在我国已经确立，从此，行政诉讼法在我国三大诉讼法中占据一席之地，有了自己的独立地位，行政诉讼实践也步入正轨。时至 2014 年，《行政诉讼法》已经施行了整整 25 年。25 年来，政治、经济、文化环境和人们对于行政法和行政诉讼法的认识均发生了重大变化，行政诉讼实践中的一些问题越来越突出。为了因应时事变化的要求，解决《行政诉讼法》相关规定本身存在的不足，满足人民对于行政诉讼制度的需求，2014 年 11 月 1 日，第十二届全国人民代表大会常务委员会第十一次会议通过了《全国人民代表大会常务委员会关于修改〈中华人民共和国行政诉讼法〉的决定》。本决定包括 61 条修正案，对《行政诉讼法》第一次作了较大幅度的修改。时隔三年，2017 年 6 月 27 日，第十二届全国人民代表大会常务委员会第二十八次会议通过《全国人民代表大会常务委员会关于修改〈中华人民共和国民事诉讼法〉和〈中华人民共和国行政诉讼法〉的决定》，《行政诉讼法》得到第二次修改。不过，本次修订仅增加了关于行政公益诉讼的规定，即于第 25 条增加 1 款作为第 4 款："人民检察院在履行职责中发现生态环境和资源保护、食品药品安全、国有财产保护、国有土地使用权出让等领域负有监督管理职责的行政机关违法行使职权或者不作为，致使国家利益或者社会公共利益受到侵害的，应当向行政机关提出检察建议，督促其依法履行职责。行政机关不依法履行职责的，人民检察院依法向人民法院提起诉讼。"以上 4 次立和改的过程反映了我国改革开放以来近 40 年间行政诉讼法发展与演进的宏观框架。

但是，法律的发展与演进不仅表现为法的立、改、废这类剧变的形式，更表现为在个案中通过法律解释和适用得以渐进发展的形式。法律规范在个案中通过解释和适用，得以"激活"和获得生命力。在这一过程中，作为法律规范构成要件的法律概念的内涵与外延不断地扩张或收缩，法律漏洞不断地被发现和补充，法律的价值、目的和原则不断得到渗入、吸收、丰富和发展，法律责任通过行政判决及其执行逐渐在社会中得到体现、反映和反馈。总之，如果把法律的立、改、废比作树木的种植或嫁接的话，法律的个案解释和适用则是树木扎根、发芽和生长的过程。在这一过程中，法律人和社会人对于法律的情感、信仰、理解以及思维方式等，都得到一定程度的反映、体现或型塑，因此，关注和研究法律的发展与演进，不仅要关注和研究法律的立、改、废这样

---

① 1989 年 4 月 4 日第七届全国人民代表大会第二次会议通过，1989 年 4 月 4 日中华人民共和国主席令第十六号公布，自 1990 年 10 月 1 日起施行。

的剧变过程，更要关注和研究法在个案中的发展与演进过程。不过，关注和研究法律的立、改、废这样的剧变过程是比较容易的，而关注和研究法律在个案中的发展与演进过程则是非常困难的。这首先是因为，法在个案中的发展与演进是琐碎的、隐性的和繁杂的。所谓琐碎的，是指法律在个案中的发展与演变是颗粒性的，既不具有整体性，也不具有连贯性。所谓隐性的，是指这种发展与演变往往湮没在司法判决的主词中，是司法判决论理的一部分，法官在判决书中不会也不愿直接宣布他们对法律的发展与改变的看法，也不宜表达他们对案件倾注的情感与情绪，而更愿隐匿他们对法律予以发展革新的观点以及对于案情和当事人境遇的个人感受。其结果，个案中的法律发展与演进是没有显见的"标签"或者"标志"的。所谓繁杂的，是指法律在个案中的发展与演进情况必须通过对各地、各级数以万计的判决书做筛选性考察才能有所发现，而且必须通过对这些案件的法律解释或法律意见进行历史性的和整体性的比较观察才能得到揭示。其结果，个案的整理与研究难免会无功而返。正因为法律在个案中的发展具有琐碎、隐性和繁杂的特点，我国法学界在这一方面肯下力气的人不多，研究的广度和深度不够，相关研究成果还没有形成体系，因此，我们尚不能如同法律的立、改、废那样，对法律在个案中的发展与演变情况给予一个总体性、历史性和深层次的概括和描述，而这却是目前急需探知和了解的。

其实，对于法律发展和演变的探知，除了按照上述两种形式从两个层面进行之外，还有必要关注和探求法律在我国不同地区发展和演变的差异性或者不平衡性。首先，我国地域辽阔，民族众多，政治、经济、文化在不同地区之间存在较大差异，这种地域差异反映到法律的发展和演变方面，就表现为法律在不同地区之间发展和演变的节奏、方式和程度等方面所存在的差异。这种差异首先反映了我国不同地区法律文化、法律人素养以及法治程度的高低，是地方法治竞争力及其差异化的一个重要表现，可以作为地方法治建设和法治规划的重要参考依据；其次也可以通过比较，更加具体而深刻地揭示地理、经济、文化以及习俗传统等因素对法律发展和演变的深层次影响，帮助我们更加深刻地、准确地理解和把握法律发展和演变的规律。这可以算是在一个国家范围内的比较法研究。沿着前面的分类，对于法律在不同地方的发展和演变状况的考察和研究也可以从两个层面进行：一是不同地方或区域立法机关对成文法的立、改、废，二是不同地方司法机关在个案中对法律的解释性发展与演变。基于与前文所述同样的理由，对前者的考察和研究相对比较容易，对后者的考察和研究相对比较困难。但实际上，就我国国内目前的研究状况而言，这两个方面的研究都还不足，只不过后一个方面研究的不足程度更为严重，我们同样不能勾画出我国法律发展和演变的地理信息图谱。

基于以上理由，该是下大力气对法律在个案中的发展和演变情况进行考察、摸底和研究的时候了。不过，考虑到我国法院判决文书数量浩瀚，不可能将各地各级法院的所有判决文书悉数纳入考察和研究范围之内，一一研读，而是需要选择一个突破口，即先划定一个小的范围，由易到难，逐步推进。按照这一设想和思路，则就《最高人民法院公报》上刊登的典型案例进行考察和研究就是比较省力和有效的"捷径"。《最高人民法院公报》上刊登的典型案例本来就是借助于现行司法体制的优势层层挑选推荐而来的，是在层层推选过程中为相关法院认可在某一方面特别是在法律适用方面发挥了创新性推动作用的案例。正是基于这一考虑，本书首先对 1989 年行政诉讼法制定以来《最高人民法院公报》刊登的行政法和行政诉讼案例，从法律发展与演变的角度作一个概括性的梳理，而后对江苏省选入其中的典型案例作一个更为深入、细致的考察和评析，以便为这一研究作一个尝试性探索，以达到抛砖引玉的目的。

二、行政法在个案中发展与演进的总体状况

从我们检索的情况看，自 1989 年至 2017 年 6 月底，《最高人民法院公报》上总共刊载了 125 起行政判决书。按照时间顺序来排序，可列表 1。

从表中可以看出，从 1989 年到 2017 年 6 月的 27 年半期间，《最高人民法院公报》共登载行政法案例 125 起、一年最少登载 1 起、最多的一年（2013 年）登载了 11 起。从地域分布来看，内陆有 21 个省、市、自治区审判的案例入选为典型案例。其中，北京 5 起、上海 12 起、天津 4 起、重庆 2 起、黑龙江 1 起、吉林 1 起、江苏 17 起、浙江 5 起、福建 4 起、安徽 3 起、广东 6 起、河南 4 起、山西 4 起、河北 3 起、四川 8 起、海南 2 起、贵州 2 起、湖北 2 起、湖南 2 起、甘肃 2 起、内蒙古 1 起。此外，最高人民法院自己作出的判决书 35 起。这 35 起判决书中，多是经其他省、市、自治区审理，后经最高人民法院提审或再审的。上述数字也表明，除香港和澳门两个特别行政区和台湾地区之外，我国内陆 31 个省、市、自治区中，江苏省是为《最高人民法院公报》"贡献"典型案例最多的，其次是上海市，同时，我们也注意到，有 10 个省和自治区没有为《最高人民法院公报》"贡献"典型案例，它们分别是青海、西藏、新疆、宁夏、陕西、云南、广西、辽宁、山东、江西。总体来看，上述案例对于行政法和行政诉讼法的发展与演变集中体现在以下几个方面：

表1　125起行政判决书在各省的分布情况

年份	数量	最高	北京	上海	天津	黑龙江	吉林	江苏	浙江	福建	安徽	重庆	广东	河南	山西	河北	四川	海南	贵州	湖北	湖南	甘肃	内蒙古
1989	4			1								1	1	1									
1990	1	1																					
1991	2										1					1							
1992	4	1	1						1						1								
1993	2														1		1						
1994	4								1				1				1		1				
1995	2					1															1		
1996	2	1									1												
1997	1	1																					
1998	1									1													
1999	1		1																				
2000	5	1												1				1			1	1	
2001	3									2						1							
2002	3						1										1					1	
2003	5			2				2						1									

续表

年份	数量	最高	北京	上海	天津	黑龙江	吉林	江苏	浙江	福建	安徽	重庆	广东	河南	山西	河北	四川	海南	贵州	湖北	湖南	甘肃	内蒙古
2004	8	1	2					2	1				1				1						
2005	7	1		1	1			1						1				2						
2006	9	1		1	2			3		1			1	1										
2007	7	2		1	1			1				1						1						
2008	2	1						1																
2009	2	1		1																				
2010	5	4	1																					
2011	4	1						1	1						1								
2012	9	5						1	1									1			1			
2013	11	5		2				2	1		1		1							1				
2014	8	2		1				2	1				1		1									1
2015	7	3						1							1					1			
2016	3	3																					
2017	3	3																					
计	125	35	5	12	4	1	1	17	5	4	3	2	6	4	4	3	8	2	2	2	2	2	1

（一）对于行政法基本原则之应用与发展

我国迄今为止没有制定行政程序法典，对于行政法的基本原则仅仅在学理上加以阐述，在法律文件中并没有总体性或者一般性的明确规定。这样，这些法律原则在中国行政法治土壤中要落地生根，就必须依靠司法审判的实践和司法判决的效力，在个案中逐渐加以应用和推进，以赢得社会的普遍认同。在这一方面，《最高人民法院公报》上的典型案例可谓功勋卓著，主要体现在对行政法定原则、法律优先原则、合理原则和比例原则、正当程序原则等基本原则的应用和发展方面。

在行政法定原则方面，典型的案例有 1992 年 7 月四川省乐至县人民法院判决的"谢培新诉永和乡人民政府违法要求履行义务案"。① 本案法院虽然没有明确提到行政收费要"于法有据"这一概念，但就当时乱收费、乱摊派的问题，本案判决义正词严地指出：

"被告永和乡人民政府向原告谢培新提取的村提留费、乡统筹费和社会生产性服务费，超过谢培新全家应负担费用的一倍，违反了《农民承担费用和劳务管理条例》和四川省《四川省农民负担管理条例》规定的取之有度、总额控制、定项限额的原则，具有任意性和随意性。有的项目，如敬老院筹资，广播建网、安装费用等分别属公益金和统筹费的重复提取。生产性服务和公益性服务费用的收取，不是依自愿、互利、谁受益谁负担的规定依法行政，而是强行摊派。甚至分属林场的债务也摊派给原告负担。《农民承担费用和劳务管理条例》和四川省《四川省农民负担管理条例》均规定农民每年负担的义务工和劳动积累工以劳动力计算，被告则按原告全家人口承担，是不合法的。"

关于行政法定原则的典型案例还有 2014 年的"陈爱华诉南京市江宁区住房和城乡建设局不履行房屋登记法定职责案"② 等。"陈爱华"案的审理法院——南京市江宁区人民法院审理认为：

"人民法院审理行政案件，以法律和行政法规、地方性法规为依据。根据《中华人民共和国继承法》第 16 条第 3 款的规定：'公民可以立遗嘱将个人财产赠给国家、集体或者法定继承人以外的人。'公民享有通过设立遗嘱方式处分包括房产在内的个人财产的权利。我国法律、法规并未规定'遗嘱人为处分房产而设立的遗嘱应当办理公证'，也并未要求遗嘱受益人须持公证机关出

---

① 该案载于《最高人民法院公报》1993 年第 1 期（总第 33 期）。

② 该案载于《最高人民法院公报》2014 年第 8 期（总第 214 期）。

具的遗嘱公证书才能办理房屋转移登记。司法部、建设部《关于房产登记管理中加强公证的联合通知》中关于'遗嘱人为处分房产而设立的遗嘱应当办理公证'的规定与《物权法》《继承法》等法律精神不符，不能成为房屋登记主管部门不履行房屋登记职责的法律依据。① 故本案中，被告依据《联合通知》的相关规定对该涉案房屋不予办理房屋所有权转移登记的具体行政行为违法。遂依照《行政诉讼法》第 54 规定，判决撤销被告区住建局于 2011 年 10 月 27 日作出的《关于陈爱华办理过户登记申请的回复》，责令被告区住建局在本判决书发生法律效力后 30 日内履行对原告陈爱华办理该涉案房屋所有权转移登记的法定职责。"②

"陈爱华"其实也是法律优先原则的典型范例。关于法律优先原则，还有"念泗三村 28 幢楼居民 35 人诉扬州市规划局行政许可行为侵权案"③。本案审理法院江苏省高级人民法院认为："根据城市规划法第二十一条的规定，编制分区规划城市的规划主管行政机关，依照法律和地方性法规的授权规划许可的建筑工程，虽然缩短了相邻人住宅的原日照时间，但符合国家和当地行政主管部门技术规范规定的最低日照标准，且不违反其他法律、法规规定的，应认定其许可行为合法。"从而明确了"实际损失"并不是认定行政行为合法性的必要要件。

有关正当程序原则的案例相对更多，诸如"定安城东建筑装修工程公司与海南省定安县人民政府、第三人中国农业银行定安支行收回国有土地使用权

---

① 《物权法》第 10 条规定："国家对不动产实行统一登记制度。统一登记的范围、登记机构和登记办法，由法律、行政法规规定。"《继承法》第 16 条第 3 款规定："公民可以立遗嘱将个人财产赠给国家、集体或者法定继承人以外的人。"《继承法》第 17 条第 2 款规定："自书遗嘱由遗嘱人亲笔书写，签名，注明年、月、日。"《房屋登记办法》第 32 条规定："发生下列情形之一的，当事人应当在有关法律文件生效或者事实发生后申请房屋所有权转移登记……（三）赠与……"

② 参见江苏省南京市江宁区人民法院行政判决书（2013）江宁行初字第 49 号。2014 年 5 月出版的《江苏省高级人民法院公报》（2014 年第 1 辑）（总第 31 辑）将此案作为参阅案例刊载。裁判摘要和裁判理由如下："公民可以立遗嘱将个人财产赠给国家、集体或者法定继承人以外的人。现行法律、法规并未规定遗嘱受益人须持公证机关出具的遗嘱公证书才能办理房屋转移登记。司法部、建设部《关于房产登记管理中加强公证的联合通知》中关于'遗嘱人为处分房产而设立的遗嘱应当办理公证'的规定与《物权法》、《继承法》等有关法律法规精神不符，不能成为房屋登记主管部门拒绝履行房屋登记职责的法律依据。"

③ 该案载于《最高人民法院公报》2004 年第 11 期。

及撤销土地证案"①、"陆廷佐诉上海市闸北区房屋土地管理局房屋拆迁行政裁决纠纷案"②、"张成银诉徐州市人民政府房屋登记行政复议决定案"③、"田永诉北京科技大学拒绝颁发毕业证、学位证行政诉讼案"④，等等。例如，在"定安城东建筑装修工程公司"案中，法院指出：

"行政机关作出对当事人不利的行政行为，未听取其陈述、申辩，违反正当程序原则的，属于行政诉讼法第五十四条第（二）项第 3 目'违反法定程序'的情形。行政机关根据《土地管理法》第五十八条第一款第（一）、（二）项规定，依法收回国有土地使用权的，对土地使用权人应当按照作出收回土地使用权决定时的市场评估价给予补偿。因行政补偿决定违法造成逾期支付补偿款的，人民法院可以根据当事人的实际损失等情况，判决其承担逾期支付补偿款期间的同期银行利息损失。"

类似判决论述众多。在关于行政基本原则的案例中，除了适用和发展行政法定原则、法律优先原则和正当程序原则的案例外，还有关于合理原则、比例原则、诚实信用和公序良俗的案例，如"黄金成等 25 人诉成都市武侯区房管局划分物业管理区域行政纠纷案"⑤、"北京福联升鞋业有限公司与国家工商行政管理总局商标评审委员会、北京内联升鞋业有限公司商标异议复审行政纠纷案"⑥、"泰山石膏股份有限公司与山东万佳建材有限公司、国家工商行政管理总局商标评审委员会商标争议行政纠纷案"⑦ 等，这里不再逐一赘述。

（二）对于行政主体资格之确定

在行政法中，行政主体是一个学理概念，包括行政法律文件中所称的行政机关和法律法规授权的组织两类。不过在实践中，不论是行政机关还是法律法规授权的组织，都不是那么清晰从而可以一目了然。在行政法中，行政主体决定着行政职权行使的合法性；在《行政诉讼法》中，行政主体决定着行政诉讼的主管范围和被告资格。1989 年《行政诉讼法》第 2 条规定："公民、法人或者其他组织认为行政机关和行政机关工作人员的具体行政行为侵犯其合法权

---

① 该案载于《最高人民法院公报》2015 年第 2 期。
② 该案载于《最高人民法院公报》2007 年第 8 期。
③ 该案载于《最高人民法院公报》2005 年第 3 期。
④ 该案载于《最高人民法院公报》1999 年第 4 期。
⑤ 该案载于《最高人民法院公报》2005 年第 6 期。
⑥ 该案载于《最高人民法院公报》2016 年第 6 期。
⑦ 该案载于《最高人民法院公报》2017 年第 1 期。

益，有权依照本法向人民法院提起诉讼。"因此，行政主体和行政诉讼被告资格是《最高人民法院公报》关注的一个焦点，同时也是典型案例比较集中的一个领域。相关案例如"田永诉北京科技大学拒绝颁发毕业证、学位证行政诉讼案"①、"甘露不服暨南大学开除学籍决定案"② 等。其中"田永诉北京科技大学拒绝颁发毕业证、学位证行政诉讼案"后来被最高人民法院选列为"指导案例"，即指导案例第 38 号。

针对行政主体与行政诉讼被告资格问题，"田永诉北京科技大学拒绝颁发毕业证、学位证行政诉讼案"指出：

"根据我国法律、法规规定，高等学校对受教育者有进行学籍管理、奖励或处分的权力，有代表国家对受教育者颁发学历证书、学位证书的职责。高等学校与受教育者之间属于教育行政管理关系，受教育者对高等学校涉及受教育者基本权利的管理行为不服的，有权提起行政诉讼，高等学校是行政诉讼的适格被告。高等学校依法具有相应的教育自主权，有权制定校纪、校规，并有权对在校学生进行教学管理和违纪处分，但是其制定的校纪、校规和据此进行的教学管理和违纪处分，必须符合法律、法规和规章的规定，必须尊重和保护当事人的合法权益。本案原告在补考中随身携带纸条的行为属于违反考场纪律的行为，被告可以按照有关法律、法规、规章及学校的有关规定处理，但其对原告作出退学处理决定所依据的该校制定的第 068 号通知，与《普通高等学校学生管理规定》第二十九条规定的法定退学条件相抵触，故被告所作退学处理决定违法。"

这一判决，使得行政主体不限于行政机关的这一学理认识在行政审判实践中得到确认，高校等非行政机关可以在一定条件下作为行政诉讼被告这一制度得到肯定。同时，本案在承认高校教育自主权的同时，也充分确认了法律法规对于高校教育自主权之行使——制定内部管理性校纪校规——所具有的优先效力。这对于纠正当时普遍流行的做法和保护高校学生的合法权利都是巨大的进步。2012 年，在"田永案"的基础上，"甘露不服暨南大学开除学籍决定案"则再一次就高校之"行政行为"的审查及审查依据予以明确。该案判决指出：

"高等学校学生应当遵守《高等学校学生行为准则》、《普通高等学校学生管理规定》，并遵守高等学校依法制定的校纪校规。学生在考试或者撰写论文过程中存在的抄袭行为应当受到处理，高等学校也有权依法给予相应的处分。

---

① 该案载于《最高人民法院公报》1999 年第 4 期。
② 该案载于《最高人民法院公报》2012 年第 7 期。

但高等学校对学生的处分应遵守《普通高等学校学生管理规定》第五十五条规定，做到程序正当、证据充足、依据明确、定性准确、处分恰当。特别是在对违纪学生作出开除学籍等直接影响受教育权的处分时，应当坚持处分与教育相结合原则，做到育人为本、罚当其责，并使违纪学生得到公平对待。违纪学生针对高等学校作出的开除学籍等严重影响其受教育权利的处分决定提起诉讼的，人民法院应当予以受理。人民法院在审理此类案件时，应依据法律法规、参照规章，并可参考高等学校不违反上位法且已经正式公布的校纪校规。"

该案判决摘要再一次重申："学生对高等院校作出的开除学籍等严重影响其受教育权利的决定可以依法提起诉讼。人民法院审理此类案件时，应当以相关法律、法规为依据，参照相关规章，并可参考涉案高等院校正式公布的不违反上位法规定精神的校纪校规。"

由此可以看出，"田永案"和"甘露案"对于理解"法律法规授权的组织"作为行政主体以及审查这种行政主体作出的行政行为的特殊性具有重要启迪。

（三）对于行政行为及其效力理论与制度之发展

行政行为是行政法的核心概念，是行政法学和行政诉讼法学重点阐述和分析的对象。之所以如此，是因为在行政法上，行政行为的类型与性质决定着法律规范的适用和行政程序的选择；在行政诉讼法上，行政行为的内涵与外延是划分行政行为救济渠道、确定行政诉讼受案范围的重要因素。早于1989年行政诉讼法第2条就规定："公民、法人或者其他组织认为行政机关和行政机关工作人员的具体行政行为侵犯其合法权益，有权依照本法向人民法院提起诉讼。"第11条规定："人民法院受理公民、法人和其他组织对下列具体行政行为不服提起的诉讼：（一）对拘留、罚款、吊销许可证和执照、责令停产停业、没收财物等行政处罚不服的……除前款规定外，人民法院受理法律、法规规定可以提起诉讼的其他行政案件。"2014年修订后的《行政诉讼法》虽然在规定行政诉讼受案范围时没有使用"行政行为"这一概念，但在第2条仍然规定："公民、法人或者其他组织认为行政机关和行政机关工作人员的行政行为侵犯其合法权益，有权依照本法向人民法院提起诉讼。前款所称行政行为，包括法律、法规、规章授权的组织作出的行政行为。"可见，行政行为依然是确定救济渠道的重要法律概念依据，只不过将"具体行政行为"改成了"行政行为"。

此外，行政行为的效力制度以及法律责任制度又是选择行政判决方式的重要依据。1989 年《行政诉讼法》第 54 条规定："人民法院经过审理，根据不同情况，分别作出以下判决：（一）具体行政行为证据确凿，适用法律、法规正确，符合法定程序的，判决维持。（二）具体行政行为有下列情形之一的，判决撤销或者部分撤销，并可以判决被告重新作出具体行政行为：1.主要证据不足的；2.适用法律、法规错误的；3.违反法定程序的；4.超越职权的；5.滥用职权的。（三）被告不履行或者拖延履行法定职责的，判决其在一定期限内履行。（四）行政处罚显失公正的，可以判决变更。"2014 年修订后的《行政诉讼法》在对撤销判决和变更判决作适当调整的基础上，增加了无效确认判决、确认违法判决等类型。该法第 74 条规定："行政行为有下列情形之一的，人民法院判决确认违法，但不撤销行政行为：（一）行政行为依法应当撤销，但撤销会给国家利益、社会公共利益造成重大损害的；（二）行政行为程序轻微违法，但对原告权利不产生实际影响的。行政行为有下列情形之一，不需要撤销或者判决履行的，人民法院判决确认违法：（一）行政行为违法，但不具有可撤销内容的；（二）被告改变原违法行政行为，原告仍要求确认原行政行为违法的；（三）被告不履行或者拖延履行法定职责，判决履行没有意义的。"第 75 条规定："行政行为有实施主体不具有行政主体资格或者没有依据等重大且明显违法情形，原告申请确认行政行为无效的，人民法院判决确认无效。"在上述法律规定下，行政行为的瑕疵形态不同，对行政行为效力的影响结果会不同，人民法院对其可采用的判决形式也随之不同。不过，这些法律规定在解释上仍有很多亟待探讨的地方。

源于以上理由，"具体行政行为"概念成为行政法律实践与行政诉讼实践绕不开的法律问题。也正因为如此，针对行政和司法实践的复杂性，《最高人民法院公报》选登了系列案例对这一概念和相关事项加以注解和说明。这些案例包括"兰州常德物资开发部诉兰州市人民政府收回土地使用权批复案"①、"罗边槽村一社诉重庆市人民政府林权争议复议决定案"②、"宜昌市妇幼保健院诉宜昌市工商行政管理局行政处罚决定案"③、"广州市海龙王投资发展有限公司诉广东省广州市对外经济贸易委员会行政处理决定纠纷案"④、

---

① 该案载于《最高人民法院公报》2000 年第 4 期。
② 该案载于《最高人民法院公报》2000 年第 6 期。
③ 该案载于《最高人民法院公报》2001 年第 4 期。
④ 该案载于《最高人民法院公报》2002 年第 6 期。

"吉德仁等诉盐城市人民政府行政决定案"①、"建明食品公司诉泗洪县政府检疫行政命令纠纷案"②、"焦志刚诉和平公安分局治安管理处罚决定行政纠纷案"③ 等。可以说，这些案例加深了我们对于行政行为概念和行政行为效力制度的认识，也促进了行政判决制度的发展。

举例而言，就"会议纪要"性质之界定，"广州市海龙王投资发展有限公司诉广东省广州市对外经济贸易委员会行政处理决定纠纷案"指出：

"珠江侨都筹委会是广州市为加强对珠江侨都合作工程项目的宏观经济管理而成立的一个临时性组织。该组织不是一级行政机关，更不是法定中外合作企业的主管部门。该组织的性质决定了其作出的任何决定，只能是具有建议或指导性的意见，而不具有行政法律效力。珠江侨都筹委会办公室根据筹委会1998 年 12 月 31 日工作会议的内容作出的关于同意海龙王公司参与珠江侨都工程项目的纪要，是该组织对有关工作提出的意向性意见，并不是政府的行政决定，对有关当事人也没有强制力。海龙王公司以该会议纪要作为政府主管部门的行政决定，以此确认其拥有对珠江侨都工程项目 50% 的开发权，缺乏事实上和法律上的依据。"

"吉德仁等诉盐城市人民政府行政决定案"则指出：

"所谓行政指导行为，是指行政机关在进行行政管理的过程中，所作出的具有咨询、建议、训导等性质的行为，不具有行政强制执行力。而被上诉人盐城市人民政府《会议纪要》中有关公交车辆在规划区免交规费的规定，是明确要求必须执行的，因此，盐城市人民政府认为该行为属行政指导行为没有法律依据。该项免交规费的规定，是针对公交总公司这一特定的主体并就特定的事项即公交总公司在规划区内开通的线路是否要缴纳交通规费所作出的决定，《会议纪要》的上述内容实际上已直接给予了公交总公司在规划区内免交交通规费的利益，不应认定为抽象行政行为。同时，由于该《会议纪要》是赋予一方当事人权利的行为，公交总公司作为受益人也参加了会议，因此《会议纪要》虽未向利益相对方直接送达，但《会议纪要》的相关内容在其后已经得到执行，城区交通局已将无法对公交总公司进行行政管理的原因及《会议纪要》的内容书面告知了吉德仁等人，因此应当认定盐城市政府在《会议纪要》中作出的有关公交车辆在规划区免征规费的行为是一种可诉的具体行政

---

① 该案载于《最高人民法院公报》2003 年第 4 期。
② 该案载于《最高人民法院公报》2006 年第 1 期。
③ 该案载于《最高人民法院公报》2006 年第 10 期。

行为。"

"建明食品公司诉泗洪县政府检疫行政命令纠纷案"则就上级行政机关对下级行政机关的"批复"是属于具体行政行为从而可否纳入行政诉讼的受案范围进行了讨论。后文对此案要进行详细评述，这里不再具体介绍。

"兰州常德物资开发部不服兰州市人民政府收回土地使用权批复案"、"罗边槽村一社不服重庆市人民政府林权争议复议决定行政纠纷上诉案"、"宜昌市妇幼保健院不服宜昌市工商行政管理局行政处罚决定案"是围绕行政行为效力制度进行讨论的案例。例如"罗边槽村一社诉重庆市人民政府林权争议复议决定案"指出：

"重庆市丰都县高家镇罗边槽村一、四社之间的林地林木权属争议，在丰都县林业局、高家镇人民政府、高家镇林业站、罗边槽村村民委员会调解下，达成了'林木林地权属争议调解协议'。虽然该调解协议书未加盖林权争议处理机构的印章，与林业部《林木林地权属争议处理办法》第十八条关于'林权争议经林权争议处理机构调解达成协议的，当事人应当在协议上签名或者盖章，并由调解人员署名，加盖林权争议处理机构印章，报同级人民政府或者林业行政主管部门备案'的规定不尽一致，但丰都县林业局以丰都林发（1997）46号文向丰都县人民政府呈报的《关于高家镇罗边槽村一、四社林地林木权属争议的调解情况的报告》中盖有林业局的印章，附有调解协议书，可视为林业局对该调解协议书的认可，而且该调解协议书被重庆市第三中级人民法院（1998）渝三中级人民法院（1998）渝三中民终字第275号民事判决认定为具有法律效力。依照《中华人民共和国森林法》第十七条关于'单位之间发生的林木、林地所有权和使用权争议，由县级以上人民政府依法处理'的规定，重庆市丰都县人民政府有权处理丰都县高家镇罗边槽村一、四社之间的林地林木权属争议。但是，在罗边槽村一、四社已经达成调解协议，并被人民法院的生效判决认定为具有法律效力的情况下，重庆市丰都县人民政府又作出丰都府发（1998）157号《关于高家镇罗边槽村一、四社林权争议的处理决定》，否定该调解协议具有法律效力，与人民法院的生效判决相抵触，属于超越职权。"

"焦志刚诉和平公安分局治安管理处罚决定行政纠纷案"之判决摘要指出："一、依法作出的行政处罚决定一旦生效，其法律效力不仅及于行政相对人，也及于行政机关，不能随意被撤销。已经生效的行政处罚决定如果随意被撤销，不利于社会秩序的恢复和稳定。二、错误的治安管理行政处罚决定只能依照法定程序纠正。《公安机关内部执法监督工作规定》是公安部为保障公安机关及其人民警察依法正确履行职责，防止和纠正违法和不当的执法行为，保护公民、法人和其他组织的合法权益而制定的内部规章，不能成为制作治安管理行政处罚决定的法律依据……"

上述这些判词，生动地揭示了行政行为概念与行政行为效力制度，对于法律学习者而言，会很有帮助。可以相信，即便在《行政诉讼法》修改之后，这些观点或者解释仍然具有很强的生命力。

（四）对于特定行政行为之原理与制度的解释与发展

《最高人民法院公报》上公布的典型案例对于特定行政行为之原理与制度的解释与发展主要集中在行政处罚、行政确认（尤其是工伤认定）、行政规划、行政征收补偿和行政不作为等方面，内容涉及较为广泛，这里仅就其中的一些方面作一些星星点点的介绍，以便对此有一个大致的了解。

第一，涉及行政处罚的典型案例。这方面的案例最多，其中有些是关涉行政处罚之法律适用的。如1991年的"梁宝富不服治安行政处罚复议决定案"①就法律适用问题指出："治安管理处罚条例第十六条第（二）项规定，对违反治安管理的人有主动承认错误及时改正情形的，可以从轻或者免予处罚。汪春生在纠纷发生后，虽能主动承认错误，但未及时改正；即使及时改正了错误，公安机关对其违法行为也只能'从轻或免予处罚'，不能不处罚。上诉人安庆市公安局援引上述规定，对桐城县公安局的处罚裁决予以撤销，再未作出其他任何处罚决定，属于适用法律错误。"此外，2011年的"鲁潍（福建）盐业进出口有限公司苏州分公司诉江苏省苏州市盐务管理局盐业行政处罚案"（后来被选列为指导案例，即指导案例5号），更是对行政处罚、行政许可之法律适用问题进行了大胆的探索，提出了更具有一般指导性的意见。就此，最高人民法院概括的裁判要点指出："1. 盐业管理的法律、行政法规没有设定工业盐准运证的行政许可，地方性法规或者地方政府规章不能设定工业盐准运证这一新的行政许可。2. 盐业管理的法律、行政法规对盐业公司之外的其他企业经营盐的批发业务没有设定行政处罚，地方政府规章不能对该行为设定行政处罚。3. 地方政府规章违反法律规定设定许可、处罚的，人民法院在行政审判中不予适用。这些要点对于理解和适用行政处罚法和行政许可法关于行政处罚和行政许可的设定制度很有启迪。"

除了关涉法律适用的，再者就是关涉行政处罚程序。这方面的典型案例是

---

① 该案载于《最高人民法院公报》1991年第3期。

"黄泽富、何伯琼、何熠诉四川省成都市金堂工商行政管理局行政处罚案"。①本案后来被最高人民法院选列为指导案例5号。该案判决指出：《行政处罚法》第42条规定："行政机关作出责令停产停业、吊销许可证或者执照、较大数额罚款等行政处罚决定之前，应当告知当事人有要求举行听证的权利。"这一条仅明确，行政机关作出责令停产停业、吊销许可证和执照、较大数额罚款的行政处罚时，应当告知当事人有要求举行听证的权利，没有提及没收类行政处罚。但行政机关作出没收较大数额涉案财产的行政处罚决定时，未告知当事人有要求举行听证的权利或者未依法举行听证的，人民法院应当依法认定该行政处罚违反法定程序。这一解读对于正确适用行政处罚法规定的程序条款与正当程序原则之间的关系具有重要指导意义。当然，关涉行政处罚方面的典型案例并不限于这两个方面。

第二，关于行政确认，特别是工伤认定的典型案例。随着经济的发展，劳资纠纷包括工伤赔偿纠纷越来越多。工伤赔偿问题本属于劳动法或者民法的范畴，但其中的工伤认定则是典型的行政确认行为。其结果，因工伤认定引发的行政诉讼案件也日渐增多，并由此形成了一系列典型案例。这些案例包括"何文良诉成都市武侯区劳动局工伤认定行政行为案"②、"松业石料厂诉荥阳市劳保局工伤认定案"③、"孙立兴诉天津新技术产业园区劳动局工伤认定行政案"④、"杨庆峰诉无锡市劳动和社会保障局工伤认定行政纠纷案"⑤、"北京国玉大酒店有限公司诉北京市朝阳区劳动和社会保障局工伤认定行政纠纷案"⑥、"王长淮诉江苏省盱眙县劳动和社会保障局工伤行政确认案"⑦、"陈善菊不服上海市松江区人力资源和社会保障局社会保障行政确认案"⑧、"刘自荣诉米泉市劳动人事社会保障局工伤认定案"⑨ 等。

上述典型案例，不仅涉及相关行政工伤认定制度的适用，还对于行政法律解释方法具有启迪意义。例如，2007年的"北京国玉大酒店有限公司诉北京

---

① 该案载于《最高人民法院公报》2012年第12期。
② 该案载于《最高人民法院公报》2004年第9期。
③ 该案载于《最高人民法院公报》2005年第8期。
④ 该案载于《最高人民法院公报》2006年第5期。
⑤ 该案载于《最高人民法院公报》2008年第1期。
⑥ 该案载于《最高人民法院公报》2008年第9期。
⑦ 该案载于《最高人民法院公报》2011年第9期。
⑧ 该案载于《最高人民法院公报》2013年第9期。
⑨ 该案载于《最高人民检察院公报》2013年第5号。

市朝阳区劳动和社会保障局工伤认定行政纠纷案"指出：

"根据《工伤保险条例》第十四条第（六）项的规定，职工在上下班途中，受到机动车事故伤害的应当认定为工伤。对这里的'上下班途中'应当从有利于保障工伤事故受害者的立场出发，作出全面、正确的理解。'上下班途中'，原则上是指职工为了上下班而往返于住处和工作单位之间的合理路径之中。根据日常生活的实际情况，职工上下班的路径并非固定的、一成不变的、唯一的，而是存在多种选择，用人单位无权对此加以限制。只要在职工为上下班而往返于住处和工作单位之间的合理路径之中，都属于'上下班途中'。至于该路径是否最近，不影响对"上下班途中"的认定。职工在上下班的合理路途中发生机动车事故，被行政机关依法认定为工伤，用人单位以事故发生的地点不在其确定的职工上下班的路线上为由，请求撤销行政机关作出的工伤认定的，人民法院不予支持。"

2013 年的"刘自荣诉米泉市劳动人事社会保障局工伤认定案"，就职工劳动行为有违法情形的可否认定为工伤问题，判决摘要指出：

"依据《企业职工工伤保险试行办法》第八条的规定：'职工由于下列情形之一负伤、致残、死亡的，应当认定为工伤：（一）从事本单位日常生产、工作或者本单位负责人临时指定的工作的，在紧急情况下，虽未经本单位负责人指定但从事直接关系本单位重大利益的工作的……'而犯罪或违法、自杀或自残、斗殴、酗酒、蓄意违章等情形，造成负伤、致残、死亡的，不应认定为工伤。公安部《关于对将瞬发电雷管改制为延期电雷管的行为如何定性的意见》中指出，雷管中含有多种爆炸物质，在没有任何防护的条件下擅自改制雷管，严重违法国家有关安全规定，但不能定性为非法制造爆炸物品行为。据此，职工为减少工作失误，擅自改制雷管导致受伤的，其行为与本单位工作需要和利益有直接关系，也不属于犯罪，应当认定为工伤。"

第三，涉及行政规划的典型案例。由于我国改革开放以来经济建设和城市建设的特殊历史背景，因行政规划引发的纠纷和因违反行政规划引发的行政纠纷也成为行政诉讼的一个集中区，具有明显的时代特色。因应这一时代特色并解决相关法律问题，《最高人民法院公报》上也选登了一系列典型案例。这些典型案例包括 1989 年的"郑太发不服土地管理行政处罚案"①、1993 年的"贵州省电子联合康乐公司不服贵阳市城市规划局拆除违法建筑行政处理决定

---

① 该案载于《最高人民法院公报》1989 年第 2 号。

案"①、2003年的"沈希贤等182人诉北京市规划委员会颁发建设工程规划许可证纠纷案"②、2004年的"念泗三村28幢楼居民35人诉扬州市规划局行政许可行为侵权案"③ 等。这些典型案例不仅体现了当下的经济建设时代特色，也在一定程度上积极回应了经济建设的时代问题。例如，"郑太发不服土地管理行政处罚案"明确指出："农村居民以经过群众同意为由，在未经土地管理部门审核批准，又未领取建房许可证的情况下，擅自在承包地上建住房，属于违法，应当予以拆除。""沈希贤等182人诉北京市规划委员会颁发建设工程规划许可证纠纷案"指出："根据环境保护法第十三条的规定，规划部门审批建设污染环境项目时，在申请方没有提供有关环境保护影响报告书，且建设项目不符合有关国家标准的情况下，即颁发建设许可证的行为，构成违法，应予撤销。""念泗三村28幢楼居民35人诉扬州市规划局行政许可行为侵权案"指出："根据城市规划法第二十一条的规定，编制分区规划城市的规划主管行政机关，依照法律和地方性法规的授权规划许可的建筑工程，虽然缩短了相邻人住宅的原日照时间，但符合国家和当地行政主管部门技术规范规定的最低日照标准，且不违反其他法律、法规规定的，应认定其许可行为合法。"这些判决意见对于当前乃至以后的类似行政案件的审理仍不无指导意义。

（五）对于行政复议和行政诉讼制度的解释与发展

上面对《最高人民法院公报》上刊载的典型案例的分析是着眼于行政法理论体系框架的，其实这些典型案例大多都是经过行政复议的，都是在行政诉讼中形成的，因此，有相当一部分案例在解释和发展行政法理论和制度的同时，对于行政复议制度和行政诉讼制度的发展也产生了深刻影响，解决了行政复议和行政诉讼实践中的一些实际问题。例如，1991年的"梁宝富不服治安行政处罚复议决定案"④ 对于复议机关改变原具体行政行为的行政案件的审查范围作了如下解释：

"人民法院审理复议机关改变原具体行政行为的案件时，可以对原具体行政行为所认定的事实和法律进行审查。根据行政诉讼法的规定，人民法院审理复议机关改变原具体行政行为的案件，应就复议决定是否合法进行审查，是指

---

① 该案载于《最高人民法院公报》1994年第3期。
② 该案载于《最高人民法院公报》2004年第3期。
③ 该案载于《最高人民法院公报》2004年第11期。
④ 该案载于《最高人民法院公报》1991年第3期。

人民法院判决的结果，只能是维持或者撤销复议决定，对原裁决不能作出维持或撤销的处理。但这并不意味人民法院在审查复议决定时，对原裁决认定的事实和适用法律不能进行审查。因为行政机关的原裁决是复议决定的前提，人民法院只有查明原裁决的全部情况，才能判断复议决定是否正确。如果审判涉及原裁决即属超越职权和适用法律错误，则难以保护公民、法人和其他组织的合法权益，维护和监督行政机关依法行使行政职权。"

2015 年的"孙长荣与吉林省人民政府行政复议不予受理决定案"① 则就政府信息公开中的信息公开咨询行为是否属于行政复议范围的问题作了解释：

"《政府信息公开条例》调整的'政府信息'是指现实存在的，并以一定形式记录、保存的信息。申请了解文件效力，属于咨询性质，不属于该条例第二十六条规定的'应当按照申请人要求的形式予以提供'政府信息的情形。行政机关针对咨询申请作出的答复以及不予答复行为，不属于政府信息公开行为，不会对咨询人的权利义务产生实际影响，故不属于行政复议的受理范围。起诉人缺乏诉的利益，则无原告资格，人民法院可以不予受理或裁定驳回起诉。"

围绕行政诉讼制度如行政诉讼受案范围、行政诉讼主体资格、行政诉讼程序、行政诉讼判决形式等方面的典型案例更是不胜枚举。这里仅举其中一二加以说明。首先，就行政诉讼受案范围，2004 年的"伊尔库公司诉无锡市工商局工商行政处罚案"② 指出：

"扣留、查封与行政处罚，是各自独立的具体行政行为。行政机关已经向行政管理相对人告知了复议权、诉讼权以及起诉期限，行政管理相对人在法定期限内对扣留、查封不行使复议或起诉的权利，却在请求撤销行政处罚决定的行政诉讼中指控扣留、查封违法。根据行政管理相对人的诉讼请求，人民法院只审查行政处罚行为的合法性。根据《产品质量法》和《国家工商行政管理总局职能配置内设结构和人员编制规定》的规定，商品一旦进入流通领域，无论是在仓库中、货架上还是在其他地点存放，其质量均由工商行政管理部门进行监督管理。限期使用的进口产品外包装上没有中文标识，外文标识上没有安全使用期或者失效日期，生产日期不完整，是不符合《产品质量法》第二十七条规定的产品。销售者销售这种违法产品情节严重的，根据《产品质量

---

① 该案载于《最高人民法院公报》2016 年第 12 期。

② 该案载于《最高人民法院公报》2006 年第 3 期。

法》第三十六条规定，应当承担《产品质量法》第五十四条规定的违法责任。"

再如，就行政诉讼期限之计算，2004 年的"眉山气雾剂厂诉眉山市人民政府、眉山市国土局土地行政登记案"① 指出："根据最高人民法院《关于执行〈中华人民共和国行政诉讼法〉若干问题的解释》第四十三条的规定，对于当事人提起的行政诉讼，人民法院应该立案而未立案，又未出具书面裁定，造成当事人向其他部门上访、申诉并继续向人民法院起诉的，不应将当事人第一次起诉被拒绝后，由于非自身原因延误的时间，计算在起诉期限内。"还如，就行政诉讼判决形式，2005 年的"益民公司诉河南省周口市政府等行政行为违法案"② 指出："根据最高人民法院《关于执行〈中华人民共和国行政诉讼法〉若干问题的解释》第五十八条的规定，被诉具体行政行为违反了法律规定，且损害了相对人信赖利益，但如果撤销该行政行为，将会给公共利益造成重大损失的，应确认被诉具体行政行为违法，并责令被诉行政机关采取相应的补救措施。"如此，等等。

总之，《最高人民法院公报》选登的典型案例对于行政法和行政诉讼法的发展与完善是多方面，这里只是一个简单的介绍和说明。有待我们从不同角度在不同层次上做更进一步的考察、研究和分析。

三、江苏省对《最高人民法院公报》典型案例的贡献

上文的考察已经显示出，江苏省各级法院所作行政判决在《最高人民法院公报》选登为典型案例的达 17 个，占行政典型案例总数（125）的 13.6%，是各省、市和自治区中最多的，因此，对江苏省的典型案例作一个考察是非常必要的，对这一现象进行深入研究也应该是非常有价值的。这正是我们对江苏省典型案例进行评析的原因和目的所在。当然，要深入揭示这一现象背后的深层次原因，还有更多工作需要去做。下面对江苏省入选的典型案例作一个简单介绍：

（一）江苏省入选的典型案例

从第二部分的汇总表来看，《最高人民法院公报》选登江苏省的典型案例

---

① 该案载于《最高人民法院公报》2005 年第 2 期。
② 该案载于《最高人民法院公报》2005 年第 8 期。

的时间是比较晚的，始于 2003 年，此时距《行政诉讼法》的制定实施已经过了 14 年。但自此伊始，江苏省几乎每年都有典型案例入选，有些年份甚至多达 3 份，这是非常难得的。具体而言，《最高人民法院公报》入选的典型案例如下：

（1）2003 年第 4 期，"吉德仁等诉盐城市人民政府行政决定案"；

（2）2003 年第 6 期，"陈莉诉徐州市泉山区城市管理局行政处罚案"；

（3）2004 年第 4 期，"宋莉莉诉宿迁市建设局房屋拆迁补偿安置裁决案"；

（4）2004 年第 11 期，"念泗三村 28 幢楼居民 35 人诉扬州市规划局行政许可行为侵权案"；

（5）2005 年第 3 期，"张成银诉徐州市人民政府房屋登记行政复议决定"；

（6）2006 年第 1 期，"建明食品公司诉泗洪县政府检疫行政命令纠纷案"；

（7）2006 年第 3 期，"伊尔库公司诉无锡市工商局工商行政处罚案"；

（8）2006 年第 9 期，"夏善荣诉徐州市建设局行政证明纠纷案"；

（9）2007 年第 1 期，"铃王公司诉无锡市劳动局工伤认定决定行政纠纷案"；

（10）2008 年第 1 期，"杨庆峰诉无锡市劳动和社会保障局工伤认定案"；

（11）2011 年第 9 期，"王长淮诉江苏省盱眙县劳动和社会保障局工伤行政确认案"；

（12）2012 年第 12 期，"鲁潍（福建）盐业进出口有限公司苏州分公司诉江苏省苏州市盐务管理局盐业行政处罚案"；

（13）2013 年第 7 期，"无锡美通食品科技有限公司诉无锡质量技术监督局高新技术产业开发区分局质监行政处罚案"；

（14）2013 年第 10 期，"苏州鼎盛食品有限公司诉江苏省苏州市工商行政管理局工商行政处罚案"；

（15）2014 年第 6 期，"盐城市奥康食品有限公司东台分公司诉盐城市东台工商行政管理局食品安全行政处罚案"；

（16）2014 年第 8 期，"陈爱华诉南京市江宁区住房和城乡建设局不履行房屋登记法定职责案"；

（17）2015 年第 11 期，"陆红霞诉南通市发展和改革委员会政府信息公开案"。

（二）江苏典型案例涉及的内容

江苏省入选典型案例涉猎范围也较为广泛。这里择其要者介绍以下几点：

1. 关于行政法规范的适用规则

这方面的典型案例是"无锡美通食品科技有限公司诉无锡质量技术监督局高新技术产业开发区分局质监行政处罚案"。本案的争议焦点问题之一是，在该案的行政处罚中，应当适用作为上位法的《食品安全法》，还是适用作为下位法的《食品生产加工企业质量安全监督管理实施细则》和《工业产品生产许可证管理条例》。

2. 关于行政法基本原则的适用

这方面的典型案例有"宋莉莉诉宿迁市建设局房屋拆迁补偿安置裁决案"、"张成银诉徐州市人民政府房屋登记行政复议决定"、"鲁潍（福建）盐业进出口有限公司苏州分公司诉江苏省苏州市盐务管理局盐业行政处罚案"和"陈爱华诉南京市江宁区住房和城乡建设局不履行房屋登记法定职责案"。其中，"宋莉莉案"和"张成银案"是关于正当程序原则之适用的。"宋莉莉案"争议的焦点问题之一是，法律法规没有就违法建筑拆迁程序作出规定的，其程序该如何展开。"张成银案"争议的焦点问题之一是，行政复议法没有对第三人参加行政复议的程序——尤其是听证程序——作出规定，是否意味着复议机关就可以不通知第三人参加复议程序，是否意味着复议机关对此享有绝对的裁量权。"鲁潍公司案"和"陈爱华案"是关于行政合法原则的。"鲁潍公司案"涉及对行政处罚法和行政许可法的设定制度如何解释的问题，而"陈爱华案"争议的焦点问题之一是，与上位法相抵触的部委规范性文件可否作为行政的依据。

3. 关于行政行为及其性质的界定

这方面的典型案例有"吉德仁等诉盐城市人民政府行政决定案"、"建明食品公司诉泗洪县政府检疫行政命令纠纷案"、"念泗二村28幢楼居民35人诉扬州市规划局行政许可行为侵权案"。"吉德仁案"争议的焦点问题之一是，盐城市人民政府作出的《会议纪要》是否属于具体行政行为，是否属于行政诉讼的受案范围。"建明食品公司案"争议的问题是，上级行政机关对下级行政机关作出的指示是否属于行政行为，是否属于行政诉讼受案范围内的可诉行政行为。"念泗三村案"争议的焦点问题之一是，依照法律和地方性法规的授权规划许可的建筑工程，缩短了相邻人住宅的原日照时间，但符合国家和当地行政主管部门技术规范规定的最低日照标准，并且不违反其他法律、法规规定的，是否应认定该许可行为违法。

4. 关于工伤的认定

这方面的典型案例是"杨庆峰诉无锡市劳动和社会保障局工伤认定案"和"王长淮诉江苏省盱眙县劳动和社会保障局工伤行政确认案"。其中，"杨庆峰案"的争议焦点是，工伤事故发生时，伤害结果尚未实际表现出来，受伤职工在伤害结果实际表现出来后一年内申请工伤认定的，是否属于超过工伤认定申请时效的情形。"王长淮案"的争议焦点是，《工伤保险条例》第14条规定的"职工在工作时间和工作场所内，因工作原因受到事故伤害的，应当认定为工伤"中的'工作场所'该如何解释，职工在工作时间和工作场所内、因工作原因而"串岗"时发生伤害，是否属于工伤。

5. 关于政府信息申请权的滥用和诉权的滥用

这方面的典型案例是"陆红霞诉南通市发展和改革委员会政府信息公开案"。这个案件面对的问题是，政府信息公开申请人反复多次申请公开政府信息，并动辄起诉，是否构成政府信息公开申请权滥用和诉权滥用。

6. 关于行政诉讼的

这方面的典型案例有"陈莉诉徐州市泉山区城市管理局行政处罚案"和"夏善荣诉徐州市建设局行政证明纠纷案"。"陈莉案"审理的关键问题之一是，被告城市管理局在一审期间未在法定期限内提交答辩状，也未提供行政处罚的证据和依据；在二审期间，被告未向法院提交法定代表人身份证明书，也未委托诉讼代理人参加诉讼；在接到第一次开庭传票后，被告既未申请延期开庭也未提供任何材料且拒不到庭，后也未按要求提供有关不能到庭的正当理由的说明；第二次接到开庭传票后，被告仍然拒不到庭且不说明任何理由。对这样的怠诉行为该如何处理。"夏善荣案"讨论的问题是，建设行政管理部门可否对建设在集体土地上的住宅小区进行验收并颁发合格证，该行为是否属于可诉行政行为。

还有一些案件则对较为专业的行政法律问题作了讨论。如"盐城市奥康食品有限公司东台分公司诉盐城市东台工商行政管理局食品安全行政处罚案"便是针对违反食品安全法行为的行政处罚。本案裁判摘要指出：

"依据《食品安全法》第二十条第（四）项的规定，食品安全标准应当包括对与食品安全，营养有关的标签、标识、说明书的要求。因此，与食品安全、营养有关的标签内容和具体要求是食品安全标准之一。GB7718-2004《预包装食品标签通则》规定：'如果在食品标签或食品说明书上特别强调添加了某种或数种有价值、有特性的配料，应标示所强调配料的添加量。'由此可知，食品生产者在食品标签、食品说明书上特别强调添加含有一种或多种有价值、有特性的配料、成分，但未标示所强调配料、成分的添加量或含量的，违反了上述之规定，行政机关可依法对其作出行政处罚。"

当然上述案件所涉及的问题并不是单一的，往往涉及行政法与行政诉讼法的诸多方面。上文所述仅仅是一个非常简单的勾画，是对相关要点的概括性列述，旨在抛砖引玉，以期能够有更深入具体的研究。如果将江苏省的典型案例放在《最高人民法院公报》发布的全部典型案例来观察，可以看出，江苏省的典型案例对于行政法和行政诉讼实践所面临的棘手问题能够及时回应，在诸多方面都对行政法和行政诉讼法之适用与发展有明显的推动。当然，这一结论不是单靠上文简单的介绍就可以得出的，而是依赖于正文对相关案例更为详细的评述。

四、研究法律在个案中适用与发展的尝试

本书是对江苏省行政法典型案例的评述，是对法律在个案中适用与发展研究的一种尝试。评述活动是与行政法案例教学工作结合在一起的。我们挑选了15个典型案例，并将这些案例的评述工作交给南京师范大学法学院宪法学与行政法学专业的博士和硕士研究生来做。本书试图通过这一工作达到三个目的：一是让学生切实了解现实中发生的典型案例，从而对行政法律实践和行政诉讼法律实践有一个感性认识。二是通过扎实评述这些典型案例，使学生对案例评述和实证研究工作有一个切身感受和锻炼。三是让学生对法律在个案中发展和演变的情况有一个初步的了解。当然，三个目的中的第三个是最重要的，是本书所着眼的。

为了达到了解"法律在个案中发展与演变"的情形这一目的，我们对于典型案例的分析不是扁平化的，更多的是从法律规范生成和发展的视角来考虑和安排的。我们希望我们的法律人不仅知道法律规范的今天，更能了解法律规范的昨天，还能预知法律规范的明天；我们希望我们的法律人不仅能够学会"适用"法律，还能够学会"善用"法律。因此，本书对于案例的评述主要包括四个部分：一是"案件事实回顾"；二是"案件发生的现实和理论背景"；三是"案件对于现行法律理论和制度的突破和创新"；三是"待探讨的问题"。这里贯彻始终的和所强调的是法律规范得以发生和发展的环境和土壤。

要说明的是，公报上刊载的典型案例并不等同于指导性案例。最高人民法院有关负责人曾表示："案例指导制度正式确立前，通过公报刊发案例是人民

法院案例工作的重要载体形式。"① 在 "黄木兴一般借款合同纠纷申请再审案"当中，法院判决明确指出："黄木兴援引的本院公报案例并非是本院根据《关于案例指导工作的规定》发布的指导性案例，其主张本案应参照该案例处理没有依据。"② 所以，公报案例在实践当中没有参照作用。但是公报上刊载的典型案例也不同于法律宣传的一般案例以及科研机构、教学机构所使用的教学案例，它是"经最高人民法院审判委员会讨论、决定的适用法律问题的"，并"予以公布的典型案件"，"供下级法院审判类似案件时参考"。③ 可见，典型案例的指导意义不在于能够为判决直接援引，而在于为司法判决当中普遍遇到的问题提供一个确定的解决标准，无须下级法院向最高人民法院再通过提请回复的形式来适用该原则。从这个意义上来说，对于典型案例的评述还是应当非常审慎的。当然，尽管我们的评述是"审慎"的，难免有"误判"和偏颇之处。我们的评述仅仅是一个学术行为，我们的看法仅仅是一种学术观点，其功能和目在于引起思考，而不在于要求遵从。

还需说明的是，迄今为止，江苏省入选《最高人民法院公报》的典型案例共有 17 起，由于时间和人力所限，本书仅评述了其中的 15 起。选列的 15起案例是根据裁判时间安排的，而不是按照《最高人民法院公报》刊载时间安排的。

杨登峰

2017 年 11 月 14 日于武夷绿洲品茗苑

---

① 《最高法清理编纂公报刊发案例作为指导性案例发布》，载法制网 http：//www. legaldaily. com. cn/Court/content/2015-04/24/content_6057394. htm，2016 年 12 月 12 日访问。

② 引自黄木兴一般借款合同纠纷申请再审案，(2014) 民申字第 441 号民事裁定书。

③ 《谈〈公报〉案例的案外效应》，载北大法律信息网 http：//article. Chinalawinfo. com/ArticleHtml/Article_57333. shtml，2016 年 12 月 12 日访问。

目　　录

吉德仁等诉盐城市人民政府
行政决定案（2003）

张燕君

一、案件回顾

（一）基本案情

原告吉德仁等人是经交通部门批准的道路交通运输经营户，经营的客运线路与市政府明确免交交通规费的盐城市公共交通总公司（以下简称公交总公司）的5路、15路车在盐城市城区立交桥以东至盐城市城区南洋镇之间地段的经营路线重叠。吉德仁等人认为盐城市公交总公司的5路和15路客运线路未经批准，擅自延伸出盐城市市区，与他们经批准经营的客运线路重叠，属于不正当竞争，损害了他们的经营利益。为此吉德仁等人多次向盐城市城区交通局反映，要求其依法对公交总公司及5路和15路参加客运的车辆处罚并追缴非法所得。2002年8月20日，在盐城市南洋镇交管所开通农村公交、延伸城市公交，与公交总公司发生大规模冲突的背景下，盐城市政府召集有关部门协调后作出第13号《专题会议纪要》（以下简称《会议纪要》），主要内容包括：城市公交的范围界定在批准的城市规划区内，以城市规划区为界，建设和交通部门各负其责，各司其职；城市公交在规划区内开通的老干线路，要保证正常运营，继续免交有关交通规费；在规划范围内的城市公共客运上发生的矛

本案判决刊载于《最高人民法院公报》2003年第4期。参见盐城市中级人民法院（2002）盐行初字第052号行政判决；江苏省高级人民法院（2003）苏行终字第025号判决。本案裁判要点是："盐城市人民政府《会议纪要》中'城市公交在规划内开通的若干线路，要保证正常营运，继续免交有关交通规费'的规定作为政府的一项行政决定，具有行政强制力，是可诉的具体行政行为。吉德仁等人作为与公交总公司所属公交车辆营运范围有重叠的经营者，有权以《会议纪要》的规定侵犯其公平竞争权为由提起行政诉讼。"

盾，须经政府协调，不允许贸然行事，否则将追究有关方面的责任。公交公司作为受益人，也参加了会议。

2002年8月20日、21日，城市交通局分别向公交总公司发出通知、函告，要求该公司进入城区公路从事运营的车辆限期办理有关营运手续。公交总公司则于2002年8月20日复函城区交通局，认为根据建设部的文件及市政府《会议纪要》的精神，该公司不需要到交通主管部门办理有关批准手续。2002年9月10日，吉德仁等人向城区交通局暨城区运政稽查大队和南洋中心交管所提出申请，请求依《江苏省道路运输市场管理条例》的规定对公交总公司未经交通部门批准超出市区延伸到331省道进行运营的行为进行查处。2002年9月11日，城区交通局对吉德仁等人的申请进行答复，对上述通知、函告公交总公司的情况进行了通报，并在答复中说明2002年8月30日市政府下发的《会议纪要》已明确"城市公交在规划区内开通的若干线路，要保证正常营运，继续免交有关交通规费"，因南洋镇已列入市建设规划区范围内，故该局无法对城市公交车进入331省道南洋段的行为进行管理。

（二）争议焦点

吉德仁等人认为：盐城市人民政府的《会议纪要》干预了城区交通局的查处，违反有关法律的规定，直接损害了他们的经济利益，属于违法行政决定行为，遂向江苏省盐城市中级人民法院提起诉讼。原告请求：（1）确认被告盐城市人民政府强行中止城区交通局查处公交总公司违法行为的行为违法；（2）确认《会议纪要》的相关内容违反了国家道路运输管理的有关规定。

被告盐城市人民政府辩称：（1）《会议纪要》不属于行政诉讼受案范围。该纪要依据有关法规、文件及城市规划规定，对城市公交的范围进行了界定，明确了建设、交通等部门对城市公交和道路运输管理的有关职责，对争议的矛盾提出了处理方案。该行为属于行政机关内部指导行为，且未超越有关法规文件的规定，也未作出具体的行政决定，不具有行政强制力。（2）原告吉德仁等人不具备本案的诉讼主体资格，无权对城区交通局能否查处公交总公司以及是否合法查处提出诉讼请求，认为市政府非法干预交通局对公交总公司的查处亦无任何事实和法律依据。

本案争议焦点有三个，分别是：（1）《会议纪要》中有关公交车辆在规划区内免交规费是否可诉；（2）吉德仁等四人是否具备原告的主体资格；（3）《会议纪要》中有关公交车辆在规划区内免交规费的规定是否合法。

（三）法院裁判

盐城市中级人民法院一审认为：（1）被告作出的《会议纪要》虽然形式上是发给下级政府及所属各部门的会议材料，但从该纪要的内容上看，它对本市城市公交的运营范围进行了界定，并明确在界定范围内继续免交交通规费，而且该行为已实际导致城区交通局对公交总公司的管理行为的中止，所以该《会议纪要》是一种行政决定行为，有具体的执行内容，是可诉行政行为。（2）吉德仁等人作为与被告行政行为的受益方公交总公司所属的5路、15路公交车在同一路段进行道路运输的经营户，认为市政府的行为侵犯了他们的公平竞争权，由此提起诉讼，具有行政诉讼的原告主体资格。（3）《会议纪要》是对原来就已经客观存在事实的一种明确、重申，是在其法定权限之内作出的行政行为，不违背相关的法律、法规，原告吉德仁等人要求认定该行为违法没有法律依据。（4）虽然城区交通局客观上中止了对公交总公司超出市区运输行为的查处，但原告吉德仁等人在本案中并未能提交足够的证据证明被告违法干预了交通管理部门的查处工作，所以要求确认市政府强行中止城区交通局的查处行为违法没有事实依据。

因此，一审法院判决驳回原告诉讼请求。一审宣判后，原告向江苏省高级人民法院提出上诉。江苏省高院认为：

（1）《会议纪要》中有关公交车辆在规划区内免交规费的规定，是明确要求必须执行的，不属于行政指导行为。该项免交规费的规定，是针对公交总公司这一特定主体并就特定事项，即公交总公司在规划区内开通的线路是否要缴纳交通规费所作出的决定，不是抽象行政行为。作为受益人的公交总公司参加了会议，纪要内容也已得到执行，城区交通局已将《会议纪要》的内容书面告知了吉德仁等人，因此应当认定其为一种可诉的具体行政行为。（2）2000年《最高人民法院关于执行〈中华人民共和国行政诉讼法〉若干问题的解释》第十三条规定："有下列情形之一的，公民、法人或者其他组织可以依法提起行政诉讼：（一）被诉的具体行政行为涉及其相邻权或者公平竞争权……"因此，吉德仁等人具有原告资格。（3）《会议纪要》中有关在规划区免征规费的规定，超越了法定职权。该项决定的内容缺乏法律、法规依据且与国家有关部委的多个规定相抵触，依法应予撤销。（4）吉德仁等人的其他诉讼请求，因与其公平竞争权没有法律上的利害关系，故不予支持。

据此，江苏省高院判决：（1）撤销一审判决；（2）撤销《会议纪要》第五条中"城市公交在规划区内开通的若干线路，要保证正常营运，继续免交有关交通规费"的决定；（3）驳回上诉人的其他诉讼请求。

二、案件背景

（一）现实背景

我国当时的公共交通管理体制存在双重管理、二元结构，即建设行政主管部门管理城市公共交通，而交通行政主管部门管理道路运输。同时，存在部门之间、城乡之间分割客运市场的问题。从行政法学和本案的背景考虑，存在的主要问题包括管制主体乱、管制立法乱两大问题。①

既有交通部门建管的城乡公路，又有市政部门建管的城市道路，使公交线网总体布局功能不够明确，城乡公交客运经营存在诸多问题。首先，权限之争使得道路客运与城市公交运营范围界定不清。城建部门和交通部门依据各自客运网络规划审批决定道路客运与城市公交路线，必然带来线路的重叠和城乡客运网络的漏洞，形成城市公交难入乡和农村客车难进城的"两难"现象。其次，权限之争使得公交运输资源浪费与运输资源短缺并存。交通管理体制的二元结构必然带来两部门对利益的争夺，线网布局结构不合理即城乡繁华路段多置线路，在偏远地区少置或不置线路，这既造成了公交运输资源的浪费，又给居民出行造成了不便。再次，权限之争使得客运市场管理混乱。为了判断线路的开辟究竟属于交通部门管制范围，还是属于建设部门管制范围，实践中为此引发的纷争不断。②

当时，我国关于道路客运和城市公交运输之间还没有一部法律予以整合，也没有更具权威的政策加以规定。建设部门和交通部门分别制定规章，对城市公交和道路客运的经营管理范围进行界定和管理，由此造成两部门行政执行都"合法"但却极不合理的怪现象。同时，由于没有更上位的法律或政策加以规定，两部门之间的冲突没有相应渠道予以沟通，针对现实生活中出现的大量的类似纠纷，行政执法部门只能以"出现一个问题则消灭一个问题"的角色出

---

① 参见章志远、郝炜《城市公交的行政法学思考——以吉德仁等诉盐城市人民政府行政决定案为例》，载《学习论坛》2007 年第 9 期。（注：此文献虽是在案例之后，但对现实情况的讨论是符合当时背景的。）

② 参见章志远、郝炜《城市公交的行政法学思考——以吉德仁等诉盐城市人民政府行政决定案为例》，载《学习论坛》2007 年第 9 期。（注：此文献虽是在案例之后，但对现实情况的讨论是符合当时背景的。）

现，造成行政资源的巨大浪费，不利于行政效能的提升。①

就本案而言，涉案的 5 路、15 路城市公交原本只在市政部门建管的城市道路营运，由城建部门对其客运的线路范围进行审批与规划。2002 年盐城市重新进行城市规划，将南洋镇划入城市规划区域范围内。从原来的市区到南洋镇的道路是由交通部门建管的城乡道路，在其上营运的公交归交通部门管理。原告吉德仁等人是经南洋镇交管所批准营运的个体运输户。在南洋镇被划入城市规划区范围后，城市公交公司理所当然地认为 5 路、15 路城市公交有权在城市规划区道路上营运。城市规划区调整后，5 路、15 路延伸出原来的盐城市区，在新划定的城市规划区内免交相关规费营运并无不妥，因为它还是在城市范围内行使，并且其认为交通部门对其没有管辖权，依然只有城建部门对其有管辖权。从《会议纪要》的内容看，盐城市人民政府完全支持公交公司的观点。就《会议纪要》免交规费的内容是否合法这一问题，首先要明确交通部门对行使在由交通部门建管的城乡公路上的城市公交是否有管辖权，可否依据交通部门征收规费的相关规章要求其缴费。一审法院对此没有分析，二审法院对此进行了较为详细的分析。江苏省高院的判决理由是：

"《中华人民共和国公路法》第八条规定，国务院交通主管部门主管全国公路工作。县级以上地方人民政府交通主管部门主管本行政区域内的公路工作。根据国务院有关交通部职能的规定，交通部是公路交通运输行业的行政主管部门。因此，各级交通行政主管部门作为当地公路交通运输行业的行政主管部门，有权依据国家有关法律、法规、政策，负责公路交通运输业的行业管理；维护公路交通运输行业的平等竞争秩序；负责公路路政管理和交通规费的稽征管理。因此，城市公交的营运范围与交通部门管理的范围并不必然不相容，不能认为城市公交营运范围内的道路就必然排除交通部门的行政管理，也不能认为交通部门所管理的道路就必然不能成为城市公交的营运范围。城市公交营运范围的界定，并不影响交通部门对所管辖道路的管理。城市公共汽车驶离《城市道路管理条例》中所确定的由城建部门修建、养护的城市道路，在交通部门修建、养护的道路上营运的，也应当接受交通部门依据公路法及相关道路运输规章所实施的管理，根据规定办理相应的手续。"

据此，二审时江苏省高级人民法院认为盐城市交通局对行使在其修建的城

---

① 参见章志远、郝炜《城市公交的行政法学思考——以吉德仁等诉盐城市人民政府行政决定案为例》，载《学习论坛》2007 年第 9 期。（注：此文献虽是在案例之后，但对现实情况的讨论是符合当时背景的。）

乡道路上的城市公交有管辖权，有权对其征收相关规费。

（二）制度背景

1. 行政诉讼受案范围的变迁

此案发生在 2002 年，适用的是 1989 年《行政诉讼法》。该法第二条规定："公民、法人或者其他组织认为行政机关和行政机关工作人员的具体行政行为侵犯其合法权益、有权依照本法向人民法院提起诉讼。"第十二条规定："人民法院不受理公民、法人或者其他组织对下列事项提起的诉讼：……（二）行政法规、规章或者行政机关制定、发布的具有普遍约束力的决定、命令；（三）行政机关对行政机关工作人员的奖惩、任免等决定……"可见，只有具体行政行为才具有可诉性，行政机关的人事管理行为和抽象行政行为则不属于人民法院的受案范围。

最高人民法院在 1991 年印发的《关于贯彻执行〈中华人民共和国行政诉讼法〉若干问题的意见（试行）》中明确，"具体行政行为"是指国家行政机关和行政机关工作人员、法律法规授权的组织、行政机关委托的组织或者个人在行政管理活动中行使行政职权，针对特定的公民、法人或者其他组织，就特定的具体事项，作出的有关该公民、法人或者其他组织权利义务的单方行为。据此，当时的司法实务界普遍以"两个特定"为标准来判断行政机关作出的行为是否是可诉的具体行政行为：一是特定的公民、法人或者其他组织，二是特定的具体事项。

2000 年《最高人民法院关于执行〈中华人民共和国行政诉讼法〉若干问题的解释》（以下简称《若干解释》）第一条规定："公民、法人或者其他组织对具有国家行政职权的机关和组织及其工作人员的行政行为不服，依法提起诉讼的，属于人民法院行政诉讼的受案范围。"公民、法人或者其他组织对下列行为不服提起诉讼的，不属于人民法院行政诉讼的受案范围：①《行政诉讼法》第十二条规定的行为；②公安、国家安全等机关依照刑事诉讼法的明确授权实施的行为；③调解行为以及法律规定的仲裁行为；④不具有强制力的行政指导行为；⑤驳回当事人对行政行为提起申诉的重复处理行为；⑥对公民、法人或者其他组织权利义务不产生实际影响的行为。可见，《若干解释》以"行政行为"替代了"具体行政行为"，反映了逐步放宽行政诉讼受案范围的趋势，但鉴于内部人事处理行为和抽象行政行为仍然明确处于排除条款之中，因而不具有可诉性。需要指出的是，内部人事处理行为不等于内部行政行为，内部行政行为包括但不限于内部人事处理行为。《行政诉讼法》只是将内部人事处理行为排除出了行政诉讼受案范围。除内部人事处理行为之外的内部行政行为的可诉性，《行政诉讼法》及《若干解释》并未提及。

从本案法院的判决书中也可以看出，法官们一方面基于《会议纪要》具有行政强制力来否定其是行政指导类的行政行为，另一面也从其实质内容上尽量往"两个特定"靠拢。

2. 原告主体资格认定的法律依据

我国在《行政诉讼法》实施前，法院是根据《中华人民共和国民事诉讼法（试行）》第三条的规定审理行政案件的。由于可起诉的行政案件是由法律事先明确规定的，因此原告是否具有起诉资格的认定取决于法律的具体规定。1989 年《行政诉讼法》实施后，由于该法对原告资格作了若干原则规定，因此，关于原告资格的争论也随着行政诉讼实践的逐步深入日益为人们所关注。

1989 年《行政诉讼法》对原告资格的规定集中在三个条款上，即第二条规定："公民、法人或者其他组织认为行政机关和行政机关工作人员的具体行政行为侵犯其合法权益，有权依照本法向人民法院提起诉讼。"第二十四条规定："依照本法提起行政诉讼的公民、法人或者其他组织是原告。"第四十一条规定："原告是认为具体行政行为侵犯其合法权益的公民、法人或者其他组织。"

2000 年施行的《若干解释》第十三条规定："有下列情形之一的，公民、法人或者其他组织可以依法提起行政诉讼：（一）被诉的具体行政行为涉及其相邻权或者公平竞争权的；（二）与被诉的行政复议决定有法律上利害关系或者在复议程序中被追加为第三人的；（三）要求主管行政机关依法追究加害人法律责任的；（四）与撤销或者变更具体行政行为有法律上利害关系的。"

一审和二审法院均是依据《若干解释》第十三条第一项，认为吉德仁等人的公平竞争权受到侵犯，从而认定其具有原告主体资格。

（三）理论背景

1. 关于行政行为可诉性的探讨

行政行为之分类有不同的标准，就本案而言从以下两个方面讨论更具有实际意义。

一种划分方法是将行政行为分为抽象行政行为和具体行政行为。最高人民法院在《关于贯彻执行〈中华人民共和国行政诉讼法〉若干问题的意见（试行）》中对具体行政行为有一个明确的定义。《行政诉讼法》颁布实施以来，无论是学者还是实践者都在探析区分抽象与具体行政行为的标准，主要有以下一些观点：对象标准说。该观点认为区分抽象与具体行政行为的标准主要在于行政行为针对的对象的差异，抽象行政行为针对不特定的人作出，而具体行政行为是针对特定的人作出的。事务标准说。该观点认为抽象行政行为是就行政管理活动中反映出来的具有普遍性的行政事务作出的，而具体行政行为是就行政管理活动中所遇到的某一具体事务作出的。①效力标准说。该观点认为是否对行政执法活动有约束力是区分抽象与具体行政行为的标准，抽象行政行为在处理同样或类似的行政事务时，成为行政机关进行执法的依据。也就是说，抽象行政行为在它发生持续有效的时限内，对行政活动具有约束力，而具体行政行为由于是针对具体的事件作出的，因而只对被处理的具体事件发生效力，对此前或此后的同类情况或事务均不具有约束力。② 混合标准说。这种观点试图从行政行为所针对的对象、事务、效力范围等多方面综合考虑来区分抽象与具体行政行为，以克服单一标准说的缺陷，但在博采众长的同时，也容纳了单一标准说的不足之处。③ 之所以区分抽象行政行为与具体行政行为，其目的大多在于衡量二者是否属于行政诉讼的受案范围，因而寻找理论上的界限在很大程度上演变为审判权究竟能管多宽这个主题。

另一种划分方法是以其相对人身份为标准，将行政行为分为外部行政行为和内部行政行为。外部行政行为是行政主体基于行政管辖关系针对外部相对人实施的行政行为，而内部行政行为则是行政主体基于行政隶属关系针对内部行政相对人而实施的行政行为。④ 传统行政诉讼理论认为内部行政行为与外部行政行为属于两个不同的行为范畴，依据不同的法律规范而作出，具有不同的法律性质，因而相关纠纷的解决也应当以寻求相异的方式，即行政机关应当自我解决有关内部行政行为的纠纷，人民法院适宜处理有关外部行政行为的纠纷。理由如下，我国行政诉讼经验不足，历史较短。有学者认为人民法院应当将审判的重点放在外部行政行为方面的纠纷，内部行政法律行为方面的纠纷可交由行政机关解决，行政诉讼不受理内部行政诉讼纠纷，符合行政机关和人民法院的各司其职、分工明确的要求。⑤ 其二，内部行政行为纠纷多涉及政府决策，

① 马原主编：《行政审判实务》，北京师范大学出版社1993年版，第53页。
② 马原主编：《行政审判实务》，北京师范大学出版社1993年版，第68页。
③ 参见罗豪才主编：《行政审判问题研究》，北京大学出版社1990年版，第276页。
④ 姜明安：《行政法与行政诉讼法》，北京大学出版社2003年版，第56页。
⑤ 胡建淼：《行政诉讼法学》，高等教育出版社2003年版，第38页。

有些具有很强的专业性或具有高度的自由裁量空间，更适于交由行政机关处理，不宜由人民法院进行干预，法院审查其合法性的难度较大，人民法院不是适于审查的主体，行政机关适宜自我审查。其三，行政机关之间和行政机关对其工作人员所作出的内部行政行为，属于行政机关内部职权的分配和管理，与公民的私人利益无关。行政诉讼解决的是行政机关与作为公共行政管理对象的普通公民、法人或者其他组织之间的利益纠纷，平衡公共利益与私人利益之间的关系，因此内部行政行为不具有可诉性。① 故而，法官在司法实务中都尽量回避对政府内部行政行为的审查。

2. 关于会议纪要可诉性的探讨

实践中，针对会议纪要的诉请事项大体分为三类：一是将会议纪要作为某一具体行政行为的依据，申请人在对具体行政行为提出行政诉讼申请的同时，一并对会议纪要的合法性问题提出审查；二是将会议纪要作为一项独立存在的具体行政行为，单独就其合法性和合理性问题提出行政复议或者行政诉讼申请；三是将会议纪要视为可以与某一具体行政行为归并的连续行为或共同行为，提出诉讼请求。第一类情况属于行政复议法关于行政复议申请范围的规定，不予讨论，第二、第三类情况是与本案例有关的重点，也是解决会议纪要可诉性问题的关键。②

将会议纪要作为一项独立存在的具体行政行为看待，问题的根源在于会议纪要本身制作形式和记载内容不规范。会议纪要本身的"记载"功能显然不是也不能是对会议内容的简单复制，"记载"的过程是一个浓缩、提炼和加工的过程，它所记载的应当是处理某一具体问题的原则和办法，而不是解决该具体问题的最终决定。它是一种抽象行为，是行政机关的决策行为，是一连串行为中的主行为，其本身并不当然具有《行政诉讼法》规定的可诉性。要使会议纪要所议定的事项发生效力，有关行政机关还应当正式制作"公文"意义上"会议纪要"，这时的会议纪要应当在原会议纪要的基础上，有一个归纳、提升的过程，③ 也就是说会议纪要对外发生效力需转化。会议纪要记载的事项要产生对外的效力，可通过批转、印发或者转发通知的形式予以公布。如

---

① 闫尔宝：《论内部行政行为的几个问题》，载《行政法学研究》1996 年第 4 期。

② 有文献对本案进行评议时提及该点。参见沙齐志：《"会议纪要"的性质及其可诉性研究》，载《行政法学研究》2005 年第 1 期。

③ 有文献对本案进行评议时提及该点。参见沙齐志：《"会议纪要"的性质及其可诉性研究》，载《行政法学研究》2005 年第 1 期。

《国务院批转全国牧区工作会议纪要的通知》（国发〔1987〕73号）、关于印发《2011年辽宁省建设工程结算工作会议纪要》的通知（辽建价发〔2011〕27号）、民政部关于转发《全国盲人按摩工作会议纪要的通知》（民〔1985〕协34号），这些都是通过对会议纪要进行转化，从而使会议纪要记载的内容和事项发生对外的法律效力，如此既保障会议商议的事项得到有效的执行，又能使会议纪要通过转化产生法律上对外的正式效力。①

总结学术界关于会议纪要的讨论可知，对于规范意义上的会议纪要是只在行政机关内部有效，肯定是不具有可诉性的。规范的会议纪要如果想要对外生效，需要有转化的过程，此时的会议纪要作为具体行政行为的依据，性质类似于规范性文件，是抽象行政行为的一种，按照1989年《行政诉讼法》的规定，也应该是不可诉的。

3. 关于原告主体资格认定的探讨

1989年《行政诉讼法》对原告资格的规定集中在三个条款上，即第二条、第二十四条和第四十一条。尽管当时学者们对相关法条作为原告资格的法律规定没有异议，但具体到如何理解相关法条时却颇有争议，主要有以下两种代表性的观点：②

第一种观点"管理相对人说"，行政诉讼原告就是行政相对人，即具备行政相对人资格的人就有原告资格。这种观点的直接依据是《行政诉讼法》第二条的规定，即"公民、法人或者其他组织认为行政机关和行政机关工作人员的具体行政行为侵犯其合法权益，有权依照本法向人民法院提起诉讼"。从这一规定看，行政诉讼原告必须具备三个条件：必须是具体行政行为所指向的行政相对一方；必须是认为其合法权益受具体行政行为侵犯的人；必须是在人民法院受案范围内提起诉讼的人。以上三个条件缺一不可，必须同时具备。③

第二种观点"直接利害关系说"，只有"与具体行政行为有直接利害关系的人"，才具有原告资格。如果把行政诉讼的原告局限于行政管理相对人，就难以充分发挥行政诉讼保护公民、法人或者其他组织的合法权益，维

---

① 黄培光：《政府会议纪要的法律性质研究》，载《天津行政学院学报》2013年第2期。

② 以下观点总结转引自章剑生：《论行政诉讼中原告资格的认定及相关问题》，载《杭州大学学报》1998年第7期。

③ 参见罗豪才主编：《行政审判问题研究》，北京大学出版社1990年版，第66~71页。

护和监督行政机关依法行政的职能作用，是与《行政诉讼法》的立法宗旨相悖的，所以，凡是公民、法人或其他组织认为行政机关的具体行政行为侵犯其合法权益的，就具备原告主体资格。行政诉讼的原告应包括非行政管理相对人。①

三、案件的突破和创新

（一）肯定了会议纪要的可诉性，并提出判断标准

1. 将会议纪要纳入可诉性范围

本案中，原被告的第一个争议焦点就是盐城市政府作出《会议纪要》的行为是否可诉行政行为。被告盐城市人民政府主张《会议纪要》不可诉，理由主要有两点：一是《会议纪要》是政府内部指导行为，没有特定适用对象；二是《会议纪要》也未作出具体行政决定，不具有行政强制力。江苏省高院认为："盐城市人民政府作出的《会议纪要》具有强制性，不属于行政指导；针对特定对象和特定事项，不属于抽象行政行为；虽未向相关利益人直接送达，但作为受益人的公交总公司参加了会议，纪要内容也已得到执行，城区交通局已将《会议纪要》的内容书面告知了吉德仁等人，因此应当认定其为一种可诉的具体行政行为。"吉德仁案中，法院不是仅仅依据被诉行政行为的表面形式，而是从其实际执行的效力与效果的角度来确认该行政行为的可诉性。对于会议纪要是否具有可诉性，不能仅仅从名称或形式上判断，而必须通过会议纪要的内容来确定。如果行政机关以"会议纪要"的形式确定行政相对人的权利义务，对行政相对人产生实际影响的，即可诉。

一般认为，会议纪要主要适用于记载和传达会议情况和议定事项，其性质主要是针对会议进行情况以及最后结论的记录，只具有指导意义，本身并不对外发生法律效力，即未对行政相对人的法律地位产生影响，因此不具有可诉性，如最高人民法院在 2001 年广州市海龙王投资发展有限公司诉广东省广州市对外经济贸易委员会行政处理决定纠纷案的二审裁定中指出，"……筹委会的纪要只具有行政指导性质，不具有强制力，该纪要关于'同意海龙王公司参加珠江桥都项目投资'的表述，不能改变桥都公司各方的法律地位。……

---

① 周虞：《行政诉讼的原告应包括非行政相对人》，载《人民司法》1993 年第 6 期。

有关珠江桥都项目的工作纪要，并不能在法律上产生新的权利和义务关系，不具有行政法律效力"。①

《会议纪要》的相关内容具有行政强制力，故具有可诉性，并突破了之前司法实务中仅依据"特定"来判断行政行为可诉的标准。仔细考量会发现，"特定"其实也是一个抽象的概念，而非绝对具体的概念。以什么标准来界定"特定"的含义和范围？学者们提出了多种多样的标准，如对象是否可数，是否有明确的相对人等，但事实上，以此来区分抽象行政行为与具体行政行为是十分困难的，例如，某一行政行为的对象不是几个公民、法人或者其他组织，而是几十个甚至更多，针对的事项也非一件两件，法律对此不可能确立一个具有界碑意义的数字，所以，从具体行政行为的定义出发，并不能寻找到一个区分抽象与具体行政行为的标准，相反，只能给司法实践带来混乱。②

2. 提出了会议纪要可诉性的判断标准

在本案的二审判决中，江苏省高院并没有机械地将《会议纪要》视为一个不可分割的整体，而是将焦点放在了《会议纪要》第五条免交规费的规定上，认为该规定是一项可诉的具体行政行为。至于《会议纪要》其他规定的可诉性问题，江苏省高院并未给出回答。2014年，最高人民法院在《行政审判指南（一）》中指出，"行政机关发布的具有普遍约束力的规范性文件不可诉，但包含具体行政行为内容的，该部分内容具有可诉性"。这一规定与江苏省高院在本案中的处理方式一致。

出于对行政相对人合法权益之保障，对行政行为性质之界定不能够仅从形式上予以判断，更不能仅依据称谓，而应当从实质内容上予以判断，必要的时候还需要分割规范性文件中的内容，可能某一部分内容具有可诉性，某一部分内容不具有可诉性。例如本案中的《会议纪要》，从形式上看，不具有具体行政行为的通常特征；从表述上看，也没有指名道姓地针对特定主体；但从实质上看，其免交规费的规定就是一项就特定事项针对特定主体的具体行政行为。

（二）以"直接利害关系说"为原告资格的认定标准

就本案而言，通过以上论述可知该案政府作出《会议纪要》的行为本质

---

① 刘德权主编：《最高人民法院司法观点集成（第二版）·行政及国家赔偿卷》，人民出版社2014年版，第145页。

② 高鸿：《抽象行政行为可诉性研究》，载《法律科学》1997年第4期。

上是具体行政行为，具有可诉性。从表面内容上看，该《会议纪要》并不针对具体的对象，但规定有关公交车辆在规划区免交规费的规定的实际受益人是公交公司，原告吉德仁等人作为与被告行政行为的受益方公交公司所属的5路、15路公交车在同一路段进行道路运输的经营户，双方在营运上的竞争是客观存在的，吉德仁等人作为领取了经营许可证的业主，其经济利益与车辆的营运效益密切相关。庭审中公交公司以营运中微利或亏损来否定双方的竞争关系。法院判决中明确指出是否存在不公平竞争并不影响其行使诉权。被告的抗辩混淆了诉权与胜诉权。

从此案的角度分析我国当时学术界对原告起诉资格的学说。把原告主体资格局限在"行政管理相对人"之中，而将与被诉行政行为有利害关系的非行政管理相对人排除在起诉者之外，属对行政诉讼原告主体资格的严格限制，实际上是歪曲理解了立法的本意，不利于对公民、法人和其他组织的合法权益进行保护，也无法解释实践当中出现的各种诉讼，因而属对诉权的最低保护水平，并非意味着行政诉讼的原告仅限于此。随着行政审判的发展，在原告资格界定问题上，"管理相对人说"已逐渐被"直接利害关系说"所代替，即行政诉讼的原告是与行政行为有直接利害关系的公民、法人或者其他组织。同时，我们不能把这种"直接利害关系"理解为公民、法人和其他组织的合法权益已经受到了行政行为的侵犯，正如行政诉讼法所强调的是公民、法人和其他组织的"认为"，这是一种主观心理状态，而非客观事实。这一标准的意义主要是赋予相对一方以外的"利害关系人"以诉权，使诉讼保护范围适度扩大，行政行为受司法审查的机率相应提高。①

此外，依据2000年《最高人民法院关于执行〈中华人民共和国行政诉讼法〉若干问题的解释》（以下简称《若干解释》）第十三条第一项规定，公民、法人或者其他组织对具体行政行为涉及其相邻权或者公平竞争权的，可以依法提起行政诉讼。本案原告以公平竞争权受盐城市政府行政行为侵犯而起诉，且满足提起诉讼的其他要件，故具有行政诉讼原告主体资格。本案判决能够切实贯彻最高人民法院的司法解释并灵活运用行政诉讼法关于原告资格的规定，不将原告资格局限在行政管理相对人的范围，以实质标准判断原告的起诉资格，对于推动中国行政诉讼司法实践具有很好的示范效应。同时，本案也是理论学说推动制度变革，推动司法更加公正的典型代表。

① 高鸿：《抽象行政行为可诉性研究》，载《法律科学》1997年第4期。

四、待探讨的问题

（一）以行政行为为标准将会议纪要纳入可诉范围

笔者认为在法院认定《会议纪要》可诉性上，可能存在更好的路径。虽然江苏省高级人民法院在二审判决中将会议纪要纳入了行政诉讼的受案范围，但论证思路却是"因为本案中的会议纪要是一种具体行政行为，所以其是可诉的"。可见，江苏省高级人民法院仍然严格遵守了1989年《行政诉讼法》第二条的规定，即"公民、法人或者其他组织认为行政机关和行政机关工作人员的具体行政行为侵犯其合法权益，有权依照本法向人民法院提起诉讼"。根据该规定，证明行政机关的某种行为是可诉的，必须首先证明其是一种具体行政行为。江苏省高院的认定明显遵循了这一逻辑。

但是，2000年的《若干解释》已经抛弃了"具体行政行为"，转而使用"行政行为"概念，其第一条规定，"公民、法人或者其他组织对具有国家行政职权的机关和组织及其工作人员的行政行为不服，依法提起诉讼的，属于人民法院行政诉讼的受案范围"。当时最高人民法院行政审判庭庭长江必新在就《若干解释》答记者问时指出，"《解释》取消了原有的《意见》对受案范围的某些不适当的限制，将'行政行为'的概念恢复到广义的解释上"。在这一背景下，江苏省高级人民法院通过将会议纪要认定为具体行政行为进而肯定其可诉性的做法是否有些保守了呢？既然会议纪要不在《行政诉讼法》第十二条和2000年《若干解释》第一条第二款规定的排除事项之列，那么依据2000年《若干解释》第一条第一款的规定将其纳入行政诉讼受案范围是不是一种更好的选择呢？

这样做有三个好处：首先，顺应了行政诉讼受案范围逐步扩大的立法目的发展趋势；其次，可以回避具体与抽象、内部与外部的划分难题。虽然本案法院基于盐城市人民政府《会议纪要》所涉对象和事项的特定性否定了其抽象性，基于《会议纪要》实际上的对外效力否认了其内部性，但具体与抽象、内部与外部并没有绝对的界限，而且实践中行政机关的行为种类繁多，形态复杂，判断一些行为是具体的还是抽象的、是内部的还是外部的非常困难；最后，减轻了"具体行政行为"这一概念的负担。在1989年《行政诉讼法》第二条之下，对抽象与具体、内部与外部等问题的讨论，最终都会落到"具体行政行为"概念的界定上，因为行政行为只有被确定为具体行政行为之后，方能被诉到法院，这就造成了"具体行政行为"承受了"不能承受之重"。[1]

（二）会议纪要在我国行政管理中未规范应用

实践中，对于地方大型企业之间或者群体之间发生的有较大影响的事件，政府出于维持社会秩序、快速化解纠纷的目的，往往会介入此类事件，并通过会议纪要的形式提出此类事件的解决方案。在有些地区，地方政府为了招商引资的需要，给予企业优惠政策，政府也会对此作出会议纪要，确认给予对方的优惠条件。江西鸿源数显科技有限公司的经历可谓这方面的典型例子。

江西鸿源数显科技有限公司是江西省的一家民营企业。2006年，通过南昌市的招商引资优惠政策，鸿源数显落户南昌，并通过招拍挂的方式拿到了120亩地用于国内外科研人员及企业职工生活配套设施建设和对项目的支持。鸿源数显成立江西鸿源科创房地产开发有限公司负责项目的科技、生活配套项目（该项目命名为"泓园"后被更名为"东方海德堡项目"）的开发建设。由于鸿源数显是一家高科技企业，不懂房地产项目的运作，于是引进了福建东方宏利投资有限公司，将项目进行了内部承包。后来，双方矛盾不断升级，南昌市政府出面协调，要求鸿源科创将配套项目转让给东方宏利，南昌市政府就该项目的转让召开各相关部门协调会，其中包括南昌市地税局的工作人员，在取得双方纳税承诺函后，协调会达成一致意见。2009年9月14日，南昌市政府办公厅印发了《关于东方海德堡项目有关问题协调会议纪要》。该会议纪要第六条规定了："鸿源科创所应缴纳税款，待市政府按照相关文件清算与鸿源数显公司项目配套资金后，按规定缴纳。"由于南昌市政府一直未与鸿源数显进行项目清算，该公司未缴纳相应税款。2010年3月5日，南昌市地方税务局稽查局、南昌市国家税务局认为该会议纪要无效，鸿源科创公司没有将海德堡项目转让收入记账，没有缴纳相应税款，以此作出税务处理，并将税务案件移交刑事审查。鸿源科创向法院提起行政诉讼，希望能通过司法程序审查税务处理的行政行为，请求确认会议纪要的效力，请求南昌市政府履行清算义务。南昌市中级人民法院以该会议纪要没有侵犯鸿源科创的合法权益、会议纪要第六条规定与鸿源数显公司项目配套资金进行清算属程序性行为，不是具体行政行为，对案件裁定不予受理。[2] 此案最直接的争议焦点并不是会议纪要是否合

[1] 陈越峰：《中国行政法（释义）学的本土生成——以"行政行为"概念为中心的考察》，载《清华法学》2015年第1期。

[2] 赵颖：《政府会议纪要为何引发法律纠纷》，载《法制日报》2012年1月18日。

法有效，而是税务机关的税务处理是否合法，而会议纪要是否合法有效影响税务处理的法律效力。会议纪要中对鸿源数显纳税的规定是对其纳税时间节点的规定，并不是关于其应缴纳税款数额的规定。这是地方政府为化解民事争议，给予投资主体的优惠政策类规定，如果没有违法法律的强制性规定，应该是合法有效的。地方政府肆意否定自己作出公文的效力，是对政府诚信的透支。

在我国经济发展进程中，与此案类似的案例不在少数。在"河南省开封市文盛房地产开发有限公司诉河南省开封市人民防空办公室"一案中，开封市经济技术开发区为落实招商引资的各种优惠政策，形成了《关于开封市文盛房地产开发有限公司综合开发项目的会议纪要》，其中包括人防费在内的全部税费以150万元进行了总包干。但是开封市文盛房地产开发有限公司没有按照规定修建战时可用于防空的地下室，也没有到开封市人民防空办公室办理审批手续。后来，开封市人民防空办公室作出要求开封市文盛房地产开发有限公司交纳人防工程易地建设费2225464元的行政处理决定。文盛公司不服向法院起诉，开封市中级人民法院认为开封市文盛房地产开发有限公司诉称该处理决定显失公正的意见，因没有事实根据且与法无据，不予支持。最后判决维持了被告开封市人民防空办公室于2004年10月25日作出的汴防处字（2004）02号处理决定书的具体行政行为。由该案的判决可以看出，人民法院并未认可会议纪要对外的法律效力，因其招商引资的优惠政策只在会议纪要中有记录，并未通过相关部门形成政策性的文件，所以法院最终并未认可其效力，并且，当会议纪要所记载的事项明显违背法律、法规的规定时，将当然无效。①

实践中，政府机关对于会议纪要的不规范使用是造成公民、法人或者其他组织对会议纪要提起诉讼的根本原因。会议纪要通常应当是政府或者行政机关的内部决议，用于记载和传达行政机关会议议定事项的，因此，它一般只具有内部效力，原则上也不会涉及对公民、法人或者其他组织权利义务的处置。如果涉及，通常应是导向性、原则性或思路性的，再由具体的行政机关依法或依规定转化为具体行政行为或相应的管理措施。在实践中，相当多的会议纪要逾越了其功能界限，行政机关通过会议纪要经常性直接处置关系公民、法人或者其他组织权利义务的事务，却没有遵循正当程序，无当事人参与，不告知当事人纪要的内容，有的当事人甚至根本不知道会议纪要的存在。如此运作的会议纪要，其正当性和合法性在实践中频繁遭到质疑和诉讼就不足为奇。

---

① 黄培光：《政府会议纪要的法律性质研究》，载《天津行政学院学报》2013年第2期。

本案发生之后，关于会议纪要的可诉性的探讨依然没有停止，关于会议纪要的行政诉讼一般都涉及较大的利益之争，2014 年修订后的《中华人民共和国行政诉讼法》直接扩大了法院的受案范围，规定的更为宽泛，直接以"行政行为"取代"具体行政行为"。此项规定的改变是建立在总结行政审判工作实践的基础上的，会为基础的行政审判工作带来便利。

五、结语

我国在改革开放以后，由于历史上形成的城乡之间隔离发展，各种经济矛盾频发，在处理各种由于城乡二元结构导致的经济纠纷中，相关主体最优先的考虑是寻求政府相关职能部门的裁决，政府对纠纷所涉公共资源的权属划分，关系当事人的重要经济利益。吉德仁等诉盐城市政府行政决定案，反映了政府在处理此类纠纷时并未完全遵循行政执法的基本原则，并未完全做到依法行政、合理行政，法院对政府的司法监督是必要的。此案涉及的行政行为可诉性和原告主体资格的认定是行政诉讼法中十分重要的内容，审理本案的法官对"会议纪要"可诉性的探讨是充分详实、具有突破性的创新，对原告主体资格认定的探讨选择了对公民权益保护更为有利的理论学说"直接利害关系说"。判决的说理逻辑性强，体系完整，有理有据，是一篇值得我们细细思量的判决。

宋莉莉诉宿迁市建设局房屋拆迁补偿安置裁决案（2003）

李海峰

一、案件回顾

（一）基本案情

2002 年 4 月 9 日，万兴公司的中贸百货商场建设项目由宿迁市发展计划委员会批准立项。2002 年 9 月 28 日，万兴公司取得了建设用地规划许可证，2002 年 10 月 25 日，万兴公司取得了国有土地批准书。2003 年 3 月 24 日，万兴公司取得了房屋拆迁许可证，获得拆迁资格。2003 年 3 月 24 日，宿迁市建设局发布拆迁公告，并在公告中载明了拆迁范围、搬迁期限、拆迁评估机构。原告宋莉莉的房屋建筑面积为 637.07 平方米，位于宿迁市幸福中路，在拆迁范围内。方元房地产评估咨询有限公司（以下简称方元公司）根据万兴公司的委托，对宋莉莉的拆迁房屋进行了估价，由于宋莉莉对被拆房屋补偿价有异议，且要求产权调换，双方未能达成协议。2003 年 5 月 28 日，万兴公司申请宿迁市建设局对拆迁纠纷进行裁决。2003 年 6 月 5 日，宿迁市建设局依据方元公司的评估价格对万兴公司与宋莉莉的拆迁纠纷作出宿建裁字〔2003〕26 号房屋拆迁纠纷裁决，主要内容是：（一）被拆迁人宋莉莉应在裁决书生效之日起 15 日内拆迁完毕；（二）房屋安置补偿费（包括房屋补偿费、搬家费、

本案刊载于《最高人民法院公报》2004 年第 4 期。参见江苏省宿迁市宿城区人民法院（2003）宿城法行初字第 022 号行政判决书；江苏省宿迁市中级人民法院（2003）宿中行终字第 24 号行政判决书。《最高人民法院公报》刊载本案时撰写的裁判摘要是："行政机关在对房屋拆迁补偿纠纷作出裁决时，违反法规的规定，以拆迁人单方委托的评估公司的评估报告为依据，被拆迁人提出异议的，应认定行政裁决的主要证据不足。"

附属设施及装饰装潢费、临时安置补助费及停业损失费）共计为 685651.88 元；（三）万兴公司在中贸百货商城项目完工后提供一处位于该商城项目的房屋（面积与被拆房屋面积相当），拆迁人调换房屋价格以市场评估价为准；（四）万兴公司安排过渡房一套供被拆迁人临时居住。宋莉莉不服该裁定，向江苏省宿迁市宿城区人民法院提起行政诉讼，请求依法撤销被诉行政裁决。

（二）争议焦点

原告宋莉莉诉称：（1）被告裁决程序不当。被告的评估程序应当遵守宿政发〔2003〕16 号文的规定，被告裁决所依据的评估报告之出具单位是拆迁人选定的，对评估单位和评估人的资质，原告并不知情，评估过程违反了公平、公正、公开原则。（2）评估报告明显错误。原告房屋位于本市繁华地段，整体为营业用房，区位基准价应为 1410 元/平方米，而评估书中只有部分区位价为 1410 元/平方米，大部分区位价为 660 元/平方米。（3）裁决书中的裁决内容不明确，无实际操作性内容。原告房屋在拆迁前一直租给承租人使用，对承租人的营业损失裁决中未提及，属漏项裁决。

被告宿迁市建设局辩称：（1）被告作出的裁决合法。原告从未对评估机构而仅对评估价格提出异议，据此可以推断拆迁人与原告就评估机构的确定没有争议，被告无权主动要求双方当事人重新确定评估机构进行评估。拆迁人在申请裁决时提交了评估机构的相关文件以证明评估结果合法，被告根据该结果进行裁决是亦属合法。（2）原告以拆迁人未与房屋租赁人签订协议为由，认为裁决违法，无法律依据。（3）裁决无法作出更明确的内容。拆迁人开发的房屋属期房，被告无法确定该项目的房屋数量、排列序号、房屋朝向等，故被告作出的裁决无法指定确切的地点作为产权调换房屋。

第三人万兴公司认为：宿迁市建设局的裁决合法，依法应予维持。第三人在取得拆迁资格后，其委托方元房地产评估咨询有限公司对被拆房屋进行了评估并公示，在此期间，原告对评估机构没有异议，故裁决程序合法。

法院确定的本案争议焦点是：宿迁市建设局的裁决所依据的评估报告是否合法有效。

（三）法院裁判

一审宿迁市宿城区人民法院判决维持宿迁市建设局宿建裁字〔2003〕26 号裁决中的第（一）项；撤销裁决书第（二）项、第（三）项、第（四）项；责令宿迁市建设局于本判决生效之日起 60 日内对宋莉莉与万兴公司房屋拆迁纠纷依法重新裁决。裁判理由是：国务院《城市房屋拆迁管理条例》第十六条规定：拆迁人与被拆迁人或者拆迁人、被拆迁人与房屋承租人达不成拆迁补偿安置协议的，经当事人申请，由房屋拆迁管理部门裁决。据此，宿迁市建设局作为本市房屋拆迁主管部门，在原告与第三人就拆迁补偿未达成协议时，经拆迁人即本案第三人申请，有权依法对双方间的纠纷进行裁决。尽管国务院《城市房屋拆迁管理条例》与《江苏省城市房屋拆迁管理条例》对拆迁裁决程序没有明确规定，但从保障当事人的合法权益及行政执法的正当程序原则出发，房屋拆迁主管部门在裁决时，应围绕拆迁行为的合法性与拆迁补偿安置情况进行全面审查，在裁决前应赋予双方当事人申辩、陈述的权利，并应听取其意见。本案中的被告在裁决原告与第三人间的纠纷时，依拆迁人的申请及拆迁人单方委托评估的结果，未履行任何程序，即以该评估结果作出裁决，剥夺了原告的陈述、申辩权。被告辩称拆迁人以公告形式对评估机构进行公示应视为对被拆迁人的要约，被拆迁人对此未提出反对，即视为承诺，该辩称不符合法律关于要约和承诺的定义及适用范围，原告在法定期限内以诉讼形式主张此项权利，应受到法律保护，故该裁决程序违法。另该裁决虽然确定了产权调换的拆迁补偿方式，但该裁决未对所调换房屋的明确位置、楼层、房屋价格等内容作明确表述，致使该裁决无法执行。综上，该份裁决程序违法、裁决内容不具有执行效力，故该裁决应予撤销，责令被告重新作出裁决。鉴于原告房屋现已被拆迁的事实，对裁决内容中的第（一）项予以维持，对其余各项予以撤销。

一审判决后，宿迁市建设局上诉至宿迁市中级人民法院。宿迁市中级人民法院认为一审法院在事实认定和法律适用上均无不当，遂裁定驳回上诉，维持原裁定。其判决理由如下：

> 国务院 2001 年 6 月 13 日颁布、2001 年 11 月 1 日实施的《城市房屋拆迁管理条例》第十六条规定，拆迁人与被拆迁人或者拆迁人、被拆迁人与房屋承租人达不成拆迁补偿安置协议的，经当事人申请，由房屋拆迁管理部门裁决。该条例第十七条规定，被拆迁人或者房屋承租人在裁决规定的搬迁期限内未搬迁的，由房屋所在地的市、县人民政府责成有关部门强制拆迁，或者由房屋拆迁管理部门依法申请人民法院强制拆迁。上诉人建设局宿建裁字〔2003〕26 号裁决中的第（一）项，符合上述法规规定，依法应予维持。江苏省人民代表大会常务委员会 2002 年 10 月 24 日颁布、2003 年 1 月 1 日实施的《江苏省城市房屋拆迁管理条例》第十九

条第一款规定："对被拆迁房屋进行房地产市场价评估的机构由拆迁人和被拆迁人共同选定；拆迁人和被拆迁人不能达成一致的，由房屋拆迁管理部门在符合条件的评估机构中抽签确定，房屋拆迁管理部门应当在抽签前三日在拆迁地点公告抽签的时间和地点。"上诉人建设局仅以原审第三人万兴公司单方委托的宿迁市方元房地产评估咨询有限公司的评估结论为依据对万兴公司与宋莉莉的房屋拆迁作出裁决不当。宿建裁字〔2003〕26号裁决中的第（二）项，依法应予撤销。基于被上诉人宋莉莉对上诉人建设局按照有关文件规定，对其中搬家费以 6 元/平方米、安置费以 20元/平方米进行补偿没有异议，本院对此予以确认。上诉人建设局宿建裁字（2003）26 号裁决中的第（三）项的内容不具有实际可操作性，故一审判决对其予以撤销并无不当。因被上诉人宋莉莉房屋在拆迁时已对外承租，根据国务院《城市房屋拆迁管理条例》及江苏省人大常委会颁布的有关规定，在过渡用房的确定上应尊重被拆迁人和承租人的选择权。上诉人依职权裁决的过渡房，被上诉人宋莉莉实际并未使用，因此，一审判决撤销此项裁决并无不当。综上所述，上诉人建设局的上诉理由，不能成立，对其上诉的请求，本院不予支持，因此，判决驳回上诉，维持原判。

二、案件背景

（一）现实背景

21 世纪初，中国的经济实力飞速提升，伴随着城市发展进程的加快，城市范围不断扩大，由拆迁和旧城改造等城市发展问题引发的矛盾成为了城市化进程中不可避免的症结。法律冲突、公权错位和操作不当是拆迁纠纷大量涌现的原因。① 司法机关在解决拆迁纠纷中，坚守着社会最后的正义，为维护行政相对人的合法权益、制约政府权力的肆意发挥了应有的作用。

1. 拆迁纠纷大量涌现的缘由

所谓拆迁，根据字面的理解，是指将一定范围内的房屋和附属物拆除，将该范围内的单位和居民迁出并重新安置的行为。拆迁的原因主要有两个，一是

---

① 引发拆迁纠纷的原因多种多样，既有立法上的原因，也有行政管理和司法救济方面的因素，归纳起来有三个主要的方面：法律冲突、公权错位和操作不当，具体论述详见邹东升：《城镇房屋拆迁中纠纷成因的法理分析》，载《求索》2005 年第 9 期。

城市的扩张，二是旧城的改造。众所周知，我国是一个人均土地相对紧缺的国家，为了不断满足人们的物质文化需求，改善生活和居住条件，城市的规模不断扩大，原有的旧城区也不断拆除与改建，这就避免不了对原来土地上的居民进行拆迁。拆迁是经济发展以及城市扩张和改造必然涉及的问题，全国各地的城市房屋拆迁活动非常频繁，同时也暴露了越来越多的矛盾，纠纷也随之增多。房屋拆迁涉及公民房屋所有权、宅基地使用权的强制处分及补偿问题，是关系到群众根本利益的问题，必须要认真对待。

拆迁纠纷引发的缘由多种多样，但总体来讲分为两个维度：规范层面和操作层面。从规范层面上来讲，强制拆迁的主要依据是国务院 2001 年修订的《城市房屋拆迁管理条例》，该《条例》第十六条规定："当拆迁人与被拆迁人达不成拆迁补偿协议时由行政机关裁决"，第十七条规定："在裁决规定的搬迁期限内未搬迁的实施强制拆迁。"按照《立法法》第八条的规定，涉及民事基本制度的问题只能由法律调整，① 而根据《宪法》第六十二条之规定，民事基本法律的制订主体只能为全国人民代表大会。因此，上述《条例》中有关强制拆迁的规定在一定程度上超越了条例的立法权限，另外上述两个条款以行政裁决的形式强制干预了民事主体之间合同的订立，亦存在不妥。从操作层面来讲，一是政府在拆迁过程中所扮演角色混乱和错位，有些地方的拆迁办公室既是行政机构，又是拆迁人，甚至有部分房屋拆迁管理部门直接参与和干预应由拆迁人或拆迁单位承担的拆迁活动。一些地方政府为追求城市发展的速度而忽视法定程序，滥用拆迁行政许可权，导致违法拆迁。二是开发商借助于行政权力，忽视甚至无视民众切身利益。房地产开发商为减少开发成本，随意降低补偿标准，不关注被拆迁者潜在的利益损失。开发商常常与行政权力结合，以公共利益之名行损害被拆迁人利益之实，无视被拆迁人的知情权，被拆迁人希望知道拆迁补偿、安置的范围和标准都变得很困难。

2. 司法个案逐步推动房屋拆迁法制化

具体到本案而言，本案纠纷产生于 2003 年，地点在江苏北部城市宿迁市，在城市拆迁矛盾激增的大背景之下，宿迁地方法院能够采取以个案推动房屋拆迁法制化的方式，稳定社会秩序，维护社会公正，约束行政权的肆意，是非常难能可贵的。

房屋拆迁类行政案件发轫于 20 世纪 90 年代初期，笔者以"房屋拆迁"为标题在北大法宝网站进行搜索，至 2003 年 9 月 4 日即宋莉莉案发生之前，

---

① 此处是指 2000 年颁布施行的《立法法》。

共有房屋拆迁类行政案件判决书 154 份，搜索结果显示，2000 年前此类案件多发于北京，2000 年后陆续在全国范围内发案。上述 154 例案件中，涉及房屋拆迁裁决的共 36 件，占房屋拆迁纠纷类案件的 1/5。其中法院最终撤销或者部分撤销行政机关行政裁决的有 17 例，占比接近 50%。① 可见法院在审理此类案件时，能够在行政机关作出的行政行为没有法律依据或者违反法律规定的情况下作出撤销行政行为的判决，及时有效地监督行政机关行政权的行使，维护相对人的合法权益。同时笔者也发现，在上述案例中，法院几乎都是从事实和法律适用层面进行的判定和考量，很少涉及拆迁的程序是否公正，换言之，法院在审理此类案件的过程中对拆迁的程序审查没有给予足够的关注。

尽管房屋拆迁裁决类行政案件对于行政程序的关注较少，但行政程序已经在其他相关行政管理类案件中得到关注。如发生在本案前四个月的"宣懿成等 18 人诉衢州市国土资源局收回土地使用权行政争议案"② 一案中，法院的判决指出了行政机关拆迁的程序有瑕疵，不符合法律的规定，据此作出了撤销行政机关行政行为的判决，此点与宋莉莉案极为相似，尽管宣懿成一案是土地使用权纠纷，但该案涉及房屋的拆迁和补偿。宣懿成案争议的焦点

---

① 17 例案件分别是：曹建兴诉常州市建设局房屋拆迁补偿安置裁决案，〔2003〕常行终字第 54 号；黄有土诉厦门市国土资源与房产管理局房屋拆迁不予受理裁决纠纷案，〔2003〕思行初字第 3 号；龙州县建筑材料厂与龙州县建设局执行房屋拆迁行政裁决再审案，〔2003〕桂行再字第 1 号；林维铭与宁波市房地产管理局及第三人林雅珍房屋拆迁裁决行政争议再审案，〔2001〕浙行再字第 8 号；何学华不服峨眉山市建设局房屋拆迁安置裁决案，〔2001〕乐行终字第 11 号；张恩华等诉北京市海淀区房屋土地管理局等房屋拆迁纠纷裁决案，〔2000〕一中行终字第 182 号；徐吉生与兰州市城市建设拆迁安置管理办公室、兰州市城关区人民政府皋兰路街道办事处不服房屋拆迁裁决抗诉案，〔2000〕甘行监字第 23 号；张传根不服含某县房屋拆迁办公室拆迁裁决案，〔2000〕巢行初字第 02 号；康水钧不服厦门市土地房产管理局房屋拆迁裁决案，〔2000〕厦行终字第 2 号；韩宝信诉辽阳市城乡建设委员会强制房屋拆迁裁决纠纷案，〔1999〕白行初字第 61 号；韩宝信诉辽阳市城乡建设委员会强制房屋拆迁裁决纠纷案，〔1999〕白行初字第 61 号；白秀云不服北京市海淀区房屋土地管理局房屋拆迁纠纷裁决案，〔1999〕海行初字第 96 号；王德禄、王立海、王立江不服北京市海淀区房屋土地管理局房屋拆迁纠纷裁决案，〔1999〕海行初字第 42 号；姚秀文诉天津市河东区城市房屋拆迁管理办公室房屋拆迁裁决纠纷案，〔1998〕二中行初字第 5 号；李文华诉昌图县城镇房屋拆迁管理办公室房屋拆迁裁决纠纷案，〔1998〕昌行初字第 23 号；贵阳市新华书店不服贵阳市房地产管理局房屋拆迁安置裁决案，〔1995〕筑行终字第 26 号；成都市未来号商场不服成都市房屋拆迁管理处拆迁裁决案，〔1994〕川法行终字第 2 号。

② 参见《最高人民法院公报》2004 年第 4 期。

是行政机关仅说明行政行为所依据的法律名称而未告知当事人具体的法律条款的行政行为是否违法。浙江省衢州市柯城区人民法院认为："被告国土局因建设银行衢州分行需要扩大营业用房，决定收回各原告住宅楼的国有土地使用权，国土局在有关该决定的书面通知中，仅说明该决定是依照土地管理法及浙江省的有关规定作出的，但却没有说明决定收回各原告住宅国有土地使用权的具体法律依据。国土局依照土地管理法对辖区内国有土地的使用权进行管理和调整，属于其行政职权的范围。但在决定收回各原告住宅国有土地使用权时，对所依据的法律条款应当予以具体说明而没有说明，属于适用法律错误。"宣懿成案即已经能够看到法院在使用正当程序原则进行判案的影子。

在宋莉莉案之前发生的此类案件，是在我国征地拆迁矛盾集中爆发之前的个案，但无疑起着推动房屋拆迁规范化、法制化的作用，法院在行政机关违法行政或者在行政拆迁程序规定不明确、不具体时作出的维护相对人合法权益的判决，体现了司法机关对于房屋征收与补偿过程中坚守正义维护社会公正的坚定立场。正是经过了诸多拆迁纠纷案件的审理，才有了宋莉莉案的裁判基础，才能够在此后的个案中体现司法对行政诉讼法中程序公正的追求，才能对其后的拆迁补偿纠纷案件以及其他类型的案件具有很好的指导作用。

（二）理论背景

1. 对正当程序原则的研究现状

"正当程序原则"肇始于英国的《自由大宪章》①，在美国宪法中得以彻底彰显②。国内对"正当程序原则"的集中研究发起于 20 世纪 90 年代后期，主要研究的方向在刑事诉讼法领域和比较法领域，行政法领域也有部分

---

① 《自由大宪章》第三十九条规定："凡自由民，如未经其同级贵族之依法裁判，或经国法判决，皆不得被逮捕，监禁，没收财产，剥夺法律保护权，流放，或加以任何其他损害。"

② 美国宪法第五修正案和第十四修正案奠定了正当法律程序的宪法地位。第十四修正案的正当程序条款在文本表述上与第五修正案基本相同，但后者针对的是联邦政府，前者针对的是各州，两个条款都被解读为拥有相同的程序性正当程序和实质性正当程序思想。

学者关注。① 刑事诉讼法领域对"正当程序原则"的研究侧重于人权保障和现代法治国家的构建的理念。② 而比较法领域则侧重于介绍美国宪法第五和第十四修正案的正当程序条款的价值。③ 对于"正当程序原则"的价值功能而言，国内学者具有基本一致的认识，其具有法治构建、权力控制和人权保障的功能。④ 正当程序的构成要件应当包括：程序的合法性、主体的平等性、过程的公开性、决策的自治性和结果的合理性。⑤

起初国内对于"正当程序原则"的研究多是从理论层面的宏观把握，当然在刑事诉讼法领域也有关于微观刑事正当程序的研究。但在行政法和行政诉讼法领域对该原则的具体和深入的研究应当是从"刘燕文诉北京大学拒绝颁发毕业证书纠纷案"和"刘燕文诉北京大学学位评定委员会不批准授予博士学位决定纠纷案"⑥ 开始的。在此之前，在"田永诉北京科技大学拒绝颁发毕业证、学位证行政诉讼案"⑦ 中，一审法院认为"按退学处理，涉及被处理者的受教育权利，从充分保障当事人权益的原则出发，作出处理决定的单位应当将该处理决定直接向被处理者本人宣布、送达，允许被处理者本人提出申辩意见。北京科技大学没有照此原则办理，忽视当事人的申辩权利，这样的行政管理行为不具有合法性"。已经有使用"正当程序原则"的痕迹，但刘燕文案更为明显。此后对于这一原则的研究在行政法及行政诉讼法领域开始成为热点。

在行政法领域，学者对于行政正当程序的判断标准莫衷一是，但总体看来，依然还是存在一个最低限度的行政正当程序标准，即平等原则和参与原则。在平等原则和参与原则的基础之上，再演化出了诸如告知、回避、听取相

---

① 诸如王锡锌、章剑生等学者对于行政程序的关注。参见王锡锌：《对正当法律程序需求、学说与革命的一种分析》，载《法商研究（中南政法学院学报）》2001 年第 3 期；章剑生：《论行政程序法上的行政公开原则》，载《浙江大学学报（人文社会科学版）》2000 年第 6 期。

② 参见陈瑞华：《正当程序与控制犯罪的平衡——从刑事司法的国际标准看修正后的刑事诉讼法》，载《中国律师》1997 年第 2 期。陈卫东、李洪江：《正当程序的简易化与简易程序的正当化》，载《法学研究》1998 年第 2 期。

③ 参见汪进元：《论宪法的正当程序原则》，载《法学研究》2001 年第 2 期。

④ 汪进元：《论宪法的正当程序原则》，载《法学研究》2001 年第 2 期。

⑤ 汪进元：《论宪法的正当程序原则》，载《法学研究》2001 年第 2 期。

⑥ 参见北京市海淀区人民法院〔1999〕海行初字第 103 号、104 号行政判决书。

⑦ 参见《最高人民法院公报》1999 年第 4 期。

对方意见、听证等具体规则。① 在成文法国家，法院审理行政案件几乎将现行的法律规范视为唯一依据，这种做法虽有好处，但也存在缺陷，实践中绝大多数的法院是没有勇气突破这一司法习惯，而引用正当程序进行判案的。"正当程序"作为具有规范意义的成文规定，最早见于国务院在 2004 年颁布的《全面推进依法行政实施纲要》，但这是在本案发生之后颁布的文件，并且该文件是否具有行政法规之地位尚有争议，但正当程序作为一种法学理论或者法学思想，其核心所要表达的是国家在作出对个人不利决定之前，必须给予一个最低限度的公正程序。司法实践中，本案是最高法院公布的公报案例，可见最高法院已经在有意识地公布此类试探性地运用"正当程序"之理论，作出撤销被诉行政行为判决的案例，很明显能够体现最高院对这一原则的认可。

2. 对行政行为明确性原则的引入

行政明确性原则源自德国，《德国基本法》第八十条第一项规定"法律得授权联邦政府、联邦阁员或联邦政府发布法规命令，法律应规定此项授权内容、目的与范围"。② 德国 1976 年《联邦行政程序法》第三十七条第一款规定："行政行为的内容必须充分明确"，该原则后传入日本和我国台湾地区。我国台湾地区 1999 年"行政程序法"第五条规定："行政行为之内容应明确。"行政行为明确性原则是法律明确性原则的具体运用，其目的是维护相对人的合法权益和法的安定性价值。"除了法律授权行政机关订定行政命令，必须就授权之目的、范围、内容为特定、具体、明确之规定有其适用外，于行政法规之构成要件、法律效果及行政行为之方式、内容需符合明确性之要求亦有其适用。"③

本案发生之前，学界对于行政明确性原则的研究几乎没有，仅在台湾地区有部分学者对该原则进行研究。④ 在台湾学者看来，行政明确性原则属于行政法学中的一般法律原则，其具有约束和补充成文法的适用的作用。"在行政法学上，一般法律原则具有重要意义，对于成文实定法，得透过一般法律原则解

---

① 参见朱峰：《从刘燕文诉北大案看行政正当程序的评判标准》，载《政治与法律》2000 年第 5 期。

② 城仲模主编：《行政法之一般法律原则（二）》，台湾三民书局 1997 年版，第 428 页。

③ 城仲模主编：《行政法之一般法律原则（二）》，台湾三民书局 1997 年版，第 422 页。

④ 参见城仲模主编：《行政法之一般法律原则（二）》，台湾三民书局 1997 年版，第 422 页。

释其含义或者加以正确地适用，于法无明文规定时，一般法律原则乃成为不成文法源中重要依据之一……一般法律原则除得为行政法的法源之一外，亦得作为行政机关为行政行为之准据，更可作为法院审查行政行为之基础。"① 行政明确性原则的理论依据包括罪刑法定主义、基本人权、法的安定性原则和法律明确性原则。② 行政明确性原则要求为行政相对人设定权利和义务的行政行为，其权利和义务的内容本身应当明确、具体，③ 行政相对人能够根据行政机关作出的行政行为明确地知道自身的权利义务，从而从事合适的行为。

台湾学者认为，明确就是指明白、正确的意思，所谓明白，是指一般人能够了解和知晓，所谓正确，是指所使用之词语恰能表现其意旨，没有含糊不清的情形，因此，"明确性原则要求行政机关所作的行政行为其方式和内容应该明确，不能含糊笼统，造成当事人的困惑，行政行为应当具备：预见可能性、可测性、衡量可能性及审查可能性。行政行为的内容应当明确，使相对人能够了解依此行政行为所享受的权利和应当负担的义务。透过明确性原则对行政行为于方式及内容上之要求，当事人才能够明了行政行为之内涵，来决定是否遵循或是否表示不服而提出救济"。④ 换言之，行政明确性原则其实就是要求行政行为的内容应当确定、明了、具有实际可操作性，行政机关作出的行政行为只有符合行政明确性的要求，其效力才没有瑕疵，否则法院可以对其进行审查并确认无效。⑤

（三）制度背景

1. 拆迁相关法规的历史梳理

早在 1991 年，国务院就发布了《城市房屋拆迁管理条例》。2001 年，国务院又发布了经过重大调整的《城市房屋拆迁管理条例》，将原有的条例废

① 城仲模主编：《行政法之一般法律原则（二）》，台湾三民书局 1997 年版，第 421 页。

② 参见城仲模主编：《行政法之一般法律原则（二）》，台湾三民书局 1997 年版，第 422~428 页。

③ 参见城仲模主编：《行政法之一般法律原则（二）》，台湾三民书局 1997 年版，第 425~428 页。

④ 城仲模主编：《行政法之一般法律原则（二）》，台湾三民书局 1997 年版，第 435~436 页。

⑤ 参见城仲模主编：《行政法之一般法律原则（二）》，台湾三民书局 1997 年版，第 437 页。

止，新条例调整了拆迁补偿对象，明确了拆迁补偿标准的确定依据，规范了拆迁管理的程序，充实和完善了法律责任，加大了对违法行为的处罚力度，本案中适用的裁判依据即是这部国务院法规。① 2002 年，最高人民法院发布了《关于行政诉讼证据若干问题的规定》，对拆迁过程中的证据认定和举证责任分配等均有所规定；② 2003 年，最高人民法院发布了《关于执行〈中华人民共和国行政诉讼法〉若干问题的解释》，对于土地、房屋等征收征用补偿问题有了具体规定；同年 12 月 3 日，《城市房屋拆迁估价指导意见》出台。这一系列法律法规促进了房屋拆迁纠纷问题的解决，但我国的城市房屋拆迁法律制度在拆迁目的、拆迁依据、拆迁程序、拆迁估价、拆迁补偿以及拆迁救济等方面仍存有诸多问题急需解决。③

    2. 在本案中涉及的具体法条梳理

    在城市房屋拆迁的过程中，涉及的是城市建设的公共利益和公民私人财产权之间的冲突，在这样的情况下，制度规定应当趋向于维护公共利益，但也不可忽视公民权利的保障。《国务院城市房屋拆迁管理条例》第十六条规定："拆迁人与被拆迁人或者拆迁人、被拆迁人与房屋承租人达不成拆迁补偿安置协议的，经当事人申请，由房屋拆迁管理部门裁决"；第十七条规定："被拆迁人或者房屋承租人在裁决规定的搬迁期限内未搬迁的，由房屋所在地的市、县人民政府责成有关部门强制拆迁，或者由房屋拆迁管理部门依法申请人民法院强制拆迁。"根据上述两条规定，强制拆迁的主体有明确的限定，强制拆迁的前置程序也有具体的规定，能够起到对被拆迁人权利的初步维护作用。具体到江苏省而言，《江苏省城市房屋拆迁管理条例》第十九条规定："对被拆迁房屋进行价格评估时，没有征求被拆迁人的意见；拆迁人和被拆迁人不能达成

---

    ① 后该条例又被国务院 2011 年 1 月 21 日颁布的《国有土地上房屋征收与补偿条例》废止，不再具备法律效力。

    ② 《关于行政诉讼证据若干问题的规定》中对于行政诉讼的举证责任分配和证据认定的规定，对规范拆迁行为起到一定作用。譬如该规定的第一条"被告对作出的具体行政行为负有举证责任，应当在收到起诉状副本之日起十日内，提供据以作出被诉具体行政行为的全部证据和所依据的规范性文件。被告不提供或者无正当理由逾期提供证据的，视为被诉具体行政行为没有相应的证据"；第六十二条"对被告在行政程序中采纳的鉴定结论，原告或者第三人提出证据证明有下列情形之一的，人民法院不予采纳：（一）鉴定人不具备鉴定资格；（二）鉴定程序严重违法；（三）鉴定结论错误、不明确或者内容不完整。"

    ③ 张庆元：《完善我国城市房屋拆迁制度的思考——以〈物权法〉为视角》，载《法制论坛》2007 年第 7 辑。

一致的，由房屋拆迁管理部门在符合条件的评估机构中抽签确定，房屋拆迁管理部门应当在抽签前三日在拆迁地点公告抽签的时间和地点的规定。"该条是对在拆迁过程中对于评估机构选择的具体规定。

本案除了涉及拆迁的具体规定，也涉及行政程序的相关规范。1989 年颁布的《行政诉讼法》第五十四条规定："人民法院经过审理，根据不同情况，分别作出以下判决……（二）具体行政行为有下列情形之一的，判决撤销或者部分撤销，并可以判决被告重新作出具体行政行为：（1）主要证据不足的；（2）适用法律、法规错误的；（3）违反法定程序的……"《最高人民法院关于行政诉讼证据若干问题的规定》第六十二条第（二）项规定："对被告在行政程序中采纳的鉴定结论，原告或者第三人提出证据证明鉴定程序严重违法的，人民法院不予采纳。"本案中一二审法院即采用认定宿迁市建设局所作之裁决主要证据不足、程序违法，予以撤销了部分内容。

三、案件的突破和创新

（一）明确相关证据效力的认定

本案在司法实践中具有对明确拆迁安置补偿裁决类行政诉讼中相关证据的效力认定的作用，明确了行政机关依据单方评估报告作出的裁决之效力，给其后的司法裁判提供了先例指导。一审法院法官在裁判文书中这样写道："在万兴公司与宋莉莉无法对房屋拆迁事宜达成一致意见时，宿迁市建设局在行政裁决中以拆迁单位单方面委托的评估公司的评估报告为依据，而不是依照规定在符合条件的评估机构中抽签确定评估单位，对万兴公司与宋莉莉的房屋拆迁纠纷作出裁决不当，应认定为裁决的主要证据不足，程序违法。"法官在裁判文书中确定性地指出了行政机关以拆迁人单方委托的评估公司的评估报告为依据作出的裁决，法院不予认可，应认定为主要证据不足。

同时，在一审裁判中，法官写道："尽管《国务院城市房屋拆迁管理条例》和《江苏省城市房屋拆迁管理条例》对行政拆迁程序没有明确的规定，但行政机关在裁决时应充分保障当事人的合法权利，允许当事人对争议的问题进行申辩和陈述。但宿迁市建设局在裁决宋莉莉与万兴公司的拆迁纠纷时，未允许宋莉莉对争议问题作陈述和申辩，有失公正，仅根据万兴公司的申请及万兴公司单方委托的评估公司的评估结果作为行政裁决的依据，违反了《江苏省城市房屋拆迁管理条例》的规定。"对被拆迁人房屋的估价结论是进行房屋拆迁裁决的重要事实依据，在被拆迁人对估价结论提出异议的情况下，房屋拆迁裁决部门必须对其进行核实、重新评估或组织鉴定。本案被告宿迁市建设局无视被拆迁人的异议，仅以方元公司作出评估的程序和结果并无不妥为由采信了其评估报告，在程序上存在瑕疵和漏洞，由此形成的评估报告也就不具有法律效力。

最高人民法院将宋莉莉诉宿迁市建设局房屋拆迁补偿安置裁决案作为公报案例予以发布，并在裁判摘要中明确写明："行政机关在对房屋拆迁补偿纠纷作出裁决时，违反法规的规定，以拆迁人单方委托的评估公司的评估报告为依据，被拆迁人提出异议的，应认定行政裁决的主要证据不足。"这主要也是为了在全国起到示范效应。从微观层面上讲，至少在本案后的该类案件进行审理时，会参考本案对于行政机关依据单方评估报告作出的裁决之效力的判定。而紧随其后由建设部在2003年12月发布的《城市房屋拆迁估价指导意见》中，其第六条便明确规定了"拆迁估价机构的确定应当公开、透明，采取被拆迁人投票或拆迁当事人抽签等方式"，很可能是对本案作出的回应。

（二）明确正当程序原则的具体适用

在司法审判实务中，尽管为数不多，但还是存在法官明显运用了正当程序原则进行裁判的典型判例。除了上文理论背景部分介绍的"刘燕文诉北京大学拒绝颁发毕业证书纠纷案"和"刘燕文诉北京大学学位评定委员会不批准授予博士学位决定纠纷案"，发生于本案之前的"田永诉北京科技大学拒绝颁发毕业证、学位证行政诉讼案"、"张成银诉徐州市人民政府房屋登记行政复议决定案"以及紧接本案之后发生的"陆廷佐诉上海市闸北区房屋土地管理局房屋拆迁行政裁决纠纷案"，都能够寻找到法官运用正当程序原则的蛛丝马迹。[1] 但"正当程序原则"在房屋拆迁类案件中进行明确、具体的适用还是从宋莉莉案开始的。

在"田永诉北京科技大学拒绝颁发毕业证、学位证行政诉讼一案"[2] 中，法院认为："从充分保障当事人权益的原则出发，作处理决定的单位应当将该处理决定直接向被处理者本人宣布、送达，允许被处理者本人提出申辩意见。北京科技大学没有照此原则办理，忽视当事人的申辩权利，这样的行政管理行

---

① 何海波：《司法判决中的正当程序原则》，载《法学研究》2009年第1期。
② 参见北京市海淀区人民法院〔1998〕海行初字第142号行政判决书。

为不具有合法性。"在"张成银诉徐州市人民政府房屋登记行政复议决定"①
一案中,江苏省高院认为:"行政复议法虽然没有明确规定行政复议机关必须
通知第三人参加复议,但根据正当程序的要求,行政机关在可能作出对他人不
利的行政决定时,应当专门听取利害关系人的意见。"在"陆廷佐诉上海市闸
北区房屋土地管理局房屋拆迁行政裁决纠纷"② 案中,法院认为:"基于正当
程序原理,为保护被拆迁人、房屋承租人的合法权益,被拆房屋的评估报告应
当送达被拆迁人、房屋承租人,以保障被拆迁人、房屋承租人对于评估结果提
出异议的权利。拆迁裁决机关在裁决过程中未就被拆房屋评估报告是否送达被
拆迁人、房屋承租人进行审查,因此裁决主要证据不足,违反法定程序,依法
应予撤销。"

田永案中虽然没有提到"正当程序"之概念,但从其理由阐述中,我们
可以清晰地看到"正当程序"的影子。正如有学者对此评述道:"退学处理决
定将对学生的一辈子产生长远而严重的影响,牵涉利益至深至巨,并不亚于拘
留、大额罚款和责令停产停业。举轻明重,类推比照,给予正式听证似乎都不
过分,何况只是一般性地要求送达和听取申辩。"③ 但紧随其后的几例案件,
法院在裁判文书中均对正当程序进行了明确的论述,宋莉莉案就是其中之一。

不管是宋莉莉案,还是张成银案,更或是陆廷佐案,我们都能够看到正当
程序原则在房屋拆迁类案件中的具体适用,而宋莉莉案正是此类案件中的
"始作俑者"之一,换句话说,从宋案开始,法院在房屋拆迁类案件中逐渐吸
收正当程序原则的精神内涵,以维护被拆迁人的合法权益,控制行政权的肆
意。

在宋莉莉案中,一审法院的裁判理由部分写明"……房屋拆迁主管部门
在裁决时,应围绕拆迁行为的合法性与拆迁补偿安置情况进行全面审查,在裁
决前应赋予双方当事人申辩、陈述的权利,并应听取其意见"、"本案中的被
告在裁决原告与第三人间的纠纷时,依拆迁人的申请及拆迁人单方委托评估的
结果,未履行任何程序,即以该评估结果作出裁决,剥夺了原告的陈述、申辩
权……"是否听取意见在作出行政行为的整个过程中具有十分重要的影响,
没有充分地听取相对人的意见则很有可能影响相对人的实质性权利,听取相对
方意见,给予相对方申辩的机会,对特定事项进行陈述、质证辩驳的程序,是

---

① 参见《最高人民法院公报》2005 年第 3 期。
② 参见《最高人民法院公报》2007 年第 8 期。
③ 何海波:《司法判决中的正当程序原则》,载《法学研究》2009 年第 1 期。

"正当程序原则"内涵的要求，因此本案中行政机关的行为不符合正当程序的基本要求，没有认真对待当事人的程序性权利，故在效力上存在一定的瑕疵。

宋莉莉案一审裁判中还明确写了"尽管国务院《城市房屋拆迁管理条例》与《江苏省城市房屋拆迁管理条例》对拆迁裁决程序没有明确规定，但从保障当事人的合法权益及行政执法的正当程序原则出发……"宿迁市中级人民法院二审过程中，尽管没有对一审法院这一裁判理由进行回应，但也没有否认一审法院的观点。可以说，宋莉莉案是司法审判中运用"正当程序原则"的一个典型。笔者认为，尽管在宋莉莉案中，对"正当程序原则"进行了具体的适用，但二审法院没有采用一审法院的这一表述，二审法院应当是支持一审法院的观点，但在具体做法上二审法院更为稳妥，二审法院最终还是依据了《江苏省城市房屋拆迁管理条例》第十九条第一款之规定，撤销了部分行政裁决内容。

另外，宋案中关于承租人权益的保护，一审法院并没有直接回应这个问题，而是直接将裁决的（二）（三）（四）项予以撤销。二审法院对于这一问题作了概括性的回应："因被上诉人宋莉莉房屋在拆迁时已对外承租，根据国务院《城市房屋拆迁管理条例》及江苏省人大常委会颁布的有关规定，在过渡用房的确定上应尊重被拆迁人和承租人的选择权。"根据《城市房屋拆迁管理条例》的有关规定，房屋承租人的权益应当由拆迁人进行保障，① 而在宋莉莉案中，存在被拆迁房屋的承租人，但其权益并没有得到保障，在建设局出具的裁决书中对其权利也是视而不见，不符合正当程序所要求的充分听取意见和防止偏见的要求，法院对这个问题的回应应当也是从正当程序的角度出发的。

（三）行政行为明确性原则的隐性适用

笔者尚未找到法院直接适用"行政明确性原则"作为判决依据的案例，在法学界关于"行政明确性原则"，学者的论述也并不多见，期刊网上此类的文献少之又少，② 应该说，行政行为明确性原则的特征、明确的标准以及行政行为不明确的效力和后果有待深入研究。笔者认为，尽管未能找到明确运用

---

① 《城市房屋拆迁管理条例》第十三条规定："拆迁租赁房屋的，拆迁人应当与被拆迁人、房屋承租人订立拆迁补偿安置协议。"；第三十一条规定："拆迁人应当对被拆迁人或者房屋承租人支付搬迁补助费。"；第二十七条规定："拆迁租赁房屋，被拆迁人与房屋承租人解除租赁关系的，或者被拆迁人对房屋承租人进行安置的，拆迁人对被拆迁人给予补偿。"

② 笔者以"行政明确性"问题在中国知网进行模糊搜索，所得文献屈指可数。

"行政明确性原则"进行裁判的案件，但正如宋莉莉诉宿迁市建设局房屋拆迁补偿安置裁决案一样，法官可能在认定案件事实和适用法律规范的过程中已经运用了该原则，或者至少说是受到了该原则的影响，只是未将该原则明确作为裁判的依据加以成文。

本案中，原告宋莉莉的起诉理由中有一条便是依据行政明确性原则而提出的："裁决书中的裁决内容不明确，无实际操作性内容。该裁决对承租人的营业损失未提及，属漏项裁决。"而被告宿迁市建设局在答辩词中作了如下陈述："拆迁人开发的房屋属期房，被告无法确定该项目的房屋数量、排列序号、房屋朝向等，故被告作出的裁决无法指定确切的地点作为产权调换房屋。"说明被告建设局确实是知晓自身出具的行政裁决本身是不符合行政明确性原则的要求的。其以作出行政行为时无法明确内容为理由所进行的抗辩并没有被法院所采纳。一审法院认为："裁决虽然确定了产权调换的拆迁补偿方式，但该裁决未对所调换房屋的明确位置、楼层、房屋价格等内容作明确表述，致使该裁决无法执行。"一审法院撤销了建设局的该项裁决内容，表明了一审法院对于行政行为应当做到明确、具体的认同。二审法院与一审法院的观点相同："上诉人建设局宿建裁字（2003）26号裁决中的第（三）项的内容不具有实际可操作性，故一审判决对其予以撤销并无不当。"二审法院将裁决内容界定为不具有可操作性加以撤销，这本身就是"行政明确性原则"的具体要求。

我国存在较严重的行政行为不明确的问题，行政明确性原则在我国还是一张陌生面孔，总体而言，理论上缺少研究，实务上缺少直接的运用。行政明确性原则对行政行为的具体要求不仅包括应否采用书面形式、是否载明必备事项等，还包括行政行为应当是行政主体十分明确的意思表示。行政明确性原则除了适用于行政处罚、行政指导、行政合同等领域外，也能适用于行政裁决。①裁决的内容要明确具体，具有可操作性，能够让被裁决的双方明确知道自己享有的权利、负担的义务和应当履行的责任。

行政明确性原则的功能是旨在弥补对行政程序进行规范的成文法的局限，换言之，行政明确性原则应当起到的是保障程序严密可操作的兜底作用，当具有准确的可以适用的法律规范时，行政明确性原则应当退居二线。在本案中，尽管法官没有明确运用行政明确性原则排除裁决第三项的效力，但无疑法官具

---

① 参见城仲模主编：《行政法之一般法律原则（二）》，台湾三民书局1997年版，第439~444页。

有这样的意识，不管是一审还是二审法院，都认为宿迁市建设局裁决中的第（三）项的内容是不明确的，无法保障行政相对人的合法权益。但法官并没有找到具体的法律条款对这一问题进行规定，因此法官实际上是运用了行政明确性原则进行的裁判，法官已经非常明确地表达了对行政明确性原则的认同，也从此原则出发，秉持保护相对人合法权益的理念，撤销了行政裁决的第三项内容，只是没有具体去论述和证成而已，因此笔者认为这是对"行政明确性原则"的一种隐性的适用。

四、待探讨的问题

尽管在宋莉莉案中，一审法院明确指出"从保障当事人的合法权益及行政执法的正当程序原则出发，房屋拆迁主管部门在裁决时，应围绕拆迁行为的合法性与拆迁补偿安置情况进行全面审查，在裁决前应赋予双方当事人申辩、陈述的权利，并应听取其意见"，但在二审法院的判决书中，没有对这个裁判理由进行回应，取而代之的是以制定法的依据而驳回上诉人的上诉，正当程序在司法审判实践中的运用还有待进一步探讨。另外，行政明确性原则的使用尽管在实践中已经非常普遍，但都不是文本意义上的直接使用，而是转化为"可操作性"、"可实现性"等标准，而没有直接使用"行政明确性原则"，因此，怎样建构这个原则的适用标准并实际地加以使用也是值得探讨的问题。最后，关于房屋拆迁本身是否合法，在本案的一二审中对这个问题均作了回应，均认为当时的房屋拆迁是合法的，但是随着 2011 年《国有土地上房屋征收与补偿条例》的出台，废止了原有的《城市房屋拆迁管理条例》，现在回过头来看当时的拆迁决定和拆迁行为，也是存在问题的。

（一）正当程序原则具体适用的标准如何确定

根据《行政诉讼法》第七十条之规定，主要证据不足和违反法定程序是并列存在的撤销行政行为的理由。在宋莉莉案中，最高人民法院在公报案例前总结的裁判摘要中强调的是"主要证据不足"，没有提到程序违法。① 在另一则案例"丰浩江等人诉广东省东莞市规划局房屋拆迁行政裁决纠纷案"中，

---

① 参见《最高人民法院公报》2004 年第 8 期。

法院也是认定"行政机关的裁决主要证据不足，依法予以撤销"。① 这两个案例都存在程序违法与证据不足的交叉问题，最高人民法院更趋向于将主要证据不足视为撤销行政行为的依据。这是否意味着最高人民法院并不赞同使用正当程序进行裁判，恐怕也未必，最高人民法院的这一倾向笔者认为是更强调我们有必要对正当程序使用的标准进行确定。

在上述诸案件中，法官的判决对"正当程序原则"的适用仅仅是一笔带过，并没有充分地展开。在形式法治占主导思想的法治环境下，也不能苛求法官去冒险"造法"，在法官们看来，模糊处理似乎比清晰说理更有利于逃避"不依法审理"或"造法"的嫌疑。② 在笔者看来，本案中法院没有认可行政机关作出的裁决，是因为行政机关这样的做法违背了正当程序中禁止单方接触的要求。③ 单方接触使得裁决主体会产生偏听偏信，造成相对人对裁决的公正信产生质疑。④ 在宋莉莉案中，法官可以有进一步说理的空间，明确正当程序的判断标准，但法官并没有这么做，而是在判断为"有失公正"后，依靠行政机关没有遵循地方条例关于裁决必须依据双方当事人共同委托的评估机构所作的评估报告为理由，来认定行政机关的裁决违法。

我们国家始终存在着重实体轻程序的意识，主要证据不足导致行政相对人的实体权益被侵犯，在我们看来是很明显的，但是如果是违反法定程序则要加以区分，是严重程序违法还是轻微的程序违法，严重程序违法会侵害相对人合法权益，而轻微程序违法也许对相对人的权益没有实质的影响，这种思维方式需要改变。随着法治的发展，公民的程序权利意识已经有了很大的提升，司法判决应当承担起塑造社会和民众尊重程序的思维意识，在宋莉莉案中，法院已经有了这样的倾向是难能可贵的，但还有待进一步的努力。

（二）行政行为明确性原则的判断标准如何确定

行政行为不明确有诸多的弊端，不明确使相对人对自己行为带来的法律后果的可预见性大大降低，从而也降低了法律上的安全感，在许多方面常常无所适从。⑤ 在本案中，〔2003〕26 号房屋拆迁纠纷裁决第（三）项："万兴公司

---

① 《中华人民共和国最高人民法院公报》（2004 年卷），人民法院出版社 2005 年版，第 444 页。

② 管君：《法槌下的正当程序》，载《行政法学研究》2007 年第 3 期。

③ 参见侯淑雯：《禁止单方接触与保障程序公平》，载《现代法学》2001 年第 5 期。

④ 管君：《法槌下的正当程序》，载《行政法学研究》2007 年第 3 期。

⑤ 参见胡建森、钱建华：《行政明确性原则初探》，载《江海学刊》2004 年第 5 期。

在中贸百货商城项目完工后提供一处位于该商城项目的房屋（面积与被拆房屋面积相当），拆迁人调换房屋价格以市场评估价为准。"该项裁决的内容并不明确，仅仅指明了大致的位置和面积，并没有明确具体的位置、具体的房型，该项裁决具有非常大的可变更性和不确定性。一个房屋在商场中的具体位置严重影响着该房屋的市场价值，二楼的房屋没有一楼的房屋价值高，临街的房屋比非临街的房屋价值高，因此该裁决的具体履行具有多种可能，相对人在项目完工后无法选择房屋的位置，只能任凭开发商分配，严重影响相对人的合法权益，但判决书中对此点并未充分进行说理和论证。

笔者认为，一审法院还是有意识地对"行政明确性原则"的判断标准进行了尝试性阐述："该裁决虽然确定了产权调换的拆迁补偿方式，但该裁决未对所调换房屋的明确位置、楼层、房屋价格等内容作明确表述，致使该裁决无法执行。"而二审法院仅仅指出了"由于宿迁市建设局裁决中的第（三）项的内容不具有实际可操作性，故一审判决予以撤销并无不当"。无论是一审法院还是二审法院，对"行政明确性原则"的判断标准都没有做到充分展开和论述，当然也就没有对"行政明确性原则"的适用标准进行确定。

（三）关于房屋的强制拆迁是否合法的问题

在本案中，一二审法院均对建设局裁决中的第一项内容予以了维持，代表着法院对该项内容是认可的，认为其是符合法律规定的。但我们应当看到，本案中在没有明确的补偿安置方案并给予被拆迁方补偿安置的情况下，万兴公司就取得了对原告宋莉莉房产的拆迁许可，申请对房屋强制拆迁，在这种情况下非常容易侵害当事人的合法权益。2005年，住建部发布了《城市房屋拆迁工作规程》，其中第七条规定："对于符合拆迁许可证核发条件的，房屋拆迁管理部门应当依法核发拆迁许可证，同时将房屋拆迁许可证中载明的拆迁人、拆迁范围、拆迁期限等事项，以房屋拆迁公告的形式予以公布。对于补偿安置方案、补偿安置资金不落实的项目，房屋拆迁管理部门不得核发拆迁许可证。"第十四条规定："当事人对裁决不服的，可以依法申请行政复议或者向人民法院起诉。但拆迁人已按规定对被拆迁人给予货币补偿或者提供安置用房、周转用房的，诉讼期间不停止拆迁的执行。"可见，本案中对宋莉莉房屋的强制拆迁是不合理的，万兴公司在没有给予补偿安置的前提下进行强制拆迁是不可行的。尽管我们不能苛求法院在2003年时即对这一问题进行审查，因为当时的法律规范并没有对这一问题进行禁止，但对于法院能否有更好的做法，是可以进一步讨论的问题。

五、结语

　　本案是在城市房屋拆迁大背景之下，法院通过司法个案明确行政诉讼相关证据效力的认定，并具体使用正当程序进行裁判的典型案例。尽管正当程序原则适用标准和行政明确性原则的具体司法适用等问题值得进一步探讨，但法院在特殊的背景之下坚守社会正义，秉持公正的司法立场进行裁判，无疑保护了行政相对人的合法权益并对行政机关的拆迁程序进行审查和约束，有利于政府在拆迁过程中改善自身的不足，注重保护被拆迁人的合法权益，依法进行城市拆迁。

陈莉诉徐州市泉山区城市管理局
行政处罚案（2003）[*]

熊　雅

一、案情回顾

（一）基本案情

2002年8月21日晚，徐州市泉山区城市管理局（以下简称城市管理局）以陈莉擅自占用道路经营冷饮并影响市容为由，以城市环境综合整治指挥部（以下简称综合整治指挥部）的名义，将陈莉在经营中使用的海尔314型冰柜1台、手推车1辆及遮阳伞1把予以扣押，并于第二天向原告出具了物品暂扣单，暂扣单上盖有综合整治指挥部的印章。陈莉对该行政处罚行为不服，认为城市管理局和徐州市泉山区人民政府（以下简称"区政府"）扣押财产的行政强制措施违法，遂于2003年1月6日以徐州市泉山区人民政府、徐州市泉山区城市管理局、徐州市泉山区城市环境综合整治指挥部为被告向徐州市中级人民法院提起行政诉讼，请求撤销被告的违法行政行为，返还扣押物品。

＊ 本案刊载于《最高人民法院公报》2003年第6期。北大法宝确定的案例要旨是："依据我国《行政诉讼法》的规定，行政诉讼的适格被告指被公民、法人或者其他组织起诉，由人民法院审查确认并通知其应诉的行政机关和法律、法规授权组织。由此可见，行政诉讼的被告必须是行政机关或者法律、法规、授权组织。行政机关的内设机构并不具备独立承担责任的主体资格。根据《最高人民法院关于执行〈中华人民共和国行政诉讼法〉若干问题的解释》第二十条第二款之规定，行政机关的内设机构在没有法律、法规或者规章授权的情况下，以自己的名义作出具体行政行为，当事人不服提起行政诉讼的，应当以该行政机关为被告。"

（二）争议焦点

原告诉称，在 2002 年 8 月 21 日晚，其在徐州市淮海路与立达路交叉处附近经营冷饮时，政府执法人员在未表明身份，未下达处罚决定，未列扣押清单的情况下，即认为她违法占道经营，并强制扣押了她经营用的冰柜、推车及食品、饮料。原告认为行政机关的行政行为违法，遂请求法院撤销被告的违法行政行为，返还扣押物品。原告提供了一系列证据以支持其诉讼请求，包括综合整治指挥部于 2002 年 8 月 22 日补发的 8113 号物品暂扣清单，以证明被诉行政行为的存在，证人陈平的证言，主要内容是：执法人员扣押了陈莉海尔冰柜1 台（冰柜内有待售食品）及遮阳伞和放置冰柜的手推车。

被告城市管理局和区政府在法律规定的期限内未提交答辩状，也未提供扣押财产强制措施的证据和依据。案件公开审理时，被告城市管理局出庭，认为其行政强制措施的作出系根据市、区领导的统一布署，对占道经营影响交通的情况进行统一整治，没有违法。被告城市管理局出庭时提供了相应的证据，包括：徐州市黄茅岗停车场一份进车单，以证明扣押原告物品品种和数量与扣押清单相符；证人彭远峰的出庭证言：他在参与 2002 年 8 月 21 日执法时，只扣押了 1 台空冰柜和遮阳伞。同时认为，对原告陈莉扣押的物品，应该以扣押清单记载的内容为准。工作人员在采取强制措施时，没有扣押当事人冰柜中的食品、饮料及手推车。

被告徐州市泉山区人民政府在庭审中辩称，本案被诉行政行为是泉山区城管局作出的，该局是依法成立的行政法人，能够独立承担行政责任。徐州市泉山区城市环境综合整治指挥部也与政府无关，故徐州市泉山区政府不应作为本案被告。

本案争议焦点是：（1）区城市管理局扣押陈莉物品的举证责任分配。（2）被告不正当地行使诉讼权利的责任承担。

（三）法院裁判

一审法院指出"因综合整治指挥部是城市管理局的内设协调机构，且2002 年 8 月 21 日晚暂扣原告陈莉物品行为是城市管理局工作人员实施的，该局是依法成立具有行政主体资格的行政组织，故本案中城市管理局应作为适格的被告，暂扣陈莉物品行为的法律后果，应由城市管理局承担。故综合整治指挥部不具行政诉讼的被告资格，区人民政府与本案被诉行政行为无直接的法律关系，也不应承担法律责任"。法院认为"由于被告泉山区城市管理局在法定期限内未提交答辩状和作出扣押财产强制措施的证据和依据，依照《最高人民法院关于执行〈中华人民共和国行政诉讼法〉若干问题的解释》第二十六条规定，应认定该暂扣行为无证据和依据，属于违法行政行为，应予撤销"。关于被告泉山区城市管理局是否扣押的原告的推车及冰柜内是否有食品，双方证人陈述不一致，徐州市中级人民法院对此作出如下分析"根据《最高人民法院关于执行〈中华人民共和国行政诉讼法〉若干问题的解释》第二十七条第一款第（三）项的规定，原告陈莉要求返还手推车及冰柜内食品和饮料的诉讼主张，应对被扣押的手推车价值及食品、饮料的品种和数量承担举证责任，但考虑到陈莉的手推车是自制的，陈莉的经营属于流动性的零售摊点，没有销售记录，客观无法准确举证，且被告城市管理局的工作人员在执法时未现场制作扣押清单或笔录，亦是造成该事实难以确定的主要原因，故手推车按陈莉主张的价值 200 元认定比较合理，应予支持；食品、饮料损失根据陈莉冰柜型号和经营品种等情况认定为 800 元比较合理，对陈莉主张赔偿其食品、饮料损失 1000 元的主张，不予支持"。

依据《中华人民共和国行政诉讼法》第五十四条第（二）项第 1 目、第 2 目、《中华人民共和国国家赔偿法》第四条第（二）项、第二十八条第（二）项、第（四）项之规定，该案于 2003 年 6 月 10 日判决：撤销被告徐州市泉山区城市管理局 2002 年 8 月 22 日对原告陈莉作出的编号为 8113 号的暂扣物品决定；返还原告陈莉的海尔 314 型冰柜 1 台及遮阳伞 1 把；被告徐州市泉山区城市管理局赔偿原告陈莉冰柜推车的损失 200 元和食品饮料损失 800 元，合计 1000 元。案件受理费 100 元，由被告徐州市泉山区城市管理局负担。

一审宣判后，城市管理局不服，向江苏省高级人民法院提起上诉。依照《中华人民共和国行政诉讼法》（以下简称《行政诉讼法》）第四十八条、《最高人民法院关于行政诉讼证据若干问题的规定》（以下简称《证据规定》）第七十五条及《最高人民法院关于执行〈中华人民共和国行政诉讼法〉若干问题的解释》（以下简称《若干解释》）第四十九条第一款、第六十三条第一款第（十）项之规定，江苏省高级人民法院于 2003 年 9 月 19 日裁定：本案按撤诉处理，各方当事人按原审判决执行；上诉人徐州市泉山区城市管理局支付被上诉人陈莉在二审期间支出的委托代理费及往返必需的交通费用共计人民币 1570 元。其判决理由如下：

案件当事人一审判决后在法定期限内提起上诉，是其诉讼权利。但本案中，城市管理局在案件的一审期间未在法定期限内提交答辩状，也未提供行政处罚的证据和依据，依照《最高人民法院关于执行〈中华人民共和国行政诉讼法〉若干问题的解释》第二十六条规定，应当承担败诉的法律后果，且城市管理局的委托代理人在一审庭审陈述时，已自认其行政行为理由不充足。城市管理局在一审被判决败诉后，虽然提起上诉，却怠于行使自己的诉讼权利，未向法院提交法定代表人身份证明书，也未委托诉讼代理人参加诉讼。在接到第一次开庭传票后，既未申请延期开庭也未提供任何材料且拒不到庭，后也未按要求提供有关不能到庭的正当理由的说明；第二次接到开庭传票后，仍然拒不到庭且不说明任何理由，应视为申请撤诉。由于城市管理局不正当地行使了自己的诉讼权利，实际上加重了被上诉人陈莉的负担，基于公平原则，城市管理局应当负担陈莉因此次诉讼而支付的直接的、合理的费用，即二审期间的委托代理费用及诉讼参与人两次往返必需的交通费用共计人民币 1570 元。"①

二、案件背景

（一）现实背景

1. 城管执法违法现象严重

城管执法违法现象严重主要表现在缺乏明确的职权依据和不遵守法定和正当程序。

一方面，城管缺少明确的行政强制措施授权。1996 年《中华人民共和国行政处罚法》（以下简称 1996 年《行政处罚法》）第十六条规定："国务院或者经国务院授权的省、自治区、直辖市人民政府可以决定一个行政机关行使有关行政机关的行政处罚权，但限制人身自由的行政处罚权只能由公安机关行使。"该条确立了相对集中行政处罚制度，实践中，相对集中行政处罚权主要集中在城市管理领域，但是由于立法的不明确，在城管执法实践中造成了混乱。同时缺乏部分强制措施导致城管执法不力。在城市乱张贴、乱摆卖、占道经营、违法建设等问题一直是城市管理的难点，城管部门缺乏直接的行政强制权而引发的纠纷显得尤为突出。此外，一些执法措施也缺乏相应的法律依据。比如，本案中，城管部门对于涉案的占道经营行为采取强制措施就没有相应的

---

① 本案有关案情、裁判之梳理参见《最高人民法院公报》2003 年第 6 期。

法律法规对此有明确规定。其次，相对集中行政处罚权的实施机关缺少行政强制执行权。由于处罚权的相对集中，执法机关的执法任务大增、处罚案件也相应增加，需要强制执行的行政处罚决定自然也增加。而从执行主体看，我国行政强制执行的主体在一般情况下为人民法院，在法律规定的情况下，也可以是行政机关。在执法手段上，由于我国没有一部统一的行政强制执行法，哪些情况的强制执行权可以授予行政机关，标准不明确，不同的学者也有不同的观点。① 行政机关在实施某些行政强制执行时，在程序上无法可依，其执行方式、步骤、强度、期限等都属于其"自由裁量"的范围，因此难免会发生城管越权、程序违法的情况。②

另一方面，程序法的重要意义在我国并未得到应有重视。一些执法人员认为，行政程序的设置只会为行政执法设置障碍，增加行政成本。受此观念影响，行政机关工作人员中"只要实体正确、程序对错无所谓"的思想倾向仍十分普遍。行政强制执行是强制性执法的手段，是一项程序性很强的工作，然而当时我国有关行政强制执行程序的立法几乎是一片空白，已经严重影响行政强制执行权的有效行使。有的地方和部门因执行程序不当而引起矛盾激化，酿成恶性事件。③ 即使法律对行政强制措施程序有所规定的，由于执法主体的素质、法律意识的欠缺等多方面因素的影响，加之程序规定本身的片面、缺乏科学性，实践中行政强制措施程序的遵守状况非常不理想，行政机关在实施过程中随意性较大。④粗暴、野蛮执法的情形时有发生。

行政强制涉及对公民的人身或者财产权利的限制，根据依法行政原则的要求，行政机关行政强制限制公民的人身或者财产权利，需要有相应的法律依据。一方面，由于没有统一的行政强制法以及法律的滞后性与有限性，导致我国行政强制行为很乱；另一方面，执法人员的程序观念淡薄，在实施管理过程中"滥"用行政强制，行政机关侵害公民、法人或者其他组织的合法权益现象严重。

2. 行政机关消极应诉

我国于1989年才颁布《行政诉讼法》，在颁行之初，许多行政机关的工

---

① 应松年主编：《行政法学新论》，中国方正出版社1999年版，第423页。
② 傅士成：《行政机关自行强制执行程序的几个问题》，载《行政法学研究》2002年第2期。
③ 冯军著：《行政处罚法新论》，中国检察出版社2002年版，第211页。
④ 胡建淼主编：《行政强制法研究》，法律出版社2003年版，第234页。

作人员对行政诉讼有很强的抵触情绪，甚至百般阻挠，这是因为，"传统观念是不容许民告官的，无论是中国的传统观念，还是西方的传统观念，都认为官绝对高于民，民不可以告官"。① 行政机关的不配合给《行政诉讼法》的施行造成了很大的困难。另外，行政审判受到各方压力较大，"法外干预严重，领导作'批示'，走后门，托关系，整个执法环境不尽如人意，'人情案、关系案、金钱案'也很难避免"。② 正是由于上述原因，行政机关在司法实务中态度傲慢，不重视出庭应诉和举证答辩，给法院的审判工作带来了重重障碍。

从 1989 年《行政诉讼法》颁布至今，数十年间关于行政诉讼证据的司法解释仅有 2000 年《最高人民法院关于执行〈中华人民共和国行政诉讼法〉若干问题的解释》（以下简称《若干解释》）和 2002 年《最高人民法院关于行政诉讼证据若干问题的规定》（以下简称《证据规定》），我国行政诉讼证据制度也不完善，这都给法官在行政案件的审理中带来了考验与挑战。

因此，在行政诉讼中，法院能否顶住行政机关的压力，法官是否能严格依照行政诉讼法的规定审理案件，以及法官能否在《行政诉讼法》规定不明确时，在法律规定的限度内行使解释权与裁量权，对于维护行政相对人的合法权益，消除行政机关的"官本位"思想，维护司法权威具有重要意义。

（二）理论背景

现代诉讼，为追求诉讼的公正、民主与文明，加强对个人权益的保障，对证明责任的分担，对证明的方法、手段、过程均有明确的法律要求和严密的程序保障。③ 行政诉讼证据制度是行政诉讼制度的重要组成部分，在行政诉讼理论和实践中占有十分重要的地位，而举证责任制度是证据制度的重要组成部分。不同于我国《民事诉讼法》确立的"谁主张，谁举证"的证据规则，我国《行政诉讼法》确立了由"被告负举证责任"的原则。行政诉讼的举证责任是指被告行政机关依法负责对其所作出的具体行政行为的证明责任，被告没有按照法律规定履行举证责任将承担败诉的法律后果。④ 1989 年《行政诉讼法》第三十二条规定，被告对作出的具体行政行为负有举证责任，应当提供

① 姜明安主编：《行政诉讼法学》，北京大学出版社 2001 年版，第 22 页。

② 房宝国：《行政诉讼：任重而道远——我国〈行政诉讼法〉实施十周年的反思与探源》，载《南京社会科学》2001 年第 1 期。

③ 卞建林、郭志媛：《论诉讼证明的相对性》，载《中国法学》2001 年第 2 期。

④ 于安、江必新、郑淑娜：《行政诉讼法学》，法律出版社 1995 年版，第 153 页。

作出该具体行政行为的证据和所依据的规范性文件。因而第 32 条确定了被诉行政机关对被诉行政行为的合法性负举证责任。由被告负举证责任是考虑到行政机关地位的特殊性与处理案件的便捷性，但是这并不否认原告可以提供证据。在一定情况下，如行政机关提出了所作出行政行为的证据时，原告能否提出反证，对能否胜诉有重要作用。但不能要求依原告的证据来确定被诉行政行为是否合法，即原告不因提供的证据不充分而负败诉的责任。① 行政诉讼的举证责任分配的意义在于"被告是被诉具体行政行为的作出者，掌握和控制着证明被诉行政行为合法性的所有证据，具有完全充分的举证能力；而原告实际上掌握和控制着对自己有利情况的一些证据，由他们承担相应的举证责任是合乎法理的"。② 可见，让处于弱势地位的原告提供证据是为让案件事实更加明晰，维护行政相对人的合法权益，而非让其承担举证不能的不利后果。

（三）制度背景

虽然在 1989 年《行政诉讼法》中就有关于诉讼证据的规定，但是《行政诉讼法》中规定得比较简单，行政诉讼中的证据制度经历了一个从不成熟到不断完善的过程。

1. 行政诉讼证明对象问题

1989 年《行政诉讼法》第五条规定：人民法院审理行政案件，对具体行政行为是否合法进行审查。因此在行政诉讼中，法院主要围绕被诉行政行为是否合法进行审查，诉讼当事人的证明对象就是被诉的具体行政行为是否合法以及是否侵害了行政相对人的合法权益。

2. 行政诉讼举证责任分担规则问题

《行政诉讼法》第三十二条规定由被告对作出的具体行政行为的合法性承担责任，《若干解释》第二十六条细化了被告对具体行政行为的举证责任，即"在行政诉讼中，被告对其作出的具体行政行为承担举证责任。被告应当在收到起诉状副本之日起 10 日内提交答辩状，并提供作出具体行政行为时的证据、依据；被告不提供或者无正当理由逾期提供的，应当认定该具体行政行为没有

---

① 顾昂然：《行政诉讼法起草情况和主要精神》，参见最高人民法院《行政诉讼法》培训班编：《行政诉讼法专题讲座》，人民法院出版社 1989 年版，第 29～30 页；胡康生主编：《〈中华人民共和国行政诉讼法〉讲话》，中国民主法制出版社 1989 年版，第 162～163 页。

② 毕可志：《论完善行政诉讼的举证责任制度》，载《法制与社会发展》2000 年第 2 期。

证据、依据"。该条规定的举证期限，目的是为了约束行政机关在法律规定的期限内提出，超出该期限视为该具体行政行为没有证据、依据，对实践中行政机关不重视参与行政诉讼的行为进行约束，同时也提高了行政诉讼的效率。

3. 行政赔偿案件中的举证责任问题

因为行政诉讼的重点是审查具体行政行为的合法性问题，所以，原告的举证责任比起被告来要少得多。

1997 年最高人民法院颁布了《关于审理行政赔偿案件若干问题的规定》，第三十二条涉及行政赔偿案件中原告的举证责任，"原告在行政赔偿中对自己的主张承担举证责任。被告有权提供不予赔偿或者减少赔偿数额方面的证据"。规定原告在行政赔偿诉讼中对自己的主张承担举证责任。但是有赔偿必有侵权，《关于审理行政赔偿案件若干规定》并没有明确原告的证明责任为何，为了解决司法实践中原告在行政赔偿中举证责任的问题，2000 年《若干解释》在原告举证责任方面做了一些重要的补充解释，《若干解释》第二十七条规定，"在一并提起的行政赔偿诉讼中，证明因受被诉行为侵害而造成损失的事实"，这些规定在某种程度上减轻了行政赔偿案件的原告的举证责任，即原告只须对因受被诉行为侵害而造成损失的事实承担举证责任。但是这些规定仍有一些欠缺，比如在本案中，原告举证不能的原因在于被告在执法过程中程序违法，而《若干解释》没有规定在此种情形下的责任分担。

三、案件的突破和创新

在陈莉案中，法院严格适用证据规则判案，并对行政机关的消极应诉行为进行了有力的回击，不仅维护了作为弱者的行政相对人的合法权益，更使得法院在行政案件的审判中消极被动的角色得以转换。同时，陈莉案对于完善行政诉讼中的举证责任制度，推动《行政诉讼法》第三十四条、第三十八条的修订起到了积极的作用。

（一）对证据规则的严格适用

《若干解释》第二十六条规定：在行政诉讼中，被告对其作出的具体行政行为承担举证责任。被告应当在收到起诉状副本之日起 10 日内提交答辩状，并提供作出具体行政行为时的证据、依据；被告不提供或者无正当理由逾期提供的，应当认定该具体行政行为没有依据、证据。在本案中，陈莉诉请撤销城市管理局的行政处罚行为，城市管理局应当承担证明其具体行政行为合法的责任，城市管理局要实施暂扣相对人徐莉的冰柜等物品的行政强制措施，首先要有作出该强制措施的法律依据，即规范性法律文件，其次还要有证明陈莉擅自占用道路经营冷饮并影响市容的事实根据，才能作出该行政行为。然而，在一审中，被告城市管理局和区政府在法律规定的期限内未提交答辩状，也未提供扣押财产强制措施的证据和依据，且被告在应诉后向法院提供的两份证据均未能证明该两项内容，被告的第一份证据：徐州市黄茅岗停车场一份进车单，仅仅是证明了扣押原告物品的品种和数量；第二份证据：证人彭远峰的出庭证言，仍然是有关扣押原告物品的事实，说明其只扣押了原告的 1 台空冰柜和遮阳伞。两项证据均未能证明原告陈莉占道经营的事实，并且被告也没举出作出该具体行政行为的任何法律依据，被告提交的证据过于简单、粗糙，不能够证明该具体行政行为的合法性，依照《若干解释》第二十六条以及《行政诉讼法》第五十四条第二款的规定，视为该暂扣行为没有相应的证据，属于违法行政行为，应予撤销。其后，被告又向江苏省高级法院提出了上诉，但两次开庭都未到庭，也没有说明理由，法院认为应当视为申请撤诉，承认了自己所作出的具体行政行为的违法性。

由于行政机关在行政诉讼中的特殊身份地位、行政机关工作人员法律素养的不足，在行政诉讼中，作为被告的行政机关往往不按照法律规定的诉讼程序参与诉讼，而是利用自己的特殊身份向法院施加压力，使法院无法正常适用法律判案，使法律的规定沦为摆设。而陈莉案中，法院严格适用了《行政诉讼法》与《若干解释》中的证据规则，使案件得以公正审判，使司法公正得以体现。

（二）对行政机关消极应诉的"回击"

正如前文所述，在我国，由于行政机关"官本位"思想严重，消极诉讼现象在我国比比皆是，"直接、间接、各种因素交织在一起，使得独立审判的内涵有了不少水分。这种现象在行政诉讼案件的实体处理过程中特别明显"。①在本案一审中，行政机关未在接到起诉状副本十天内未递交答辩状及证据，在一审庭审中，法院依据《若干解释》第二十六条的规定，认定城市管理局的暂扣行为没有依据和证据，予以撤销，打击了行政机关的傲慢态度。

行政机关不服一审判决提出上诉，法院首先肯定了其诉讼权利，但是城市管理局在一审被判决败诉后，虽然提起上诉，却怠于行使自己的诉讼权利，未

---

① 杨荣、李明：《论行政机关的消极应诉行为》，载《河北法学》2001 年第 3 期。

向法院提交法定代表人身份证明书，也未委托诉讼代理人参加诉讼。在接到第一次开庭传票后，既未申请延期开庭也未提供任何材料且拒不到庭，后也未按要求提供有关不能到庭的正当理由的说明；第二次接到开庭传票后，仍然拒不到庭且不说明理由，《行政诉讼法》第四十八条规定："经人民法院两次合法传唤，原告无正当理由拒不到庭的，视为申请撤诉；被告无正当理由拒不到庭的，可以缺席判决。"《最高人民法院关于执行〈中华人民共和国行政诉讼法〉若干问题的解释》第四十九条第二款规定，原告或者上诉人申请撤诉，人民法院裁定不予准许的，原告或者上诉人经合法传唤无正当理由拒不到庭的，或者未经法庭许可而中途退庭的，人民法院可以缺席判决。上述仅规定可以缺席判决的情形，但没有明确规定当事人对缺席行为承担什么具体法律责任。完整的缺席判决制度不仅应该明确规定什么情形为缺席，而且还应该明确规定缺席之当事人应受什么之判决结果，也即缺席判决制度的规范性功能应是明确的。①

我国《行诉证据规定》第七十五条规定：证人、鉴定人因出庭作证或者接受讯问而支出的合理费用，由提供证人、鉴定人的一方当事人先行支付，由败诉一方当事人承担，却没有规定由败诉方负担胜诉方的律师代理费和差旅费。而在民事诉讼中有类似的规定，《民事诉讼证据规定》第四十六条规定：由于当事人的原因未能在指定期限内举证，致使案件在二审或者再审期间因提出新的证据被人民法院发回重审或者改判的，原审裁判不属于错误裁判案件。一方当事人请求提出新的证据的，另一方当事人负担由此增加的差旅、误工、证人出庭作证、诉讼等合理费用以及由此扩大的直接损失，人民法院应予支持。虽然《行政诉讼法》和《若干解释》规定得不够完善，都没有规定由败诉方承担对方当事人的代理费和差旅费，但是法官作为裁决者，有权在法律规定的限度内行使一定的裁量权。江苏省高级人民法院裁定由上诉人城管局支付被上诉人陈莉在二审期间支出的委托代理费及往返必需的交通费，这种判决是比较少见的。法院作出这种裁定的依据是公平原则。诚然公平原则应当贯穿在整个行政诉讼过程中，但江苏省高级人民法院的做法更是对行政机关恶意诉讼的一种惩戒。作为上诉人的行政机关在明知自己的行政行为缺乏相关依据时仍提起上诉，且上诉后怠于行使诉讼权利，滥用诉讼权利，对于行政机关的恶意诉讼行为，裁定让其承担被上诉人的代理费和差旅费，增加其恶意诉讼的成本，对行政机关今后的诉讼行为起到了一个很好的警示作用。

---

① 刘俊：《行政诉讼缺席判决制度之重构》，载《金陵法律评论》2005 年秋季卷。

（三）完善了行政诉讼中的举证责任制度

值得注意的是，1989年《行政诉讼法》第三十二条规定"被告对作出的具体行政行为负有举证责任，应当提供作出该具体行政行为的证据和所依据的规范性文件"，该规定仅明确了行政诉讼举证责任的分配原则，即由被告承担证明被诉具体行政行为合法的举证责任，但未规定被告在无正当理由情形下于法定时限内拒不提供证据的后果。2000年，最高人民法院发布了关于执行《中华人民共和国行政诉讼法》若干问题的解释，第二十六条明确"被告不提供或者无正当理由逾期提供的，应当认定该具体行政行为没有证据、依据"，从而使得该条的可执行性增强。在本案中，一审法院在泉山区城市管理局未在法定期限内提交证据、依据后，依据《若干解释》第二十六条的规定，认定被诉具体行政行为没有相应的证据、依据，维护了相对人的合法权益。2014年《行政诉讼法》修订，在原《行政诉讼法》第三十二条的基础上，补充增加了被告行政机关在举证期限内无正当理由拒不提供作出行政行为的证据和依据的后果，即"视为没有相应证据"。《行政诉讼法》的这一补充规定，使得行政诉讼举证责任承担以及不承担的后果都得以明确，可以实现更好地约束行政主体、保障相对人合法权益的立法目的。

本案中，法院的另一个贡献是对行政赔偿的证明责任的发展。行政赔偿是指行政机关违法行使职权，侵犯公民、法人或其他组织的人身权、财产权，造成损害，所承担的侵权赔偿责任。在行政赔偿案件中，原告主张行政机关对其人身权、财产权造成损害，应当就其享有的人身权、财产权提出权利证明，就被诉具体行政行为造成损害的事实提供证据。1997年最高人民法院颁布了《关于审理行政赔偿案件若干问题的规定》，该规定第三十二条涉及行政赔偿案件中原告的举证责任，"原告在行政赔偿中对自己的主张承担举证责任。被告有权提供不予赔偿或者减少赔偿数额方面的证据"。① 2000年《若干解释》在原告举证责任方面对《行政诉讼法》作了补充解释，其第二十七条规定，"在一并提起的行政赔偿诉讼中，证明因受被诉行为侵害而造成损失的事实"，这些司法解释明确了原告对因受被诉行为侵害而造成损失的事实承担举证责任，却无法解决本案中因行政机关违法行政行为导致原告举证不能的问题。在本案中，行政机关作出扣押物品的行政处罚时未当场出具扣押清单，事后双方对扣押物品内容存在分歧，一审法院认为"原告陈莉要求返还手推车及冰柜

_____

① 刘善春：《行政诉讼举证责任分配规则论纲》，载《中国法学》2003年第3期。

内食品和饮料的诉讼主张，应对被扣押的手推车价值及食品、饮料的品种和数量承担举证责任，但考虑到陈莉的手推车是自制的，陈莉的经营属于流动性的零售摊点，没有销售记录，客观上无法准确举证，且被告城市管理局的工作人员在执法时未现场制作扣押清单或笔录，亦是造成该事实难以确定的主要原因……"一审法院认为，在本案中被告的执法行为存在重大违法情节，扣押物品而没有现场开列物品清单，是造成原告举证不能的主要原因，因此本案事实无法查明的一个重要原因系被告区城市管理局未依照法定程序作出行政强制措施行为，其应该承担着不可豁免的责任。据此，一审法院判决以 800 元的行政赔偿数额代替原告 1000 元的扣押财产返还金额，合情合理。

本案不仅贯彻了被告负举证责任的行政诉讼法基本制度原理，亦推动了关于原告举证责任制度的完善。2014 年新修订的《行政诉讼法》第三十八条规定：在行政赔偿、补偿的案件中，原告应当对行政行为造成的损害提供证据。因被告的原因导致原告无法举证的，由被告承担举证责任。可见，新法的规定相较之前的规定更为清晰、完整。在法律没有规定或规定不明确时，法官可以行使一定的自由裁量权，而修改后的《行政诉讼法》的关于行政赔偿证明责任的规定更加全面，为法院判案提供了更为明确的法律依据。

四、结语

行政诉讼的立法宗旨就在于维护行政相对人的合法权益和监督行政机关依法行政。本案的审理，也透视出当时我国行政诉讼法在立法上的不完善。本节围绕行政诉讼中举证责任的分配问题展开，在相对人诉行政机关行政行为合法性问题这一类案件中，被告行政机关必须根据证据规则提出证据，证明其行政行为的合法性。陈莉诉徐州市泉山区城市管理局行政处罚案是对行政诉讼证据制度的一个良好运用和发展，同时也对司法实践中行政机关傲慢态度和消极应诉行为予以了有力的"回击"，行政机关怠于参与行政诉讼，只会导致败诉的风险，而不能因其身份地位特殊，法院就为其"开后门"。另外，陈莉案对新《行政诉讼法》第三十四条、第三十八条修订的积极作用，告诉我们应从判例角度发现和提出问题，找出我们现行司法实务中的不足。

念泗三村居民诉扬州市规划局
行政许可侵权案（2004）[*]

尹　杨

一、案情回顾

（一）基本案情

2003 年 5 月 6 日，第三人东方天宇公司向被告扬州市规划局提出《关于申请办理"东方百合园"中心高层规划建设许可证的报告》，申请核发东方百合园第十一组团二期工程 11—6 号高层住宅楼的《建设工程规划许可证》。被告扬州市规划局在履行了提供规划设计条件、审查设计方案施工图纸等程序后于 2003 年 7 月 7 日向第三人东方天宇公司核发了 2003076 号《建设工程规划许可证》。

（二）争议焦点

原告 28 幢楼曹育新等 35 名居民（以下简称"28 幢楼居民"）诉称被告批准第三人在原告居住的楼前建设的 11—6 号高层住宅楼，与被告核发的扬规建字 2003077 号《建设工程规划许可证》许可第三人建设的 11—4 号、11—5 号楼房形成一道屏障，破坏了瘦西湖景区的景观，不符合扬州市的城市规划，严重影响了原告的居住环境，侵犯了原告的合法相邻权益，请求撤销被告颁发

＊　本案全称"念泗三村 28 幢楼居民 35 人诉扬州市规划局行政许可行为侵权案"，刊载于《最高人民法院公报》2004 年第 11 期。《公报》的裁判摘要是："根据城市规划法第二十一条的规定，编制分区规划城市的规划主管行政机关，依照法律和地方性法规的授权规划许可的建筑工程，虽然缩短了相邻人住宅的原日照时间，但符合国家和当地行政主管部门技术规范规定的最低日照标准，且不违反其他法律、法规规定的，应认定其许可行为合法。"

50

的 2003076 号《建设工程规划许可证》。被告扬州市规划局辩称其许可第三人的 11—6 号高层住宅楼建造行为及扬规建字 2003076 号《建设工程规划许可证》的许可行为履行了提供规划设计条件、审查设计方案、审查施工图等程序，主要证据充分，符合法定程序，没有侵犯原告的相邻权。原告诉称被告行政许可行为严重影响其居住环境，侵犯其合法权益，没有任何事实和法律依据。

本案争议焦点为：被诉规划许可行政行为是否合法，是否侵犯原告相邻权？

(三) 法院裁判

一审法院扬州市中级人民法院认为："被诉具体行政行为证据充分、程序合法、适用法律正确，被告扬州市规划局核发的 2003076 号《建设工程规划许可证》是合法的，所批准第三人东方天宇公司在东方百合园建设的中心组团 11—6 号住宅楼没有侵犯原告 28 幢楼居民的通风等相邻权。"裁判理由如下：

一、关于被诉具体行政行为是否侵犯原告的相邻权问题。

扬州市规划局在核发 2003076 号建设工程规划许可证时，通过审查建筑图纸、测算日照间距比、工程定位、核准验线等工作，较为充分地考虑了本案原告 28 幢楼居民的日照是否受到影响的问题。经测算，11—6 号住宅楼与 28 幢楼的日照间距比为 1：1.365，符合《江苏省城市规划管理技术规定》第 3.1 条中规定的应当满足 1：1.2 的最低限制，28 幢楼居民在庭审中对被诉具体行政行为不影响其住宅楼日照一事也没有异议。11—6 号住宅楼与 2003077 号建设工程规划许可证所许可建设的 11—4 号、11—5 号住宅楼呈品字型布局，前后左右均有一定的间距，这种建筑方式不为建筑技术规范所禁止。28 幢楼居民认为因 11—4 号、11—5 号、11—6 号三幢住宅楼形成 170 米的屏障而影响其住宅楼通风的观点，没有法律、法规或技术规范的支持。因此，28 幢楼居民所诉通风相邻权受到被诉具体行政行为侵犯的理由不能成立；认为被诉具体行政行为影响了 28 幢楼原规划的实施，也没有事实和法律上的依据。

二、关于被诉具体行政行为是否合法的问题。

第一，被诉具体行政行为的程序是否合法。本案被诉具体行政行为，发生于东方百合园小区整体建设工程项目中的一个阶段。被告扬州市规划局在该小区整体建设项目批准程序中，已经按《城市规划法》第三十二条《江苏省实施〈中华人民共和国城市规划法〉办法》（以下简称《江苏城市规划办法》）第二十六条、《扬州市城市规划管理办法》第四十条规定的程序，履行了提出建设工程规划设计条件和审查建设项目设计方案的程序，其中包括核发 2003076 号《建设工程规划许可证》应当履行的一部分程序，从而出现了提出建设工程规划设计条件和审查建设项目设计方案的时间早于东方天宇公司申请核发《建设工程规划许可证》的时间。这种程序上的时间次序倒置，是由于该建设项目的特殊性造成的，不能因此认为被诉具体行政行为违反了法律、法规和行政规范的规定。

第二，《念泗二村地段控制性详细规划》有无得到合法有效的批准。对于城市详细规划的审批，《城市规划法》第二十一条第八款和《江苏城市规划办法》第十二条第八款的规定是一致的，即"城市详细规划由城市人民政府审批；编制分区规划的城市的详细规划，除重要的详细规划由城市人民政府审批外，由城市人民政府城市规划行政主管部门审批"。本案中，被告扬州市规划局提供了《念泗二村地段控制性详细规划》和扬州市规划委员会第十四次、第十六次会议纪要，以说明《念泗二村地段控制性详细规划》已经得到了扬州市规划委员会第十六次会议批准，其批准的形式为会议纪要。同时，扬州市规划局还提供了《扬州市城市规划管理办法》以说明扬州市规划委员会的权限和职能。该办法第三条规定，扬州市规划委员会受市政府委托，负责对城市规划工作进行研究决策、组织实施和管理，组织相应的规划编制和规划审批工作，并负责协调、督促落实重要的规划事项。由此，扬州市政府在执行《城市规划法》和《江苏城市规划办法》所规定的详细规划的审批程序时，授权规划委员会负责此项工作，这种做法本身并不为法律、法规所禁止。一个城市详细规划是否得到合法有效的批准，应通过一定的批准形式表现出来。本案中，有关详细规划的批准是以市长签发的市规划委员会会议纪要的形式出现的，尽管市规划委员会第十六次会议纪要中的"按已批准的小区详细规划实施"的表述在本案的当事人之间产生了不同的理解，但综合分析扬州市规划委员会第十四次会议纪要、《念泗二村地段控制性详细规划》、扬州市规划委员会第十六次会议纪要等证据的全部内容，可以得出该详细规划是经过扬州市规划委员会审查同意后，由市长签字批准的结论。至于这种会议纪要是不是一种通常所见的批准形式，由于法律、法规只规定城市详细规划应当由城市人民政府或规划行政主管部门审批，没有规定审批形式，故不能否定扬州市规划委员会会议纪要对批准详细规划发挥的实际作用，应当认定《念泗二村地段控制性详细规划》经过合法有效的批准。因此，28 幢楼居民认为《念泗二村地段控制性详细规划》没有得到合法有效批准的诉讼主张，不能成立。

第三，关于被诉具体行政行为是否违反了《蜀冈—瘦西湖风景名胜区规划》。在本案的审查中，没有发现被诉具体行政行为有违反《蜀冈—瘦西湖风景名胜区规划》的情形，故原告 28 幢楼居民认为在风景区可以看到拟建设的住宅楼就应认定其影响风景区规划的理由不能成立。

综上，被诉具体行政行为证据充分、程序合法、适用法律正确，被告扬州市规划局核发的 2003076 号建设工程规划许可证是合法的，所批准第三人东方天宇公司在东方百合园建设的中心组团 11—6 号住宅楼没有侵犯原告 28 幢楼居民的通风等相邻权。

宣判后，原告 28 幢楼居民不服，向江苏省高级人民法院提起上诉。二审法院认定被告扬州市规划局核发的 2003076 号建设工程规划许可证符合有关法律的规定，并未侵犯原告 28 幢居民的合法权益。原判决认定事实清楚，适用法律、法规正确，判决驳回上诉，维持原判。其判决理由如下：

本案中的当事人不是具体行政行为的直接相对人，而是因相邻权受到侵害而提起行政诉讼。起诉所基于的相邻权，属于民法范畴。根据《中华人民共和国民法通则》的规定，民事主体因建筑物相邻产生的日照、通风、采光、排水、通行等民事纠纷，应当通过民事诉讼的方式解决。但现实中，如果一方当事人实施的与其他当事人相邻权有关的行为是经行政机关批准、许可的，其他当事人就无法通过民事诉讼获得救济。为此，《最高人民法院关于执行〈中华人民共和国行政诉讼法〉若干问题的解释》第十三条第一款第（二）项规定相邻权人有对行政主体作出的涉及相邻权的具体行政行为提起行政诉讼的原告主体资格，其目的是保护民事主体享有的相邻权不受侵害。本案 28 幢楼居民因认为扬州市规划局核发给东方天宇公司的 2003076 号建设工程规划许可证侵犯其日照、通风、采光等相邻权而提起行政诉讼。因此，这类行政诉讼的审查重点，应当是被诉具体行政行为许可建设的建筑项目是否符合有关建筑管理的技术规范，是否侵犯了原告的相邻权。

《江苏省城市规划管理技术规定》根据居住建筑日照标准和当地实际情况，确定南京、镇江、扬州（除宝应、高邮外）等地住宅楼的日照间距系数为 1：1.2。2003076 号建设工程规划许可证涉及的百合园小区 11—6 号住宅楼与 28 幢楼之间的日照间距比，经测算已达 1：1.365，超过了国家和江苏省有关部门规定的日照间距最低标准，上诉人对此没有异议。因此，虽然扬州市规划局许可东方天宇公司建造的百合园小区 11—6 号住宅楼缩短了 28 幢楼的原日照时间，但不构成对 28 幢楼居民日照权的侵犯。此外，11—6 号住宅楼与扬州市规划局另外许可建设的 11—4、11—5 号住宅楼，在布局上呈由南向北的倒品字形，各楼之间均有一定间距。按照国家标准《城市居住区规划设计规范》的要求和说明，各住宅楼间距的设定，以满足日照要求为基础，并综合考虑采光、通风、消防、防灾、管线埋设、视觉卫生等因素。因此，原审判决认定扬州市规划局的行政许可行为并不影响上诉人享有的法定日照、采光、通风等相邻权，是有事实和法律依据的。28 幢楼居民认为上述三幢楼房形成 170 米的屏障，影响其通风、小区管线埋设等，因无事实和法律依据，故不予采信。原审判决驳回 28 幢楼居民的诉讼请求，并无不当。

本案中，上诉人 28 幢楼居民在一审是以东方天宇公司依被上诉人扬州市规划局批准建设的两幢高层住宅楼侵犯其相邻权为由，提出撤销 2003076 号建设工程规划许可证的诉讼请求。故原审法院根据行政诉讼法的规定，对扬州市规划局核发的 2003076 号建设工程规划许可证的程序是否合法、所依据的《念泗二村地段详细规划》是否经过合法批准，以及是否违反《蜀岗—瘦西湖风景名胜区总体规划》，是否符合法律规定进行审查。查明东方天宇公司已按有关法律规定向扬州市规划局提交了建设申请、建设项目批准文件、建设用地证件、设计方案、施工图等材料，扬州市规划局在依法对上述材料进行审查的基础上，核发了 2003076 号建设工程规划许可证。由此认定扬州市规划局核发的 2003076 号建设工程规划许可证，符合有关法律规定，并未侵犯 28 幢楼居民的合法权益，并无不妥。

综上，江苏省高级人民法院依据《中华人民共和国行政诉讼法》第六十一条第（一）项的规定，于2004年3月19日判决：驳回上诉，维持原判。

二、案件背景

（一）现实背景

改革开放以来，我国经济快速发展，土地开发和建设活动活跃。以"土地城镇化"为首要特征的城市化进程高速推进，使得城市不断"蔓延"，城市区划和城市规划区不断扩张，城市的密集化建设导致建筑的相邻距离缩减、建筑密度增大，由此势必影响到土地上原有住房居民的采光、日照等相邻权权益。由于规划许可行为的介入，使得民法上的相邻关系制度及与相邻关系有关的民事诉讼制度对城市居民相邻权益的保护作用有所折损。在相邻权民事救济制度中，侵权方当然地以其建设行为经规划行政主管部门许可获得合法性抗辩，不利于在先不动产财产权利益的保护。由此拓展出行政法的第三人效力制度和理论，利害关系人的行政诉讼也应运而生。① 相邻权人作为规划行政许可的利害关系人起诉规划行政许可侵犯其相邻权，构成了一种重要的行政诉讼案由。"念泗三村28幢居民35人诉扬州市规划局行政许可行为侵权案"②（以下简称"念泗三村案"）作为最高人民法院迄今发布的关于规划许可侵犯相邻权益争议的唯一案例，表达了最高院的相关司法态度。

（二）理论背景

1. 相邻权概念界定

相邻权是对相邻关系从权利角度进行阐释而产生的概念。在对其进行具体

---

① 法释〔2000〕8号《最高人民法院关于执行〈中华人民共和国行政诉讼法〉若干问题的解释》第十三条规定："有下列情形之一的，公民、法人或者其他组织可以依法提起行政诉讼：（一）被诉的具体行政行为涉及其相邻权或者公平竞争权的；（二）与被诉的行政复议决定有法律上利害关系或者在复议程序中被追加为第三人的；（三）要求主管行政机关依法追究加害人法律责任的；（四）与撤销或者变更具体行政行为有法律上利害关系的。"

② 参见《最高人民法院公报》2004年第11期。

表述时，民法理论界对其是所有权的内容构成还是一项独立的物权有所争议。史尚宽教授主张，相邻权即相邻关系，谓相邻接不动产之所有人间一方所有人之自由支配力与他方所有人之自由排他力相互冲突时，为调和其冲突，以谋共同之利益，以法律之规定直接所认权利之总称，故相邻权为所有权之限制或扩大。① 也有学者认为相邻权是一项独立的物权，如张俊浩教授将相邻权界定为"毗邻不动产的占有人为行使其所有权或他物权的必要而对他方不动产依法直接支配的权利"②。

2. 相邻权受损救济方式选择

针对规划许可侵犯相邻权这类纠纷，在我国区分建造行为开始与否、建筑物是否已存在而赋予当事人民事诉讼与行政诉讼不同的审判方式选择权。

在建造行为已经开始或建筑物已存在的情况下，多通过民事途径解决相邻权纠纷。原告可以通过物权法上的权利救济方式和侵权法上的权利救济方式追求权利受损状态的填补，而被告作为不动产权利人通常会以其建筑经过规划许可系合法建筑作为其不承担民事责任的抗辩理由。针对这一问题，审判实践中存在两种理论观点：其一，否定观点。该观点主张规划许可行为不能免除侵犯相邻权的民事责任。齐备的行政批件只能证明建设行为本身符合国家规定，不能证明不对相邻权人的不动产权益造成影响。换言之，即行政许可行为的合法性仅作用于行政法效力范围而不能当然免除侵犯相邻权的民事责任。其二，肯定观点。该观点受"行为违法性"是民事侵权行为构成要件传统理论的影响，认为只要当事人对其建筑已经取得建设工程规划许可证，则其建设行为就是合法行为，不构成民事侵权，我国学者对此问题缺少深入讨论。对此，法国学说以近邻妨害制度实现相邻权利益保护，③ 德国则以不可量物侵害制度界定相邻权行使边界，④ 两国均主张行政许可无法免除受到许可的不动产所有人的民事责任。

在建造行为尚未开始、建筑物还未形成物质形态时，当事人可以采用行政救济的方式，而不能通过民事救济方式的获得权利填补。在司法实践中，法院一般认可建筑规划许可行为具有排除私法的效力，即建筑规划被撤销之前，对受害人提起的停止侵害、排除妨碍的物权法上请求权及侵权法上的损害赔偿请

---

① 史尚宽著：《物权法论》，中国政法大学出版社 2000 年版，第 87 页。
② 张俊浩主编：《民法学原理》（上册），中国政法大学出版社 2000 年版，第 517 页。
③ 梁慧星主编：《民商法论丛》（第 5 卷），法律出版社 1996 年版，第 309 页。
④ 梁慧星主编：《民商法论丛》（第 4 卷），法律出版社 1996 年版，第 274 页。

求权不予支持。对此，有学者提出，行政诉讼法上的相邻权人原告资格的确认不应当然地排斥权利人民事救济方式的选择权，因此司法实践中的这种做法欠妥。依据法国行政许可"仅在保留第三人的私权的前提下"方可授予的理论下，建筑规划许可不应授予相邻一方当事人权利，而侵害相邻另一方在先的民事权利，所以建筑取得规划许可不应对民法的效力产生实质影响，其存续效力应仅仅限制在行政法上。故相邻的受害人可以直接基于民法的效力排除建筑许可的效力，法院应当支持受害人提起的停止侵害、排除妨碍的物权法上请求权及侵权法上的损害赔偿请求权。

3. 相邻权受损的判断标准

自罗马法以来，虽然各国对于相邻关系的规制因法律制度、法律传统及法律观念等因素影响存在差异，但均认可相邻各方对邻人的轻微妨害负有一定的容忍义务，我国也认可这种观点，因而具体判断相邻权是否受侵犯的标准，以超过财产权通常容忍义务为界。在法国体现为近邻妨害制度，当权利损害呈现出"异常性"或"过度性"的特征时，亦即损害超越了因近邻关系所产生的通常（忍受义务）的限度时，构成对相邻权的损害。而以损害"异常性"为要件的理由是：为了社会生活之营运，邻人之间应忍受的一定的行为自属合理，而此亦是社会生活得以存续的必要条件。[1] 日本民法实务与理论界则以妨害是否逾越"忍受限度"为判断基准。当相邻权妨害逾越社会一般人的容忍限度，则属违法；反之，如未逾越社会一般人的"忍受限度"，则受害人负有容忍义务，即阻却违法，不构成相邻权妨害。[2] 而对于通常的忍受义务的范围的判断，应综合案件的实际情况，兼顾个人、他人和社会的利益，结合纠纷发生的地域、土地利用时间的先后、受害利益的性质以及利益受害的程度几个因素予以综合判断。

（三）制度背景

1. 民法体系中关于相邻关系的制度安排

我国《民法通则》第八十三条规定了相邻关系的一般原则条款："不动产的相邻各方，应当按照有利生产、方便生活、团结互助、公平合理的精神，正确处理截水、排水、通行、通风、采光等方面的相邻关系。给相邻方造成妨碍

---

① 参见陈华彬著：《法国近邻妨害问题研究——兼论中国的近邻妨害制度及其完善》，法律出版社1996年版，第168页。

② 参见梁慧星、陈华彬著：《物权法》，法律出版社2003年版，第236页。

或者损失的，应当停止侵害，排除妨碍，赔偿损失。"在《物权法》第二编以专章规定"相邻关系"，其第八十四条继承了《民法通则》的立法理念规定了相邻关系处理的一般原则，第八十九条则规定："建造建筑物，不得违反国家有关工程建设标准，妨碍相邻建筑物的通风、采光和日照。"

2. 行政法体系中关于相邻关系的制度安排

与所有权绝对的理念和制度相对，相邻关系着眼于妨害消除。若无法提前和主动介入城市土地规划分配，结果可能带来土地开发利用行为的恣意。为此，我国 1990 年《城市规划法》① 建立了规划许可制度，其第三十二条规定："在城市规划区内新建、扩建和改建建筑物、构筑物、道路、管线和其他工程设施，必须持有关批准文件向城市规划行政主管部门提出申请，由城市规划行政主管部门根据城市规划提出的规划设计要求，核发建设工程规划许可证件。建设单位或者个人在取得建设工程规划许可证件和其他有关批准文件后，方可申请办理开工手续。"《城市规划法》的颁布，使得行政以许可的方式提前介入土地利益分配问题中。建设行为需要经过许可，在许可程序中审查建设行为是否符合法定要件，一旦新开发者获得规划行政许可，相邻关系方面的影响就转化为行政许可决定对第三人的影响，私法上的相邻关系问题就转化为公法上的行政许可第三人效力问题。规划许可制度的确立使得建设行为遵循城市规划的统一安排，减少侵犯在先民事权利的恣意开发，将相邻权受损的救济纳入行政诉讼的救济范畴。

三、案件的贡献与价值

（一）明确了相邻权益保护范围的具体化标准

相邻权作为调节不动产毗邻各方权利义务关系的权利载体，是确定各方不

---

① 《城市规划法》1989 年 12 月 26 日第七届全国人大第十一次常委会通过，自 1990 年 4 月 1 日起施行。其立法目的在于"确定城市的规模和发展方向，实现城市的经济和社会发展目标，合理地制定城市规划和进行城市建设，适应社会主义现代化建设的需要"。

2007 年 10 月 28 日，第十届全国人民代表大会常务委员会第三十次会通过《中华人民共和国城乡规划法》，自 2008 年 1 月 1 日起施行，《中华人民共和国城市规划法》同时废止。新《城乡规划法》的颁布施行，将调整对象从"城市"扩展到"城乡"，以进一步"加强城乡规划管理，协调城乡空间布局，改善人居环境，促进城乡经济社会全面协调可持续发展"。

动产所有权及使用权边界的工具。通风、采光、日照等相邻权权益的实现需要结合科学的管理技术标准并通过个案落实。

本案中，原告28幢楼居民主张的日照权受损，因规划许可的11—6号住宅楼建设行为符合国家《城市居住区域规划设计规范》和《江苏省城市规划管理技术规定》关于日照间距比的测算计量规定而不被两审法院支持，对此原告也不持异议。由此可见，建筑管理技术规范的最低标准实际上成为相邻权受保护范围的量化标准，行政行为的作出遵循之，法院司法审查遵循之，行政行为相对人及利害关系人亦认可之。

对于原告28幢楼居民主张的通风权受损，第三人东方天宇公司述称其住宅楼布局安排"在城市规划区内比比皆是"，并不影响原告居住环境，更不存在侵犯原告相邻权之说，一审法院对于第三人的主张持肯定态度，在判决中作了如下论证："11—6号住宅楼与2003077号建设工程规划许可证所许可建设的11—4号、11—5号住宅楼呈品字型布局，前后左右均有一定的间距，这种建筑方式不为建筑技术规范所禁止。28幢楼居民认为因11—4号、11—5号、11—6号三幢住宅楼形成170米的屏障而影响其住宅楼通风的观点，没有法律、法规或技术规范的支持。"因而作出了不予支持原告28幢楼居民通风相邻权受损的主张。由本案裁判文书还原的审判情况可见，一审法院这样的论证显然是没有说服原告的，在二审上诉理由中，原告提出"居住环境应包括通风、采光、日照、噪音、滴水等许多因素，但并非所有因素都有明确的可实际操作的技术规范"，因此一审法院以缺乏"技术规范的支持"为由认为原告通风相邻权权益保护主张缺乏法律依据。二审法院对此的回应则通过法律解释的方法很好地进行了法律规则依据的补充说明。"根据国家标准《城市居住区规划设计规范》的要求和说明，各住宅楼间距的设定，以满足日照要求为基础，并综合考虑采光、通风、消防、防灾、管线埋设、视觉卫生等因素。"该案中规划许可行为依据的《江苏省城市规划管理技术规定》中关于日照间距1：1.2的确定，是在国家标准《城市居住区规划设计规范》的指导下进行的，该具体量化比例的确定已经将包括"通风"在内的许多其他因素纳入相邻权保护考虑范围了，即楼与楼之间符合日照间距就不构成相邻权人通风、采光利益的侵犯。

回到该案两审裁判进路中，不难发现规划技术标准在判断规划许可行为是否侵犯原告相邻权中的作用，一二审法院的审判中实际上遵循了这样一种论证逻辑：缩短原日照时间仍符合技术标准的最低要求，因而合法，即"合规即合法"。① 事实上规划技术标准的范围量化了权利人相邻权益的保护界限，超出规划技术标准范围的城市空间利益可得由规划行政主管部门根据城市规划的安排予以处分，因此利害关系人主张这一部分城市空间利益减损侵犯其相邻权不受法律支持，即相邻权人对符合规划技术标准的建设行为负有"容忍义务"。

依据国家标准而具体化的地方规划技术标准，在综合了地方地理环境、发展规划、经济社会发展状况等因素而呈现出地域之间的差别化规定，且随着时间的纵向推移会根据具体的情事变化有所调整。一如本案中的《江苏省城市规划管理技术规定》已经经过 2000 年版、2002 年版、2004 年版、2011 年版以及最新的 2016 年版的多次调整，以回应发展变化中的城市管理需要。规划技术标准的编制在遵循合法性程序的前提下更多的是呈现出专业化的特点，法院在司法审查中应当尊重行政机关的专业性行为，而且法院也不具备审查规划技术标准的专业力量。只有在当事人质疑规划技术标准设定程序的合法性时，法院才可以进行司法审查。除此之外，相邻权人对具体的规划技术标准的确立一般不予否认，一方面当事人一般很难举证证明规划技术标准设立的不合理及不科学，另一方面规划技术标准统一适用于特定区域的规范性特点符合平等原则的要求，本案中的原告 28 幢楼居民对此不持异议。

因此，规划技术标准作为行政行为合法性判断的依据以及法院司法审查的重要根据，实际上发挥着界定相邻权益保护范围的功能，本案两审法院对这一功能的确认，使得同类城建资源侵权案件的裁判明确了相邻权受保护的范围，确定了以规划技术标准确定相邻权保护范围的裁判基准。

（二）确立了"合法即不侵权"的裁判进路

念泗三村案遵循"合法即不侵权"的裁判思路确立的先例性规范对实践中频发的规划许可侵犯相邻权案件具有重要的指导意义，深刻影响着相邻权人财产权益的实现和居民正常居住环境的维护。在相邻权人作为利害关系人起诉规划行政许可侵权的案件中，法院审查的重点是"被诉具体行政行为许可建设的建筑项目是否符合有关建筑管理的技术规范，是否侵犯了原告的相邻权"。原告 28 幢楼居民在事实上存在着通风、采光以及日照等相邻权利益，被告扬州市规划局的规划许可行为事实上导致了这一利益的减损。因此，从行

---

① 参见陈越峰：《城市空间利益的正当分配——从规划行政许可侵犯相邻权益案切入》，载《法学研究》2015 年第 1 期。

政诉讼中审理与诉讼请求的对应性来考察，法院审查的重点不在于规划行政许可对于行政相对人而言是否合法，而在于规划行政许可建设的建筑是否事实上对相邻权造成了利益减损以及这种利益减损是否合法。其中的关键应当在于以何种规范和标准进行审查。①

从一二审法院裁判文书及笔者上文分析可知，城市规划技术标准在判断建筑项目建设许可行为的合法性及界定相邻权具体保护范围方面的关键作用，即城市规划技术标准事实上充当了法院审查规划许可行为合法性的审查标准。当第三人建造的住宅楼和毗邻原告的住宅楼之间的日照间距比超过了国家和江苏省有关部门规定的日照间距最低标准时，规划许可行为因符合"城市规划提出的规划设计要求"而得到合法性确认。即使规划许可建设的建筑事实上缩短了原土地上不动产产权人的日照、通风等利益，也不构成对其相邻权的侵犯，即"合法不侵权"。在司法审查中，法院认可这种裁判思路，即规划许可建设的建筑对相邻权造成利益缩减是允许的，但有一定范围的限制，在进行缩减之后仍然符合"城市规划提出的规划设计要求"则规划许可行为合法，从而不构成对相邻权的侵犯。

综上，该案判决可以归纳出这一先例性规范：如果规划许可对相邻权形成了限制，当这种限制在"城市规划提出的规划设计要求"范围之内时，该规划许可行为合法，并不侵犯相邻权，相邻权人作为规划许可的利害关系人对此负有容忍义务。相邻权人作为利害关系人事实上的包含日照利益等在内的相邻权益在行政机关负有公法义务——建筑管理技术规范的强制性最低标准——的范围内方得保护，由此形成了"规划许可合规即合法，从而不侵权"的裁判规范先例。②

"合法即不侵权"的论证思路以及"规划许可合规即合法，从而不侵权"的裁判规范先例对此后的规划许可侵犯相邻权案件实际上产生了参照性、指导性的影响：2005年的徐来有等与上海市静安区城市规划管理局规划许可侵权案③、2006年的杨敏等与上海市城市规划管理局规划许可侵权案④、2008年

---

① 参见陈越峰：《公报案例对下级法院同类案件判决的客观影响——以规划行政许可侵犯相邻权争议案件为考察对象》，载《中国法学》2011年第5期。

② 参见陈越峰：《城市空间利益的正当分配——从规划行政许可侵犯相邻权益案切入》，载《法学研究》2015年第1期。

③ 上海市第二中级人民法院（2005）沪二中行终字第181号。

④ 上海市第二中级人民法院（2006）沪二中行终字第79号。

的肖兰等与上海市普陀区城市规划管理局规划许可侵权案①、王守全等与上海市宝山区规划管理局规划许可侵权案②以及冯慈男等与上海市杨浦区城市规划管理局规划许可侵权案③都沿用了念泗三村 28 幢楼居民 35 人诉扬州市规划局行政许可行为侵权案二审法院的裁判思路，这一先例性判决的形成不能不说是该案的重要法制贡献。

四、待探讨的问题

念泗三村案作为公报案例在解决规划许可行为侵犯相邻权问题上表达了最高院的司法态度，以及由此案确立的"规划许可合规即合法，从而不侵权"的裁判规范先例在事实上对下级法院同类案件裁判产生了示范性作用。④ 但关于该案裁判规范先例的进一步讨论并未因本案审理终结而终止，规划许可侵犯相邻权案件如何更为妥善地处理、相邻权人私法上财产利益如何实现有效保护以及利害关系人诉讼制度的功能如何得到切实发挥等问题仍在讨论中。

（一）城市规划技术标准审查机制存在缺失

上述通过对念泗三村案的分析，不难发现城市规划技术标准在配置空间权利义务方面的重要作用。一方面城市规划技术标准是行政机关判断事实认定构成要件的依据，间接地对私人的权利义务产生了影响；另一方面在司法审判中，城市规划技术标准对事实状态起着证明的作用，对行政行为是否合法有着规范的效力。规划技术标准作为空间利益分配的依据，决定了城市土地上多元利益各方的权利义务。⑤ 但由于城市规划活动的特殊性，城市规划技术标准的确定表现出很强的政策性以及专业性。在司法审查活动中，法院出于对行政权的尊重，以及司法工作人员审查能力的局限、审查成本等因素的考虑，当前在城乡规划案件中对规划技术标准的审查主要是形式上的审查，对技术标准进行

---

① 上海市第二中级人民法院（2008）沪二中行终字第 97 号。

② 上海市第二中级人民法院（2008）沪二中行终字第 112 号。

③ 上海市第二中级人民法院（2008）沪二中行终字第 143 号。

④ 参见上海市第二中级人民法院（2012）沪二中行终字第 145 号、第 192 号行政判决书，上海市第二中级人民法院（2013）沪二中行终字第 217 号、第 653 号行政判决书，上海市第二中级人民法院（2014）沪二中行终字第 146、第 419、第 531 号行政判决书。

⑤ 参见陈越峰：《城市空间利益的正当分配——从规划行政许可侵犯相邻权益案切入》，载《法学研究》2015 年第 1 期。

实质性审查的力度非常弱。

地方城市规划技术标准数值的确定，在符合国家《城市居住区规划设计规划》的基础上结合地方省、市的区域定位、资源情况等多种因素作出，并进行动态调整，适用于特定区域的建筑行为规范，决定了其不动产上产权人相邻权益的保护范围。城市规划技术标准涉及建筑学、地理学、计量测算等多领域、多门类的专业知识，在司法审查过程中法院难以进行实质性审查。因而，经由本案暴露出的城市规划技术标准审查机制缺失问题有待进一步深入研究，如何通过程序保障实现城市规划技术标准设置的科学性需要在行政法框架内进一步探讨。笔者主张可以从以下两方面完善：

1. 保障公众参与

本案发生时《行政许可法》尚未发生法律效力，利害关系人参与的听证程序无法发挥作用。但在多发的规划许可侵犯相邻权的同类案件中，在《行政许可法》颁布实施后，应依法充分保护公众参与的权利、发挥公众参与的程序作用。通过程序参与一方面行政许可行为的利害关系人可以借由程序参与更好地表达自身利益诉求，减少纠纷；另一方面，针对包括通风利益在内的诸多没有强制性技术标准可参照的相邻权益部分，公众参与可获得的实例为其技术标准的设定积累了实践层面的素材，为具体数值的确定及动态调整论证提供科学性支撑。

2. 加强专家论证

针对城市规划技术标准的具体数值的确定，法院在司法审查中仅做形式性审查，因此其科学性有赖于行政机关在制定过程中的保障。除了公众参与程序外，专家参与论证程序有助于实现城市规划技术标准数值确定的科学性，可以通过吸纳多领域专家人才的论证参与，以保障具体城市规划设计标准的实体内容的科学性，使得其数值的确定及动态调整可以更好地服务于地方实践，从而减少纠纷的发生。

城市规划设计标准在规划许可行为合法性审查以及事实上界定相邻权人相邻权益保护边界方面发挥着重要作用，使得城市规划设计标准设立的科学性问题显得至关重要。法院在司法审查层面可以通过审查其与上位法之间的关系解决其形式上的合法性问题，但具体数值设置的科学性，需要行政机关予以保障。这里笔者浅述的两点程序性保障方式在实现城市规划设计标准确定的技术理性方面必然是不完善的，该问题的研究有赖于进一步深化和行政机关的保障落实，以期更好地保障不动产产权人的合法权益，实现城市规划建设行为的有序推进。

（二）客观合法性监督的裁判思路值得探讨

念泗三村案作为公报案例确立的"合规即合法，合法即不侵权"的裁判规范，如果仔细梳理一二审裁判细节，可以发现即便本案是放在利害关系人行政诉讼的框架下进行的，但仍然将相邻关系人的诉讼请求微妙地转化成了规划许可行为的合法性审查，将当事人主观权利保护诉求处理成了客观合法性监督，实际上与相对人对规划许可提起诉讼的合法性审查结构没有区别。① 但是这并不意味着法官在机械地适用法条，这一现状是由隐藏在城市规划行为背后的政策性因素、多重法律关系及多元利益的复杂性决定的。结合规划许可侵犯相邻权案件的现实背景，可知高速城市化带来的城市型社会结构的变迁为法律和法学内在结构的变革提出了新的挑战，如何更妥善地解决规划许可侵犯相邻权案件，充分发挥利害关系人行政诉讼的制度功能仍需进一步加强理论和实践上的探讨。

在念泗三村案裁判前，2002 年的"来可伟等诉上海市城市规划管理局规划许可案"② 的判决中，法官在承认规划许可行为缩减相邻权人权益的基础上采取了与本案不同进路的论证，"由于土地资源的稀缺性，上海城区的住宅建设必然以选择建造楼房为主，住宅也不可避免地较为密集，由此新建的楼房也就必然会对已建房屋的通风、采光等产生一定的影响。国家不能、也不会因这种影响的存在而不发展，或减缓发展城市建设，所以才制定城市规划的法律、法规，并制定有关规划技术规定，从而既允许这种影响的存在，以保证城市建设不断发展，同时又设定了影响的程度，也就是技术规范的要求，以维护原权利人的利益"。该案判决以城市发展实践为社会基础作出的裁判思路，已经具有现代法的精神。城市规划法律、法规及规划技术规定事实上充当了城市土地上"多元利益平衡"的角色，为法院直接适用城市规划技术标准划分权利保护范围界限予以支撑。但随着后续案件裁判说理的简洁化，这样的论证思路没有得以继续下去，隐藏在规划许可行为侵犯相邻权案件背后的复杂利益权衡问题逐渐被忽略了。

如何更好地处理复杂的利益冲突问题在已有的法律框架下初露头角。尽管念泗三村案裁判时，《行政许可法》尚未颁布实施，但随着城市化的高速推

---

① 参见陈越峰：《城市空间利益的正当分配——从规划行政许可侵犯相邻权益案切入》，载《法学研究》2015 年第 1 期。

② 参见上海市第一中级人民法院（2002）沪一中行终字第 243 号行政判决书。

进，城市土地上利益冲突的加剧，以《行政许可法》为代表的一系列法律、法规①相继出台，将行政行为第三人效力从行政诉讼的司法过程往前传导到行政行为过程中，② 通过听证程序保障相邻权人在行政行为作出前即参与表达诉求利益，可以更好地缓解城市土地上的多元利益主体之间的权益冲突，减少纠纷。除了利害关系人听证权利的保障之外，行政许可审查内容公开制度的确立也为妥善处理城市土地上的产权利益冲突作出了制度上的贡献，打破了行政决定在行政机关与行政相对人之间的封闭状态，使得利害关系人可以更为全面地参与到行政决定作出的过程中。这样的制度改进更符合行政法治的立法目的，使得公开与参与程序不断实现保障行政相对人、利害关系人权益的作用。行政诉讼与行政决定作出的过程都具有保障公民权利的制度功能，在规划许可侵犯相邻权的案件中，法院囿于其审查范围及审查能力的限制，以行政行为合法性判断的方式实现权利人的权利救济，但要真正实现权利人利益的全面保障，还是要从行政行为作出的开始即给予相邻权人权利表达的机会。当前包括听证、公众参与、行政公开等程序已经逐步建立、完善并发挥其权利保障的作用，尽管在念泗三村案中未能体现出，但对于同类规划许可行为解决城市土地上的利益冲突问题具有重要意义。

五、结语

以念泗三村案为代表的同类规划许可行为侵犯相邻权案件，经由本案一二审裁判确立的"合规即合法，合法即不侵权"裁判进路完整地展现了法院行

---

① 《行政许可法》第三十六条规定："行政机关对行政许可申请进行审查时，发现行政许可事项直接关系他人重大利益的，应当告知该利害关系人。申请人、利害关系人有权进行陈述和申辩。行政机关应当听取申请人、利害关系人的意见。"第47条规定："行政许可直接涉及申请人与他人之间重大利益关系的，行政机关在作出行政许可决定前，应当告知申请人、利害关系人享有要求听证的权利；申请人、利害关系人在被告知听证权利之日起五日内提出听证申请的，行政机关应当在二十日内组织听证。申请人、利害关系人不承担行政机关组织听证的费用。"

《建设行政许可听证工作规定》第四条重申了《行政许可法》第四十七条的规定，第六条进一步规定："主管机关对第四条规定的事项组织听证的，应当公布确定利害关系人的原则。拟听证的许可事项涉及利害关系人较多的，可由利害关系人推举或通过抽签等方式确定参加听证的代表。"

② 参见陈越峰：《城市空间利益的正当分配——从规划行政许可侵犯相邻权益案切入》，载《法学研究》2015年第1期。

政行为合法性审查的思路，但同时也暴露出此种裁判思路对于充分发挥利害关系人诉讼制度功能的不足。此种裁判背后的复杂因素是多层次的，牵涉到行政过程与司法审查之间的关系等方面。在高速城市化发展及城市型社会结构变迁的大背景下，念泗三村案的裁判固有进一步探讨的空间，但其对于同类案件裁判的指导意义及推进行政法治制度完善的作用也是显然的。现有的公众参与、听证、公开等程序制度逐步建立，使得利害关系人的权利保障与救济由司法过程前导到行政行为作出的过程中，从而使得猛增的规划建设行为在协调好原土地上权利人利益冲突的前提下实现有序发展。

伊尔库公司诉无锡市工商局
工商行政处罚案（2004）*

郝培轩

一、案件概述

（一）案情回顾

2003 年 3 月，伊尔库公司从俄罗斯泰坦集团进口 247.68 吨丁苯橡胶，将其中 246.33 吨、价值人民币 1991505.35 元的丁苯橡胶存放至无锡储运公司仓库，准备销售。同年 4 月 21 日，无锡市工商局在对无锡储运公司仓库进行检查时发现伊尔库公司存放的丁苯橡胶既无中文标识，且在俄文标识上也没有注明生产年月和安全使用日期。当日，无锡市工商局开具锡工商经协字〔2003〕第 1003 号协助扣留财物通知书，并对该批丁苯橡胶进行扣留。同年 7 月 31 日，无锡市工商局作出锡工商强字〔2003〕经第 0702 号采取行政强制措施通知书，将该批丁苯橡胶封存，并告知伊尔库公司相关复议权利和诉讼权利。伊

＊ 本案刊载于《最高人民法院公报》2006 年第 3 期。《公报》的裁判摘要是："扣留、查封与行政处罚，是各自独立的具体行政行为。行政机关已经向行政管理相对人告知了复议权、诉讼权以及起诉期限，行政管理相对人在法定期限内对扣留、查封不行使复议或起诉的权利，却在请求撤销行政处罚决定的行政诉讼中指控扣留、查封违法。根据行政管理相对人的诉讼请求，人民法院只审查行政处罚行为的合法性。根据产品质量法和《国家工商行政管理总局职能配置内设结构和人员编制规定》的规定，商品一旦进入流通领域，无论是在仓库中、货架上还是在其他地点存放，其质量均由工商行政管理部门进行监督管理。限期使用的进口产品外包装上没有中文标识，外文标识上没有安全使用期或者失效日期，生产日期不完整，是不符合产品质量法第二十七条规定的产品。销售者销售这种违法产品情节严重的，根据产品质量法第三十六条规定，应当承担产品质量法第五十四条规定的违法责任。"

尔库公司并未在法定期限内主张权利。同年 9 月 27 日，无锡市工商局作出锡工商案〔2003〕第 97 号行政处罚决定，责令改正和罚款 119000 元，上缴国库。伊尔库公司不服行政处罚，向江苏省工商行政管理局申请复议。江苏省工商行政管理局于 2004 年 3 月 30 日作出苏工商复字〔2004〕第 4 号行政复议决定书，维持了无锡市工商局的行政处罚决定。2004 年 6 月 3 日，伊尔库公司认为无锡市工商局滥用职权、越权办案，违法扣留、查封其财产，违法处罚，侵犯了其合法权益，遂向无锡市崇安区人民法院提起行政诉讼，要求撤销无锡市工商局作出的锡工商案〔2003〕第 97 号行政处罚决定。

（二）争议焦点

（1）审查行政处罚行为的合法性时，可否对前置的扣留、查封等行政强制措施一并审查？（2）对存放在仓库中的丁苯橡胶，工商行政管理部门有无权力进行查处？（3）被诉具体行政行为是否违法？

（三）法院裁判

一审法院无锡市崇安区人民法院于 2004 年 8 月 25 日判决："维持被告无锡市工商局 2003 年 12 月 29 日作出的锡工商案（2003）第 97 号处罚决定。"裁判理由如下：

> 对原告伊尔库公司的财产，被告无锡市工商局先后采取过扣留、查封的强制措施和决定行政处罚。扣留、查封与行政处罚都是行政机关可能实施的、各自独立的具体行政行为。无锡市工商局采取扣留、查封强制措施时，均向伊尔库公司告知了复议权、诉讼权以及起诉期限。在法定期限内，伊尔库公司未对扣留、查封强制措施行使复议或起诉的权利。在本案中，伊尔库公司虽然指控三个具体行政行为都违法，但只诉请撤销行政处罚决定。根据伊尔库公司的诉请，本案审查对象应当是无锡市工商局的行政处罚行为；至于扣留、查封行为是否违法，不在本案审查范围，故不予审查。
>
> 产品质量法第八条规定："国务院产品质量监督部门主管全国产品质量监督工作。国务院有关部门在各自的职责范围内负责产品质量监督工作。"国务院办公厅以国发办〔2001〕57 号文印发的《国家工商行政管理总局职能配置内设结构和人员编制规定》的第一条规定："将原由国家质量技术监督局承担的流通领域商品质量监督管理的职能，划归国家工商

行政管理总局。"据此应当认为，对流通领域内的商品质量进行监督管理，是工商行政管理部门的职能。原告伊尔库公司从俄罗斯泰坦集团进口的丁苯橡胶，经过转手已经进入流通领域；这批丁苯橡胶虽然存放在无锡储运公司仓库，但不是伊尔库公司自用，而是要销售，仅因被查获才未售出。无锡市工商局对进入流通领域的丁苯橡胶商品质量进行监督管理，没有越权。对伊尔库公司关于无锡市工商局越权行政的辩解理由，不予采纳。

《产品质量法》第三十六条规定："销售者销售的产品的标识应当符合本法第二十七条的规定。"第二十七条第一款第（四）项规定："限期使用的产品，应当在显著位置清晰地标明生产日期和安全使用期或者失效日期。"国家技术监督局颁布的《产品标识标注规定》第十五条也规定："限期使用的产品，应当标明生产日期和安全使用期或者失效日期。日期的表示方法应当符合国家标准规定或者采用'年、月、日'表示。生产日期和安全使用期或者失效时期应当印制在产品或者产品的销售包装上。"丁苯橡胶属于限期使用产品，根据国家标准和行业规范，该产品的质量保证期自生产日期起为 2 年。在原告伊尔库公司从俄罗斯进口的丁苯橡胶产品外包装上，没有中文标识，仅有的俄文标识上的生产日期也只注明 2003 年，未具体到月、日。在接受被告无锡市工商局查处过程中，伊尔库公司提交了该产品的中文标识，但这个中文标识上的生产日期仍然为 2003 年，没有具体到生产月、日。伊尔库公司丁苯橡胶产品外包装上的标识，违反了产品质量法的规定。无锡市工商局在查处时，经过立案、调查、听证等程序，在违法事实清楚、证据确实的基础上作出行政处罚决定，对伊尔库公司的违法行为进行处罚。无锡市工商局的行政处罚行为符合行政处罚法和《工商行政管理机关行政处罚程序暂行规定》，程序合法。伊尔库公司是丁苯橡胶的销售者，无锡市工商局对伊尔库公司作出的处罚决定，没有适用产品质量法第三十六条规定，而是直接援引第二十七条对生产者的规定进行处罚，虽然适用法律条款不完整，但该瑕疵不影响对伊尔库公司行政处罚行为的合法性。

伊尔库公司不服一审判决，向无锡市中级人民法院提起上诉。无锡市中级人民法院认为，一审判决认定的主要事实清楚，适用法律正确，程序合法，应当维持，因此，于 2004 年 11 月 19 日作出判决："驳回上诉，维持原判。"裁判理由如下：

涉案丁苯橡胶从俄罗斯泰坦集团进口后，已经经过一次转手，进入流通领域。作为从事钢材及化工产品销售工作的非生产性企业，上诉人伊尔库公司既非涉案丁苯橡胶的生产者，也不是使用者。伊尔库公司购得涉案丁苯橡胶，目的不是自用，而是用于销售，只是由于在仓库被查封才未售出。本案事实清楚地反映，涉案丁苯橡胶已经离开了生产领域，尚未进入到消费领域。但无论涉案丁苯橡胶是存放在仓库中，还是存放在货架上或者存放在其他什么地点，都不影响其已进入流通领域的事实成立。故一审认定涉案丁苯橡胶进入流通领域，并无不当。被上诉人无锡市工商局对进入流通领域的丁苯橡胶产品质量进行监督管理，是履行产品质量法赋予的法定职责，不存在越权。伊尔库公司以涉案丁苯橡胶存放在仓库中尚未销售为由，认定应当由《中华人民共和国进出口商品检验法》调整，工商机关无权查处，该上诉理由不能成立，不予采纳。

产品质量法第五十四条规定："产品标识不符合本法第二十七条规定的，责令改正；有包装的产品标识不符合本法第二十七条第（四）项、第（五）项规定，情节严重的，责令停止生产、销售，并处违法生产、销售产品货值金额百分之三十以下的罚款；有违法所得的，并处没收违法所得。"上诉人伊尔库公司经销价值190余万元的240余吨丁苯橡胶，经销金额与数量巨大，不按产品质量法要求在产品外包装上正确标识，且已将这种产品标识不合法的丁苯橡胶部分销往山东，被上诉人无锡市工商局据此认定伊尔库公司违法行为"情节严重"，有事实根据。根据伊尔库公司的违法事实，无锡市工商局在立案、调查并履行告知、听证等程序后，对该公司处以占该批产品货值金额6%的罚款，符合法律规定。伊尔库公司以没有"情节严重"的事实根据为由，认为无锡市工商局的行政处罚决定错误，该上诉理由亦不能成立。

二、案件背景

（一）现实背景

1. 行政强制行为与行政处罚行为密切联系

行政管理活动中，一个事件的进程中会出现多个行政行为，不同的行政行为之间既有着各自不同的功能和目的，同时也有一定的关联和衔接。在实际行政活动中，一些行政强制措施的施行往往是为了给行政处罚保存证据或是保障后续行政处罚结果的实现。"在行政执法实践特别是在很多行政处罚案中，行政强制措施与行政处罚往往先后相随，紧密联系。"① 笔者在北大法宝上检索2003年12月31日之前行政处罚案例共有563件，其中涉及行政强制的案件有170件。由此可见，两者确实在现实应用中存在着一定程度的交叉与联系。

2. 工商管理与质量监督部门权责不清

湖北高院在2003年《关于审理质量监督行政诉讼案件涉及有关职权认定的意见》中就表明"近几年，我省各级法院在审理质量监督行政诉讼案件中，时常遇到对被告职权权限认定方面的问题。由于法律适用意见分歧，各地法院对同类案件的裁判结果不尽一致，一定程度上影响到案件的审判效果"。在新浪网2005年转载的《从"维权案例"公布乱看"维权难"》一文中也明确指出，现实中存在着多部分权责不清，缺乏明确可行的权责规定。② 江苏高院行政庭在《关于工商行政管理部门与质量技术监督部门有关行政执法权限划分问题的意见》中说明："近年来，全省在审理涉及'质量监督'与'查处假冒伪劣商品违法行为'（以下简称'打假'）行政案件时，工商行政管理部门与质量技术监督部门行使职权及法律适用问题产生理解上的分歧，一些中院曾为此请示，省法院也多次作过书面批复。"在工商行政管理部门和质量监督部门在职权划分问题上，虽然国发办早有文件表明以生产流通领域为界限，但是在何为生产流通领域的判断标准上并不十分明确。由此便引发了实务操作上面对不同种的情况因对商品流通领域的认识存在不同而导致的结果差异。

（二）制度背景

1. 行政强制措施制度

在本案发生之时，《行政强制法》（2011）尚未出台，在行政强制方面并没有统一的法律规范，对行政机关的行政强制行为仅散见于其他行政法律规范。《行政诉讼法》（1989）第十一条第二款规定："对限制人身自由或者对财

---

① 李孝猛：《行政强制措施与行政处罚行为关联性问题探讨》，载《中国工商管理研究》2004年第11期。

② 该文中指出，"这在现实中的表现就是：在替消费者维权这件事上，交织着众多责任部门，由于分工不明确、责任不清楚、管理不明晰，给推诿卸责留下了很大的空间——既然这事情质监部门也可以管，凭什么找工商局啊？既然法院也是责任部门，凭什么让质监局出力？"

产的查封、扣押、冻结等行政强制措施不服的"可以提起行政诉讼。《行政复议法》（1999）中关于行政复议的范围的第六条规定："（二）对行政机关作出的限制人身自由或者查封、扣押、冻结财产等行政强制措施决定不服的可以依照该法进行行政复议。"

2. 工商管理与质量监督部门间的职权划分制度

我国《产品质量法》第七十条规定："本法规定的吊销营业执照的行政处罚由工商行政管理部门决定，本法第四十九条至第五十七条、第六十条至第六十三条规定的行政处罚由产品质量监督部门或者工商行政管理部门按照国务院规定的职权范围决定。法律、行政法规对行政处罚权的机关另有规定的，依照有关法律、行政法规的规定执行。"而在该法第五十四条规定："产品标识不符合本法第二十七条规定的，责令改正；有包装的产品标识不符合本法第二十七条第（四）项、第（五）项规定，情节严重的，责令停止生产、销售，并处违法生产、销售产品货值金额百分之三十以下的罚款；有违法所得的，并处没收违法所得。"就是说在产品标识不符合国家规定的情形下，依据《产品质量法》并不能明确其管辖机关属于工商行政管理部门亦或是质量监督部门。而依据国务院办公厅印发《国家工商行政管理总局职能配置内设机构和人员编制规定的通知》（国发办〔2001〕57号）文件，其中提出了："将原由国家质量技术监督局承担的流通领域商品质量监督管理的职能，划归国家工商行政管理总局。"也并未明确确定涉及产品标识问题的管辖机关。由于职权性质上的特殊性使得工商行政管理部门和质量监督部门在执法范围上存在一定交叉，故而在制度安排上，并未明确划分两者的职责范围。

（三）理论背景

1. 行政行为审查理论

在行政机关的行政管理活动当中，社会情况日益纷繁复杂，行政活动也更加呈现出复杂性和多样性的特征，其中不乏在一次行政管理活动中出现多个行政行为的现象。一般而言，行政行为分为行政审查和司法审查，审查的核心问题是对行政行为审查的强度把握。在英美法系国家，将其称为"审查范围"，德国将其称为"审查密度"，日本认为是"审查界限"。① 总体来说，是"法

---

① 参见杨伟东：《行政行为司法审查强度研究——行政审判权纵向范围分析》，中国政法大学2001年博士论文。

院受理当事人的申诉以后，究竟能在多大程度上对受攻击的行政行为进行审查"①。本案中的争议在于行政强制能否纳入行政处罚的审查活动，前行政强制行为的采取是否为了实现后行政处罚的目的。行政处罚行为与行政强制行为在涉诉行政活动中的审查范围和审查强度成为裁判的关键，但是是否对其进行审查，以及如何审查在理论上尚未有定论。

2. 行政机关职权划分理论

行政职权是一种"行政主体依法享有的、对于某一行政领域或某个方面行政事务实施行政管理活动的资格及其权能"。② 在行政法理论中，行政机关进行行政活动的前提是对该管理事项具有进行处理和作出决定的权力③，而这一权力又是法律法规所明确赋予的，行政职权法定是其基础性特征。行政实务当中行政权划分存在争议的原因很多，可能是法律规定不完善、权力利益驱使、客观情形致使原有权力分配不能满足现实需要等。④ 行政职权的配置方式"大致划分为相对静态的设定，以及相对动态的授予、代行、协力"⑤ 等。在行政职权的设置和划分方面，也存在着两种，一种是由《宪法》《立法法》《组织法》设定，另一种是行政机关的授权，交由派出机构或其他组织行使。⑥ 在本案中，关于工商和质监之间的职权争议属于立法规定之后行政机关之间的具体分工，其应当是由国务院来具体决定。⑦ 但国务院关于流通领域的的界定在理论上可行，在实践中存在一定的问题。

三、案件突破与贡献

（一） 区分行政强制行为和行政处罚行为

在本案中，伊尔库公司在诉请法院撤销无锡市工商局作出的锡工商案

---

① 参见杨伟东：《行政行为司法审查强度研究——行政审判权纵向范围分析》，中国政法大学 2001 年博士论文。

② 莫于川：《行政职权的行政法解析与建构》，载《重庆社会科学》创刊号。

③ 参见高家伟：《论行政职权》，载《行政法学研究》1996 年第 3 期。

④ 参见莫于川：《行政职权的行政法解析与建构》，载《重庆社会科学》创刊号。

⑤ 莫于川：《行政职权的行政法解析与建构》，载《重庆社会科学》创刊号。

⑥ 莫于川：《行政职权的行政法解析与建构》，载《重庆社会科学》创刊号。

⑦ 参见《中华人民共和国立法法》〔2000〕第 70 条："涉及两个以上国务院部门职权范围的事项，应当提请国务院制定行政法规或者由国务院有关部门联合制定规章。"

〔2003〕第 97 号行政处罚决定时，同时提出了"被告滥用职权、越权办案，违法扣留、查封原告的财产，违法处罚原告，侵犯了原告的合法权益"，一并对无锡市工商局在行政处罚行为之前的行政强制行为提出了质疑。但无锡市崇安区法院在本案中认为，"无锡市工商局采取扣留、查封强制措施时，均向伊尔库公司告知了复议权、诉讼权以及起诉权"。法院认为伊尔库公司未在法定期限内依照法定途径主张自己的权益，是自己放弃主张权利，且在本案中，伊尔库公司诉请的仅是撤销无锡市工商局的行政处罚行为。故而法院在审理过程中认为"本案审查对象应当是无锡市工商局的行政处罚行为；至于扣留、查封行为是否违法，不在本案审查范围，故不予审查"。法院的此举做法将行政强制行为与行政处罚行为相区分，确定其独立的法律性质和地位。

行政强制行为与行政处罚行为在行政机关的行政活动中常常具备紧密的联系，行政强制行为往往是行政处罚行为的前行为，但是两者之间有着明显的差别，其分别可成为独立的行政行为。依据《行政诉讼法》（1989）第十一条第二项："对限制人身自由或者对财产的查封、扣押、冻结等强制措施不服的"规定，行政强制措施可以作为一种独立的行政诉讼标的。行政处罚行为并不以行政强制行为为前提，行政强制行为其后并不一定会产生行政处罚行为。行政机关采取行政强制措施的前提在后来出台的《行政强制法》中也有着明确的说明，即"在行政管理过程中，为制止违法行为、防止证据毁损、避免危害发生、控制危险扩大等情形，依法对公民的人身自由实施暂时性限制，或者对公民、法人或者其他组织的财物实施暂时性控制的行为"。行政强制措施与行政处罚属于两种完全不同性质的行为，一种的功效在于危险的控制与预防，而另一种的目的在于惩罚违法行为。故而无锡法院将两者区别对待的做法是对行政强制与行政处罚之间的厘清。法院认可无锡市工商局先前行政强制行为的复议诉讼权利救济通知，是对行政行为确定力的认可，不对无锡市工商局扣留等行政强制行为进行合法性审查，维护了行政行为的确定性，保障了行政行为的权威性。

（二）明确仓储环节的监管主体

在 2001 年，国务院办公厅印发《国家工商行政管理总局职能配置内设机构和人员编制规定的通知》（国发办〔2001〕57 号）文件，其中提出了"将原由国家质量技术监督局承担的流通领域商品质量监督管理的职能，划归国家工商行政管理总局"。商品流通领域成为判断监管主体的重要标准。随着社会发展，仓储行业快速发展，但是关于仓储领域属于流通环节还是生产环节尚未有定论。在本案中，无锡市崇安区法院认为："原告伊尔库公司从俄罗斯泰坦集团进口的丁苯橡胶，经过转手已进入流通领域；这批丁苯橡胶虽然存放在无锡储运公司仓库，但不是伊尔库公司自用，而是要销售，仅因被查获才未售出。"无锡市中院也是认为："无论涉案丁苯橡胶是存放在仓库中，还是存放在货架上或者存放在其他什么地点，都不影响其已进入流通领域的事实成立。"故而认定仓储在本案被认为是流通环节，属于工商行政管理的职权范围之内。

在市场监管领域，行政机关之间在职能范围和监管领域上有着许多空白与交叉的存在，联合执法、综合执法等一系列执法活动也旨在消弭其在职权上的空白和交叉。在产品质量监管领域，由于产品从生产到成为消费品需要经过质量监督部门和工商行政管理部门的分阶段管理，其阶段的划分和衔接对于产品质量的监管而言也就显得尤为重要。我国目前关于这两个职能部门的划分是产品一旦进入到流通领域，则归属于工商行政管理部门进行监管，而何为流通领域也并未有明确的阐述，处于仓储环节的产品是否属于商品流通领域也并未有确切答案。在伊尔库案中，原告伊尔库公司在一二审中均声明，依据《产品标识标注规定》第二十六条"本规定由国家技术监督局负责解释"的规定，可以认为"有关产品标识标注方面的问题，是由国家技术监督局主管，不是工商行政管理机关的分内职责"，且其认为储存在仓库内的货物，由于并未进入到销售领域，因而并不属于工商行政管理部门监管的范围，应当由《进出口商品检验法》来调整。无锡法院在伊尔库案中通过具体分析伊尔库公司仓储的目的，分析其已经经过转手，且并非是伊尔库公司自用，而是为了销售，因而认定了仓储环节在本案中的法律性质，确定了仓储环节用于销售目的的货品依旧属于流通领域的规则，明确了仓储环节货品的监督管辖权。无锡法院认为判断是否属于流通领域，是依据货品的目的和作用，而非存放地点。虽然在经济学中，流通领域中的流通环节包含有批发环节、零售环节和仓储环节，但是在制度层面上，我们尚未明确仓储环节是否作为市场流通环节的一部分。无锡法院的判断方法对于明确市场流通领域，确定工商行政管理部门的职权界限有着突破和借鉴意义。

（三）宽待法律条文引用不完整问题

行政法律规范庞大繁杂，行政机关在行政管理活动中需要准确适用相关法律条文。在本案中，无锡崇川区法院认为"无锡市工商局对伊尔库公司作出的处罚决定，没有适用产品质量法第三十六条规定，而是直接援引第二十七条对生产者的规定进行处罚，虽然适用法律条款不完整，但该瑕疵不影响对伊尔库公司行政处罚行为的合法性"。根据《行政诉讼法》（1989）第五十四条的规定："人民法院经过审理，根据不同情况，分别作出以下判决：（一）具体行政行为证据确凿，适用法律、法规正确，符合法定程序的，判决维持。（二）具体行政行为有下列情形之一的，判决撤销或者部分撤销，并可以判决被告重新作出具体行政行为：1. 主要证据不足的；2. 适用法律、法规错误的；3. 违反法定程序的；4. 超越职权的；5. 滥用职权的。（三）被告不履行或者拖延履行法定职责的，判决其在一定期限内履行。（四）行政处罚显失公正的，可以判决变更。"在本案中，根据一审法院无锡市崇安区人民法院的分析，认为无锡市工商局虽然引用法条不完整，但其属于行政行为的瑕疵，故而不会影响行政行为的合法性，之后二审法院维持了一审法院判决。法院对行政机关适用法律条款不完整，可以看作是适用法律轻微瑕疵，在不影响行政处罚行为合法性问题的条件下，判决维持，而不是判决重新作出具体行政行为，保障了行政机关的行为效率。

行政行为适用法律瑕疵是行政行为多种瑕疵中的一种，其对于行政行为合法性的影响不应当过分地夸大。在本案中，行政机关适用的《产品质量法》第三十六条规定："销售者销售的产品的标识应当符合本法第二十七条的规定。"以及并未引用的第二十七条第四款规定："限期使用的产品，应当在显著位置清晰地标明生产日期和安全使用日期或者失效日期。"行政机关在法条适用中虽然只引用了《产品质量法》第三十六条，但是具体分析可得知《产品质量法》第三十六条内容指向了第二十七条。这意味着，行政机关在作出行政行为时所适用的判断标准是第二十七条，也就是实现了法律所一直追求的实质正义。引述上的不完整不能成为否定其价值的理由，否则我们对行政行为提出了过高要求，过分强调形式的正确性，会使得法律成为僵硬的工具，丧失其灵活性。故而，无锡法院在本案中对法条引用不完全但不影响本案实质内容的情况下，对无锡市工商局的行政行为审理中指出其存在瑕疵，并认可其合法性的做法既实现了实质正义，也保障了行政行为的效率。

四、案件判决后相关法律制度的发展

（一）行政强制行为的独立性更加明确

2012 年《行政强制法》正式施行，这是我国对行政强制行为的一次全面的规范，该法第八条规定："公民、法人或者其他组织对行政机关实施行政强制，享有陈述权、抗辩权；有权依法申请行政复议或者提起行政诉讼；因行政机关违法实施行政强制受到损害的，有权依法要求赔偿。"行政强制行为与行政处罚行为有着同等位阶的法律规范，与行政许可、行政裁决、行政确认等共同成为行政行为种类案由。在《行政强制法》中，确定了行政强制行为分为行政强制措施和行政强制执行，明确了行政强制独立的法律目的和法律属性。行政强制行为的规制不仅仅依靠《行政诉讼法》受案范围的规定，关于其合法性问题也可以通过《行政强制法》予以判断和保障，因而，也不存在将其与行政处罚行为进行混淆的可能性，相关法律条文已明确了其独立的法律地位和法律效力。截至 2016 年 12 月 12 日，裁判文书网上涉及《行政强制法》的案件裁判文书达到 173679 份，这充分说明行政强制行为的法律效力得到了法律进一步的尊重和保障。

（二）综合执法模式逐渐形成

2014 年，国务院出台了《国务院关于促进市场公平竞争维护市场正常秩序的若干意见》（国发〔2014〕20 号），其中规定："加快县级政府市场监管体制改革，探索综合设置市场监管机构，原则上不另设执法队伍。"其后在全国各地开始了关于建设综合市场管理机构的探索和实践。以江苏省为例，江苏省政府在 2014 年 11 月 7 日下发了《关于调整完善市县工商质监食品药品管理体制加强市场监管的意见》（苏政办发〔2014〕93 号），其规定了："中央编办确定的综合执法体制改革试点城市，其区、县均实行工商、质监、食品药品监管三合一的管理体制，综合设置市场监管机构，并加挂食品药品监管机构的牌子。"截至目前，全国多地都完成了工商、质监、食药监三合一工作模式，建立了统一的市场监管机构。工商、质监、食药监作为市场监管主体在市场监管活动中存在着诸多交叉地方，综合监督管局的设置，将三个市场监管部门的职能合一，统一对市场进行监管，既避免了相互之间的执法交叉和执法空白，也对本案中所涉及的质量监督部门和工商行政管理部门的职能作出了交代，即统一归于综合市场监管部门。本案中法院在市场流通领域中关于仓储环节的认定具备借鉴意义，因为执法主体合并确定虽然解决了案件部门管辖权的问题，但并不意味着执法依据和执法程序的合并，其选择适用仍需具体分析。妥善处理流通环节的界定，对于市场监管中的法律适用而言，仍然有着重要的意义。

（三）工商监管体制进一步完善

在此案件结束之后，国家工商行政管理部门陆续出台了多个文件，不断地规范工商行政监管行为，例如国家工商行政管理总局审议通过的《流通领域商品质量监督管理办法》（国家工商行政管理总局令第85号）在2016年5月1日正式实施，该办法详细规定了在市场流通领域，检查监督的内容、方式和法律责任，是对流通领域检查监督活动的进一步规定和细化，对完善我国流通领域商品质量监督管理活动有着积极作用。国家工商总局2016年9月19日公布了《工商总局关于新形势下推进监管方式改革创新的意见》（工商企监字〔2016〕185号）等。地方也积极出台相关文件，例如浙江省宁波市工商局2012年出台了《宁波市食品经营仓储行为监督管理办法》。针对不断发展的社会状况，多个规范性文件相继出台，这对工商管理部门在监管方式上进行了进一步的革新，监管程序进一步的细化，工商监管日益科学、完善具有重大的促进作用。

张成银诉徐州市政府房屋登记
行政复议决定案（2004）[*]

王晓强　　侍海艳

一、案件回顾

（一）基本案情

曹春义、曹春芳系兄妹关系。二人之父早逝，一直随其母曹陈氏居住在徐州市民安巷 31 号，该住处原为 3 间东草房和 1 间南草房。1954 年，张成银与曹春义结婚后迁入民安巷 31 号居住。1961 年左右，曹春芳出嫁，搬出民安巷 31 号。1986 年 1 月 30 日，曹陈氏去世。在曹陈氏与儿媳张成银及其家庭成员共同居住生活期间，民安巷 31 号的原住处经翻建和新建，先后形成了砖木结构、砖混结构的房屋计 7 间。其中砖混结构的 3 间东屋，是 1981 年 12 月以张成银的名字办理了第 2268 号建筑工程施工执照，在原 3 间东草房的基础上翻建而成。1988 年 5 月 31 日，张成银向徐州市房产管理机关提出为其办理民安巷 31 号的上述 7 间房屋产权和土地使用权登记的书面申请。徐州市鼓楼区房地产登记发证办公室根据张成银提交的申请材料，经调查后于 1988 年 9 月 28 日为张成银填发了鼓房字第 1741 号房屋所有权证，并加盖徐州市人民政府的印章，将 199.78 平方米的国有土地使用权登记为张成银使用。此后，民安巷 31 号的房屋又历经 1991 年的新建、1994 年的扩建、1997 年的赠与和 1998 年的新建，徐州市房产管理机关经公告征询无产权异议后，相应为张成银办理了产权登记，颁发了房屋所有权证。徐州市土地管理局亦于 1996 年 12 月 3 日向

　　* 该案载于《最高人民法院公报》2005 年第 3 期。裁判摘要如下："行政机关在行政复议中可能作出不利于他人的决定时，如没有采取适当的方式通知其本人参加行政复议即作出复议决定的，构成严重违反法定程序，应予撤销。"

张成银颁发了国有土地使用证。2002年，张成银位于民安巷31号的房屋被依法拆迁。

2003年10月28日，曹春芳向徐州市人民政府申请行政复议，请求撤销1988年将民安巷31号房屋产权和土地使用权确权登记给张成银的具体行政行为。江苏省徐州市人民政府2003年10月28日受理了曹春芳的行政复议申请，于2004年4月29日作出徐政行决〔2004〕24号行政复议决定，以徐州市民安巷31号房屋使用者曹陈氏1986年死亡时，张成银不是该房产的合法继承人，原徐州市房地产管理局（以下简称房管局）① 认定张成银对民安巷31号房屋产权属原始取得与事实不符，为张成银颁发鼓房字第1741号房屋所有权证违反了《城镇房屋所有权登记暂行办法》第八条的规定②，将民安巷31号房屋产权和国有土地使用权确权给张成银不当等为由，依据《中华人民共和国行政复议法》第二十八条第一款第（三）项第1目、第5目之规定③，确认徐州市房地产管理局将民安巷31号房屋产权及国有土地使用权确权给张成银的具体行政行为违法。

张成银不服该行政复议决定，向江苏省徐州市中级人民法院提起行政诉讼，江苏省徐州市人民政府作为被告出庭应诉。曹春芳、曹春义作为第三人参与该行政诉讼。该案件已经过徐州市中级人民法院一审、江苏省高级人民法院二审完毕，现已审理终结。

（二）争议焦点

本案的主要争议焦点为：

（1）行政机关依照行政复议法复议行政决定时，如果可能直接影响到他人的利益，是否必须以适当的方式通知其参加复议并听取意见？张成银认为徐州市人民政府没有通过法定的方式通知其参加行政复议违反法定程序。

---

① 法院认为，徐州市颁发房屋所有权证的职权已由徐州市房产管理局行使，徐州市人民政府以前颁发房屋权证行为的法律后果应由现在的颁证机关徐州市房产管理局承担。

② 《城镇房屋所有权登记暂行办法》第八条："登记机关依照申请人的申请进行产权审查，凡房屋所有权清楚，没有争议，符合有关法律和政策，证件齐全，手续完备的，应发给房屋所有权证件。"

③ 《中华人民共和国行政复议法》第二十八条第一款第（三）项第1目、第5目："具体行政行为有下列情形之一的，决定撤销变更或者确认该具体行政行为违法；决定撤销或者确认该具体行政行为违法的，可以责令被申请人在一定期限内重新作出具体行政行为：1. 主要事实不清、证据不足的……5. 具体行政行为明显不当的。"

徐州市人民政府则认为：行政复议法关于第三人的规定，属于弹性条款，第三人是否参加行政复议由复议机关视情况决定，张成银没有参加复议，不能以此认定复议机关违反法定程序，其作出的徐政行决〔2004〕24号行政复议决定不违反行政复议法规定的程序，并且提交曹春芳2003年10月28日书写的行政复议申请书及补充说明、徐州市房管局行政复议答复书及2004年2月26日通知张成银参加行政复议通知书，用以证明作出行政复议决定程序合法。

（2）本案中行政复议申请是否超过了《行政复议法》第九条规定的法定复议期间？"知道或应当知道具体行政行为之日起"应如何确定？如何认定复议机关对于超过复议期间的案件受理行为？张成银认为原徐州市房地产管理局向其颁发《房屋所有权证》是1988年，曹春芳申请行政复议的时间是2004年，已超过法定的申请行政复议的期限，并提供相应的证据①，用以证明民安巷31号房地产及权属登记的演变情况，复议机关审查对象错误，曹春芳应当早已知道民安巷31号房地产权属已登记在张成银名下，故申请复议超过了法定期限。而徐州市人民政府则声称，其曾多次电话通知张成银参加复议，但均遭拒绝，故应认定其放弃权利，并且曹春芳过去一直不知道张成银在1988年办理了民安巷31号房屋的《房屋所有权证》，故未超过申请复议期限。

（3）争议房屋是否属于原始取得？张成银提供朱德荣、李瑞堂两证人的证词，用以证明民安巷31号现在的房屋均为其自己所盖，与曹春芳无关，属原始取得，以及1988年9月28日徐州市房管部门颁发给张成银鼓房字第1741号房屋所有权证的档案材料，用以证明颁证行为合法。而徐州市人民政府认为民安巷31号房屋使用者曹陈氏1986年死亡时，曹春芳、曹春义依法有权继承该处房产，张成银不是该房产的合法继承人，不应成为该房产的所有权人，原徐州市房地产管理局却认定张成银对民安巷31号房屋产权属原始取得，错误地将上述房产登记到张成银名下，违反了《城镇房屋所有权登记暂行办法》

---

① 徐州市房管部门1991年9月5日颁发给张成银第104027号房屋所有权证的档案材料、1994年6月1日颁发给张成银第112014号房产证的档案材料、1997年2月19日颁发给张成银市房字第97300783号房屋所有权证的档案材料和1998年12月8日颁发给张成银98301991号房屋所有权证。

第八条规定，属确权不当。①

（4）该房屋合法继承人的确定是否属于行政复议机关的职权范围？张成银认为徐州市人民政府作为行政复议机关，认定曹陈氏死亡时，曹春芳和曹春义依法有权继承诉争房产，其本人不是该房屋的合法继承人，超出了职权范围。徐州市人民政府认为民安巷31号房屋使用者曹陈氏1986年死亡时，曹春芳、曹春义依法有权继承该处房产，张成银不是该房产的合法继承人，不应成为该房产的所有权人，并且曹春芳提交相关证据②，用以证明原徐州市房地产管理局于1988年为张成银颁发的鼓房字第1741号房屋所有权证所登记的房屋属曹陈氏遗产。

（三）法院裁判

一审徐州市中级人民法院认为，徐州市人民政府受理曹春芳的复议申请而作出的徐政行决〔2004〕24号行政复议决定，严重违反法定程序，依法应予撤销。故依据《中华人民共和国行政复议法》第九条第一款、第十条第三款及《中华人民共和国行政诉讼法》第五十四条第（二）项第3目的规定③，徐州市人民法院于2004年9月30日判决：撤销徐州市人民政府于2004年4月29日作出的徐政行决〔2004〕24号行政复议决定。徐州市中级人民法院的裁判理由如下：

> 首先，其认定徐州市政府有复议管辖权。徐州市政府根据原城乡建设环境保护部1987年4月21日颁布的《城镇房屋所有权登记暂行办法》④，向张成银颁发了鼓房字第1741号房屋所有权证，而根据此后的行政规章

---

① 徐州市人民政府提供的证据是房管局提供的1988年9月28日颁发给张成银鼓房字第1741号房产证的档案材料、徐州市人民政府向徐州市公安局和平派出所调取的民安巷31号户籍证明和曹陈氏的死亡证明，用以证明原徐州市房地产管理局于1988年认定张成银对民安巷31号房地产权属原始取得，而颁发的鼓房字第1741号房屋所有权证，证据不足。

② 证人朱振祥、邱玉兰、司学兰、季昌兰的证言。

③ 2014年《行政诉讼法》修改之后，该条款变为第七十条第（三）项。

④ 参见城乡建设环境保护部关于印发《城镇房屋所有权登记暂行办法》的通知（已失效），第二条规定："城镇房屋所有权登记由市、县人民政府主管房屋所有权登记的机关办理。"《徐州市城市房屋权属登记管理条例》（已失效）第三条规定："市、县（市）人民政府房产管理部门是房屋权属管理工作的行政主管部门。市房产管理部门可以委托其所属的产权监理机构和区房产管理机构负责房屋权属管理的相关工作。"

和法律规定，徐州市颁发房屋所有权证的职权由现徐州市房产管理局行使，徐州市人民政府颁发给张成银的鼓房字第1741号房屋所有权证的行政法律后果，应由现徐州市房产管理局承担责任，故徐州市人民政府对曹春芳的复议申请，有复议管辖权。

其次，对于是否超过行政复议申请期限的争议焦点作了认定。曹春芳之母曹陈氏于1986年1月30日去世后，徐州市民安巷31号的房产一直由张成银及家人居住使用；张成银及家人于20世纪90年代在此处又新建了房屋，并对原有房屋进行扩建，原徐州市房地产管理局于1994年为张成银颁发该处房屋所有权证前也进行公告，征询有关当事人有无产权异议，曹春芳应当知道徐州市房地产管理机关已将民安巷31号的房地产确权登记给张成银。故徐州市人民政府受理曹春芳2003年10月28日提出的复议申请并作出复议决定超过了法定期限；曹春芳述称其于2003年10月才得知原徐州市房地产管理机关将民安巷31号房地产登记确权归张成银的主张，依法不予以支持。

最后，法院认为复议机关在进行复议时虽可以采取书面审查的办法，但张成银作为原徐州市房地产管理机关1988年颁发的鼓房字第1741号房屋所有权证的持证人，与徐州市人民政府对该证的复议审查结果有着直接的利害关系，徐州市人民政府应当通知张成银参加行政复议，由于徐州市人民政府无法证明已采取适当的方式通知张成银参加行政复议，应属严重违反行政程序，且作出的徐政行决〔2004〕24号行政复议决定的结论中也有复议审查对象不具体的瑕疵。

一审宣判后，曹春芳不服，向江苏省高级人民法院提起上诉。

江苏省高级人民法院依照《行政诉讼法》第六十条第（一）项之规定①，认为原审判决撤销徐州市人民政府徐政行决〔2004〕24号行政复议决定正确，应予维持，上诉人曹春芳的上诉理由不能成立，于2004年12月10日判决：驳回上诉，维持原判。江苏省高级人民法院的判决理由如下：

一、案件所涉及的鼓房字第1741号房屋所有权证虽然是徐州市人民政府1988年9月颁发的，但依据此后相关法律和规章的规定，徐州市人民政府不再具有颁发房屋所有权证的职权。曹春芳申请复议时，徐州市颁

---

① 2014年《行政诉讼法》修改之后，该条款变为第八十九条第一款第（一）项。

发房屋所有权证的职权已由徐州市房产管理局行使，故徐州市人民政府以前颁发房屋权证行为的法律后果应由现在的颁证机关徐州市房产管理局承担。曹春芳不服颁发鼓房字第1741号房屋所有权证行为，提出的申请复议，徐州市房产管理局应作为被申请人，一审判决认定徐州市人民政府对曹春芳的复议申请有复议管辖权是正确的。

二、行政复议法虽然没有明确规定行政复议机关必须通知第三人参加复议，但根据正当程序的要求，行政机关在可能作出对他人不利的行政决定时，应当专门听取利害关系人的意见。本案中，复议机关审查的对象是颁发鼓房字第1741号房屋所有权证行为，复议的决定结果与现持证人张成银有着直接的利害关系，故复议机关在行政复议时应正式通知张成银参加复议。本案中，徐州市人民政府虽声明曾采取了电话的方式口头通知张成银参加行政复议，但却无法予以证明，而利害关系人持有异议的，应认定其没有采取了适当的方式正式通知当事人参加行政复议，故徐州市人民政府认定张成银自动放弃参加行政复议的理由欠妥。在此情形下，徐州市人民政府未听取利害关系人的意见即作出于其不利的行政复议决定，构成严重违反法定程序。

三、根据行政复议法和民事诉讼法的有关规定，复议机关在行使行政复议职权时，应针对申请行政复议的具体行政行为的合法性与适当性进行审查，有关民事权益的纠纷应通过民事诉讼程序解决。本案中，徐州市人民政府所作的复议决定中，直接对有关当事人争议的民事权利予以确认的行为，超越了复议机关的职权范围，缺乏法律依据，应予以撤销。

二、案件背景

（一）现实背景

我国行政机关在行政执法过程中长期存在"重实体而轻程序"现象，尤其是在行政裁量行为中，当法律、法规对行政执法程序的规定处于模糊、弹性状态时，行政机关往往倾向于效率行政，而忽视对相对人和第三人正当程序权利的保障，对程序的重视程度不够。同时在司法实践当中，人民法院对于执法行为和执法质量的衡量，除了适用主要证据不足、适用法律法规错误、超越职权、滥用职权等标准之外，对于行政执法程序的认定往往局限于法定程序，而对法定程序之外的正当程序的关注不够。在张成银案件发生之前，已经有部分人民法院逐渐认识到正当程序原则在案件审判中的作用，但是对该原则的适用一直处于隐性状态。1999 年，在田永诉北京科技大学不服退学处理决定案①中，当时海淀区人民法院和北京市第一中级人民法院，在没有任何法条依据的情况下，以被告作出退学处理决定时没有听取原告田永申辩，也没有向原告田永宣布和送达该决定为裁判理由，认定被告构成程序上的违法。该案例被学界称为法官大胆引入正当程序原则的案例。② 随后，在 2003 年宋莉莉诉宿迁市建设局房屋拆迁补偿安置裁决案③中，其判决理由表明，在行政程序规则没有明确规定的情况下，行政机关的裁决权不应任意行使，其底线是保障相对人的申辩和陈述权，从而提升了正当程序原则在判案中的地位。一直到张成银案件，法院开始在裁判文书中直接引用正当程序原则，认为行政机关只要作出对利害关系人产生不利影响的行政决定时没有充分的保障相对人的陈述权和申辩权，构成了严重的程序违法。

（二）制度背景

在我国，正当程序原则的发展源自于法定程序④，1986 年全国人大常委会制定的《治安管理处罚条例》第三十四条规定对于违反治安管理的行政相对人的行政处罚必须经过"传唤、讯问、取证、裁决和传唤后及时讯问查证"等程序。随后，1989 年《行政诉讼法》第五十四条第（二）项第三目规定，行政行为违反法定程序的，人民法院可以作出撤销判决，从司法救济的角度对于相对人程序权利进行一定程度的保障。1996 年全国人大制定的《行政处罚法》对于行政处罚的简易程序、一般程序和听证程序作了专章规定，当事人有权进行陈述和申辩，行政机关必须充分听取当事人的意见，如果拒绝听取当事人的陈述、申辩，行政处罚决定便不能成立，该法律中的当事人仅限于行政

---

① 参见《最高人民法院公报》1999 年第 4 期，2014 年 12 月 25 日被作为指导案例 38 号发布。

② 何海波：《晨光初现的正当程序原则》，参见中国法学会行政法学研究会编：《中国法学会行政法学研究会 2008 年年会论文集》，浙江工商大学出版社 2009 年版，第 364~383 页。

③ 参见《最高人民法院公报》2004 年第 8 期。

④ 有学者指出，在中国的行政诉讼中，先有"法定程序"的法律条文，后才有"正当程序"的一般原则；从某种意义上，"法定程序"的规定为"正当程序"提供了一个合法性基础，从"法定程序"的实践中生长出正当程序的要求。参见何海波：《晨光初现的正当程序原则》，载中国法学会行政法学研究会编：《中国法学会行政法学研究会 2008 年年会论文集》，浙江工商大学出版社 2009 年版，第 364~383 页。

处罚行为的相对人，并不包括行政处罚行为的第三人。1999 年《行政复议法》将行政复议条例规定撤销被申请的具体行政行为情形之一的"违反法定程序，影响申请人合法权益"，改为被申请的具体行政行为只要"违反法定程序"，复议机关就可以作出撤销或者确认违法的行政决定。2003 年全国人大常委会制定的《行政许可法》对于行政许可的申请、受理、审查、决定以及听证等程序进行了详细的规定。但是，在上述的法律文件中都没有明确提到有关正当程序的规定，直到 2004 年 3 月国务院颁布的《全面推进依法行政实施纲要》中，首次提到了"程序正当"的要求，行政机关实施行政管理，除涉及国家秘密和依法受到保护的商业秘密、个人隐私以外，应当公开，注意听取公民、法人和其他组织的意见；要严格遵循法定程序，依法保障行政管理相对人、利害关系人的知情权、参与权和救济权。行政机关工作人员履行职责，与行政管理相对人存在利害关系时，应当回避。由于《全面推进依法行政实施纲要》是否具有行政法规之地位尚有争议，所以"遵守正当程序"原则还不能作为一个法律要求对行政权力产生法律上的约束力。

张成银案件发生时，对行政复议行为进行规范的法律、法规主要是《行政复议条例》（已失效）（1990 年 12 月 24 日发布）、《行政复议法》（1999 年 4 月 29 日发布）和《国务院关于贯彻实施〈中华人民共和国行政复议法〉的通知》（1995 年 5 月 6 日发布），其中涉及本案争议焦点的第三人程序权利保障的规定仅体现在《行政复议法》第二十二条①，而且该法条的规定极易被行政复议机关曲解，如在本案二审过程中，徐州市人民政府辩称："行政复议法关于第三人的规定，属于弹性条款，第三人是否参加行政复议由行政复议机关视情况决定，本案张成银没有参加复议，不能以此认定复议机关违反法定程序。"由此可见，在案件发生时，《行政复议法》及相关法规对于第三人程序权利特别是陈述权和申辩权的保障是不充分的。同时，由《行政复议法》第二十二条的规定可知，在行政复议程序方面，目前多数复议机关办理行政复议案件，以书面审查为主，文来文往，层层审批，程序繁杂且不够公开透明，行政相对人参与程度不够。② 而反映到本案中，引起双方矛盾焦点的是关于程序

---

① 《行政复议法》第 22 条：行政复议原则上采取书面审查的办法，但是申请人提出要求或者行政复议机关负责法制工作的机构认为有必要时，可以向有关组织和人员调查情况，听取申请人、被申请人和第三人的意见。

② 参见全国人大常委会执法检查组关于检查《中华人民共和国行政复议法》实施情况的报告，发布日期 2013 年 12 月 23 日。

正当性原则在复议案件中的应用问题。

(三) 理论背景

对于程序正当原则的论述,可以考察学界对于该问题的相关研究。1980年代行政法学重建之初,中国学界对正当程序还完全陌生。之后王名扬和龚祥瑞两位学者引入英美法上的"自然正义"和"正当程序"概念①。后续,有一系列的著作开始介绍正当程序原则。20 世纪 90 年代的行政法教科书中基本上没有明确提到"正当程序"原则②;由罗豪才主编的一本行政法学教材在其行政程序法一章提到了"公正原则"、"公开原则"、"听证原则"等,但是并没有明确提到正当程序原则,但是其表达的内容基本可以被"正当程序"原则所涵盖③;到 2000 年之后,一些著作陆续提到了正当程序原则,其表述方式有所不同,但都认为正当程序原则起源于古老的"自然公正"原则,而这一原则又是起源于自然法观念,正当程序原则所包涵的内容基本上一致,一般都可以分解为以下具体要求和标准:(1) 事前通知利益关系人;(2) 听证制度,任何人在受到惩罚或其他不利处分之前,应为之提供公正的听证或其他听取其意见的机会;(3) 任何人不能审理自己或者与自己有利害关系的案件。④

与此同时,20 世纪 90 年代末期有部分论文开始论述正当程序原则,有学者认为行政听证程序在促进行政机关依法行政、公平执法等方面具有重要的作

① 龚祥瑞著:《比较宪法与行政法》,法律出版社 1985 年版,第 474~480 页;王名扬著:《英国行政法》,中国政法大学出版社 1987 年版,第 151~160 页。

② 如张焕光、胡建淼著:《行政法学原理》,劳动出版社 1989 年版,第 325~326 页;罗豪才主编、应松年副主编:《行政法学》,中国政法大学出版社 1996 年版,第 293~296 页;应松年主编:《行政法学新论》,中国方正出版社 1998 年版,第 511~516 页;章剑生著:《行政程序法学原理》,中国政法大学出版社 1994 年版,第 101~116 页;江必新、周卫平编著:《行政程序法概论》,北京师范大学出版社 1991 年版,第 50~74 页。

③ 参见罗豪才著:《行政法学》,中国政法大学出版社 1999 年版,第 275~284 页;章剑生主编、王万华副主编:《行政程序法学》,中国政法大学出版社 2004 年版,第 53~99 页,其中提到的基本原则类似。

④ 参见应松年主编:《行政程序法立法研究》,中国法制出版社 2001 年版,第 188 页;孙笑侠著:《法律对行政的控制——现代行政法的法理解释》,山东人民出版社 2002 年版,第 184 页;杨海坤、章志远著:《行政法学基本论》,中国政法大学出版社 2004 年版,第 65~66 页;姜明安主编:《行政法与行政诉讼法》,北京大学出版社、高等教育出版社 2003 年版,第 42~43 页;胡建淼著:《行政法学》,法律出版社 2003 年版,第 47 页。

用，应当作为行政程序法的制度核心进行构建①；有学者从法理学的角度考虑如何给行政行为设计正当的程序②；有学者从比较法的角度，通过对于两大法系的基本原则的比较分析来介绍正当程序原则③；有学者从"刘燕文诉北大案"入手来看待行政正当程序的评判标准④，什么样的行政程序才是正当的程序，其认为法院在判决书中有意无意地运用有关公正程序最低要求的理念；也有学者指出传统的程序判断标准存在一定缺陷，认为整合模式应当成为现代正当行政程序的判断模式⑤；有学者从行政公开原则的角度谈起，认为行政公开原则是行政程序法的一项基本原则⑥。学术界对于正当程序原则的认识逐渐深入，也开始影响到司法案件的审判，张成银案件可以说是该项原则在司法审判中第一次明确提出。

三、案件的贡献

（一）加强第三人程序权利的保障

在"张成银诉徐州市人民政府行政复议决定案"之前，法院已经在"田永诉北京科技大学拒绝颁发毕业证、学位证行政诉讼案"、"刘燕文诉北京大学（学位评定委员会）案"以及"宋莉莉诉宿迁市建设局房屋拆迁补偿安置裁决案"等案件中运用了正当程序原则，但是在判决书中并没有明确提及该

---

①　参见马怀德：《论行政听证程序的基本原则》，载《政法论坛》1998 年第 2 期；马怀德：《论听证程序的适用范围》，载《中外法学》1998 年第 2 期。

②　参见孙笑侠：《法律程序涉及的若干法理——怎样给行政行为设计正当的程序》，载《政治与法律》1998 年第 4 期；孙笑侠：《两种价值序列下的程序基本矛盾》，载《法学研究》2002 年第 6 期。

③　参见周佑勇：《西方两大法系行政法基本原则之比较》，载《环球法律评论》2002 年第 4 期；周佑勇：《论英国行政法的基本原则》，载《法学评论》2003 年第 6 期；周佑勇：《行政法的正当程序原则》，载《中国社会科学》2004 年第 4 期；《行政程序的正当性与正当的行政程序原则》，载《公法研究》，2004 年第 00 期。

④　参见朱峰：《从刘燕文诉北大案看行政正当程序的评判标准》，载《政治与法律》2000 年第 5 期。

⑤　参见高秦伟：《正当行政程序的判断模式》，载《法商研究》2004 年第 4 期。

⑥　参见章剑生：《论行政程序法上的行政公开原则》，载《浙江大学学报（人文社会科学版）》2000 年第 6 期。

项原则。到了在本案审理过程中，法院基于正当程序的要求①，指出，"徐州市人民政府应当通知张成银参加行政复议，由于徐州市人民政府无法证明已采取适当的方式通知张成银参加行政复议，应属严重违反行政程序"，"徐州市人民政府未听取利害关系人的意见即作出于其不利的行政复议决定，构成严重违反法定程序"，首次以法院判决的形式将行政正当程序原则应用于司法实践中。

该项判决揭示了我国行政复议制度中程序缺失等问题，有学者甚至指出，"随着我国行政程序法治建设的发展，当前行政复议程序的公正性可以说甚至不及行政处罚程序、行政许可程序等决定程序，改革势在必行"。② 究其主要原因，在于立法之初，我国立法机关将行政复议程序定位于"内部监督"性质、"书面审理"原则以及被申请人与复议机关基于上下级关系可能发生的"请示汇报"等使得行政复议案件在现实中维持了较高的复议维持率，有学者通过数据分析也支持了上述论点。③ 行政复议较高的维持率造成的不良影响是行政复议制度作为行政纠纷解决机制之一并没有发挥应有的作用，不能及时解决和纠正行政机关违法或者不当的行政行为，当事人对于复议结果的认可度较低，在行政复议之后进一步提起行政诉讼或信访的比例较高。④

张成银案的贡献之处在于强调行政程序在复议制度中对于相对人和第三人权益的重要保障作用，最高人民法院以公报案例的形式发布，其意图也在于此。受该案件的影响，国务院在2007年5月29日发布的《行政复议法实施条例》第九条的规定中体现了对于第三人权利的保障，"行政复议期间，行政复议机构认为申请人以外的公民、法人或者其他组织与被审查的具体行政行为有

---

① 参见何海波：《司法判决中的正当程序原则》，载《法学研究》2009年第1期。文中提到何海波教授对于本案主审法官的访谈，可以了解到该主审法官是法律本科毕业、目前在读行政法博士，其认为正当程序概念是一个法官的"基本素养"，正当程序原则是"理所当然、无须论证的"。

② 王万华：《行政复议程序反司法化定位的思考及其制度重构》，载《法学论坛》2011年第4期。

③ 参见章剑生：《行政复议程序的正当化修复——基于司法审查的视角》，载《江淮论坛》2010年第6期。

④ 参见全国人大常委会执法检查组关于检查《中华人民共和国行政复议法》实施情况的报告，发布日期2013年12月23日。其中提到了相关的数据，有的省份，法院近三年受理的行政诉讼案件中，30%左右是对行政复议决定不服打诉讼"官司"的。有的省份，行政复议决定维持原行政行为后，当事人不服提起行政诉讼，法院终审判决原行政机关败诉的达20%左右。

利害关系的，可以通知其作为第三人参加行政复议。行政复议期间，申请人以外的公民、法人或者其他组织与被审查的具体行政行为有利害关系的，可以向行政复议机构申请作为第三人参加行政复议"。该条款从两方面对于该案件涉及的程序问题进行了回应，一方面从行政机关的角度出发，其在复议期间认为申请人以外的公民、法人或其他组织与具体行政行为有利害关系，可以通知其以第三人身份参与诉讼；另一方面从相对人的角度出发，申请人以外的公民、法人或其他组织，如果与行政行为有利害关系也可以申请作为第三人参与行政复议。在《行政复议法实施条例》第三十三条进一步规定："行政复议机构认为必要时，可以实地调查核实证据；对重大、复杂的案件，申请人提出要求或者行政复议机构认为必要时，可以采取听证的方式审理。"但该条文只是针对申请人的听证权利进行保障，对于申请人以外的第三人的程序权利仍旧没有相应的规定。

（二）弥补法定程序的缺陷

在张成银案件中，法官进行判决实际上创造了一个行政复议法未规定的法律规则，即在行政复议机关作出对当事人不利的行政复议决定时，应当通知有直接利害关系的当事人参加行政复议，否则即构成严重违反法定程序，复议机关所作出的复议决定无效。从法理学的角度讲，法律规则和法律原则都属于法律的重要组成部分，在法律适用的过程中应当是首先适用法律规则，在规则缺失时进而适用法律原则，法律原则对于法律规则的空白进行补充。而从法解释学上讲，任何法律解释活动都是从法律规范的条文出发，文义解释是所有法律解释首要的出发点，但是法律规范文本的语言本身具有歧义性和不确定性，仅仅进行法律规范的文义解释是存在缺陷的，因而需要探寻立法者的规范意旨和具体规范的目的，通过对于某个法律规范进行限缩或扩张性解释，法律原则在一定程度上充当了探寻立法意旨的索引。

正当程序原则是作为对法定程序的补充而存在的，是对于行政行为的一种最低限度的程序要求。"甚至可以说，用程序控权来取代实体控权，或者说以正当程序模式的行政法来弥补严格规则模式行政法之不足，业已成为当代行政法发展的主流。在这一背景之下，将正当程序原则引入行政法确属必要。"[1]法定程序一般均是以成文法的形式所表现的，其内容是具体的、明确的，因

---

[1]　杨海坤、章志远著：《行政法学基本论》，中国政法大学出版社 2004 年版，第 65 页。

此，其性质是具体的法律规则，而正当程序原则是抽象的、灵活的，其所体现的是程序正义最低限度的要求，其贯穿于行政机关所采取的各种行政程序中，是包括行政机关法定程序与非法定程序在内的所有行政程序必须遵循的基本原则，也就是说，任何行政程序的作出都应满足正当程序最低限度的要求。正当程序的原则性使得法官在没有相关法律规定、法定程序适用的情况下，可以直接适用行政正当程序原则对具体行政行为进行司法审查，这符合司法救济最后防线的功能。

正当程序原则的内涵包括三个方面：一是公平，也即行政机关在作出行政行为时要听取当事人意见，尤其是在作出不利的行政决定前，必须充分听取相对人的意见。听取意见不仅体现了对于相对人的人格尊重和参与权的关怀，而且有利于提高行政相对人对于行政权力行使的认同感。二是公正，要求行政机关避免作出带有偏私的行政决定，如回避制度。三是公开，正当程序原则的首要标准就是资讯公开，凡是与行政职权有关的事项以及行政机关自身的基本情况都应当向行政相对人公开。① 具体到本案中，本案涉及的是正当程序原则的公平性，正当程序原则要求对复议机关设定一个通知与案件有利害关系的第三人参加行政复议的义务，而不能仅仅以"行政复议法关于第三人的规定属于弹性条款"为由而拒绝作为行政复议案件第三人参加行政复议的过程，实质上剥夺了行政复议案件第三人的程序参与权利。在法定程序不完备的情况下，作为程序的参与人可以依据正当法律程序性条款直接享有和行使程序性权利，如被告知理由、要求进行听证等，这可以有效规制国家权力的正当运行，是"以权利制约权力"的具体体现，从而保障人权的有效实现，防止国家权力可能给人权造成的不法侵害。

四、尚待解决的问题

（一） 人民法院的论证逻辑尚待完善

在上述法院判决中，一审人民法院认为，"张成银作为原徐州市房地产管理机关 1988 年颁发的鼓房字第 1741 号房屋所有权证的持证人，与徐州市人民政府对该证的复议审查结果有着直接的利害关系，徐州市人民政府应当通知张成银参加行政复议，由于徐州市人民政府无法证明已采取适当的方式通知张成

---

① 参见章剑生著：《现代行政法基本理论》，法律出版社 2008 年版，第 43 页。

银参加行政复议，应属严重违反行政程序"。二审人民法院认为，"本案中，复议机关审查的对象是颁发鼓房字第 1741 号房屋所有权证行为，复议的决定结果与现持证人张成银有着直接的利害关系，故复议机关在行政复议时应正式通知张成银参加复议。本案中，徐州市人民政府虽声明曾采取了电话的方式口头通知张成银参加行政复议，但却无法予以证明，而利害关系人持有异议的，应认定其没有采取适当的方式正式通知当事人参加行政复议"。但是徐州市人民政府却辩称："行政复议法关于第三人的规定，属于弹性条款，第三人是否参加行政复议由复议机关视情况决定，本案张成银没有参加复议，不能以此认定复议机关违反法定程序。"

综合上述意见，焦点问题在于在行政复议过程中是否必须通知第三人参与。同该问题相关联的法律条文是《行政复议法》第二十二条，即"行政复议原则上采取书面审查的办法，但是申请人提出要求或者行政复议机关负责法制工作的机构认为有必要时，可以向有关组织和人员调查情况，听取申请人、被申请人和第三人的意见"。可以看出，两审人民法院都认为张成银和行政复议行为有着直接的利害关系，其重点放在了"利害关系"上。而《行政复议法》的规定却是两种情形：（1）行政申请人提出要求时；（2）行政复议机关认为必要时，可以听取第三人的意见。根据判决书中的描述不能判断行政复议申请人提出要求，因而直接考虑第二种情形，即行政复议机关认为必要时可以听取第三人的意见，其重点放在"必要"问题上。两者进行对比之后我们可以发现，《行政复议法》第二十二条中的"必要时"之要件，已经被判决摘要中的"有直接的利害关系"要件所代替。两种要件在本质上呈相反的价值追求，"必要时"强调行政复议机关的效率，而"有直接的利害关系"要件强调的是对于第三人合法权益的保护，两种价值追求孰对孰错不能一概而论，仍然需要人民法院在实践中衡量判断，值得庆幸的是，2007 年由国务院颁布的《行政复议法实施条例》对此作了不同程度的回应，在价值衡量上选择了折中判断，但是相比《行政复议法》条文的模糊性而言，在价值追求上有利于第三人合法权益的保护。

不能否认的是，在"必要时"要件向"有直接利害关系"要件转变时，法院的论证逻辑存在缺陷，法院在适用正当程序原则时对正当程序与法定程序的区别予以模糊化处理，违反正当程序原则就是违反法定程序。如在本案中，一审法院在判决结论中指出"徐州市人民政府受理曹春芳的复议申请而作出的徐政行决〔2004〕24 号行政复议决定，严重违反法定程序，依法应予撤销"。二审人民法院在其判决理由第 2 条中同样指出"在此情形下，徐州市人民政府未听取利害关系人的意见即作出于其不利的行政复议决定，构成严重违反法定程序"。通过上述法院论述的分析可以发现，法院对于正当程序原则内涵的扩大性解释具有一定的任意性，缺乏说理。可以这样认为，本案法官是在正当程序原则的指引下作出了违反法定程序的判决，但是法定程序和正当程序之间还是存在差异的，法院没有明确说明正当程序原则与案件的最终判决依据之间的关联性，此项是该案件在论证逻辑上的缺陷。

（二）案件揭示的期限问题尚待明晰

该案件所反映的问题，除有关正当程序原则在法院司法审判中的应用，另外的争议焦点是本案中行政复议申请是否超过了《行政复议法》第九条规定的法定复议期间？如何认定复议机关对超过复议期间的案件受理行为的性质？两审人民法院对于期限问题都作了一定程度的阐述。一审法院认为，原徐州市房地产管理局于 1994 年为张成银颁发该处房屋所有权证前也进行公告，曹春芳应当知道徐州市房地产管理机关已将房地产确权登记给张成银，故徐州市人民政府受理曹春芳 2003 年 10 月 28 日提出的复议申请并作出复议决定超过了法定期限；而二审人民法院则认为原审法院根据征询产权异议的公告存根，即认定徐州市房产管理局为张成银颁发房屋所有权证前进行过产权公告，并以此推定上诉人曹春芳 1994 年应当知道已将房屋确权给张成银的事实，其认为该项理由不充分，故不予确认一审法院的该项判决。

行政法学界对于该案件涉及的期限问题很少有学者进行专门论述，仅个别学者在论述该案件涉及的正当程序原则时稍加论述期限问题，"法院认为，行政复议申请人申请行政复议超过了法定期限，因而，复议机关不应受理该复议申请。凭这一点，法院就可以撤销行政复议决定，无需继续审查行政复议程序的合法性，'严重违反行政程序'云云也就可有可无。二审中，江苏省高级法院否定了一审法院的这一判决理由，认为行政复议申请人申请行政复议没有超过法定期限"。① 一审人民法院并没有对于如何认定行政复议申请超越法律规定的期限的受理行为作出足够的说理，在判决中直接适用撤销判决的形式；而二审法院则相对淡化期限的处理，将案件的焦点集中于正当程序问题。

---

① 何海波：《晨光初现的正当程序原则》，参见中国法学会行政法学研究会编：《中国法学会行政法学研究会 2008 年年会论文集》，浙江工商大学出版社 2009 年版，第 378 页。

本案中，受理期限问题的确定构成正当程序原则问题的前提要件，如果复议机关的受理行为超越了《行政复议法》规定的 60 天受理期限①，那么也便无需审查行政复议程序的合法性。因而，一审人民法院对于申请人申请超越法律规定的期限的受理行为直接适用撤销判决是否合适？该受理行为违反《行政诉讼法》第 70 条"适用法律法规错误、违反法定程序、主要证据不足、超越职权、滥用职权、明显不当②"中的哪一项？③ 人民法院对于这一系列问题都没有作出应有的回应。

（三）复议机关的职权范围尚待明确

《城镇房屋所有权登记暂行办法》第八条规定："登记机关依照申请人的申请进行产权审查，凡房屋所有权清楚，没有争议，符合有关法律和政策，证件齐全，手续完备的，应发给房屋所有权证件。"根据本条规定，行政机关在发放房屋所有权证时，仅对房屋所有权是否清晰这一事实情况具有审查权，而对房屋所有权的归属问题却无任何权限。房屋所有权的归属问题向来由民法规定，若因此发生纠纷，应通过民事诉讼的方式，由法院裁判，而非由行政机关来确认。原徐州市房地产管理局关于张成银对民安巷 31 号房屋产权属于原始取得的认定和江苏省徐州市人民政府关于曹陈氏 1986 年死亡时，张成银不是该房屋的合法继承人的认定都属越权行为。无论是房屋产权的取得方式，还是认定某人是否具有合法的继承权都应由法院来裁判。

张成银在 1988 年向徐州市房产管理机关提出办理房屋产权和土地使用登记证时，房屋管理局对被申请房屋的产权是否清晰这一事实情况具有审查的义务，若对此有疑问应要求申请人提供相关证据证明房屋产权不存在争议，而非擅自超越权限，代替法院裁判，认定申请人因原始取得而对被申请房屋具有所

---

① 参见《行政复议法》第九条："公民、法人或者其他组织认为具体行政行为侵犯其合法权益的，可以自知道该具体行政行为之日起六十日内提出行政复议申请；但是法律规定的申请期限超过六十日的除外。因不可抗力或者其他正当理由耽误法定申请期限的，申请期限自障碍消除之日起继续计算。"

② "明显不当"标准是 2014 年修改《行政诉讼法》新增加的一项内容，2004 年本案发生时尚没有该项标准。

③ 参见杨登峰：《行政行为撤销要件的修订》，载《法学研究》2011 年第 3 期。其中提到"行政行为违反法律规定"的情形难以纳入旧《行政诉讼法》第五十四条所规定的五种撤销判决的情形，应当单列。笔者同意该项论证，行政复议机关违反复议期限的受理行为应属于"违反法律规定"，不能简单纳入五种撤销判决的情形之中。

有权。此一认定因越权而无效，若侵害到个人的合法权益，利害关系人可以提起行政复议，也可以提起行政诉讼。

2004 年徐州市人民政府作出的复议决定与徐州市房产管理机关一样，存在越权行为，徐州市人民政府行使了本该由法院才能行使的司法裁判权。所以，本案看似是一个行政案件，但要彻底解决本案的争议，必须以解决该案中包含的民事案件为前提，即必须先解决张成银对本案涉及的房屋是否具有所有权。房屋所有权的归属问题才是本案当事人纠纷产生的根源，也是本案行政机关作出具体行政行为的重要依据。故本案中徐州市政府的正确做法应是，告知复议申请人曹春芳应先通过民事诉讼的途径解决遗产继承和房屋所有权归属问题，若法院裁判曹春芳对涉案房屋有所有权，便可以对徐州市房产管理机关提起行政复议或行政诉讼。若法院裁判曹春芳对涉案房屋没有所有权，则其只能通过上诉、再审等司法途径维护自己的合法权益。行政复议和行政诉讼不具有解决民事纠纷的功能。

建明食品公司诉泗洪县政府检疫
行政命令纠纷案（2005）*

李红杰

一、案件回顾

（一）基本案情①

2001 年 4 月，经被告泗洪县政府批准，原告建明食品公司成为泗洪县的生猪定点屠宰单位之一。在分别领取了相关部门颁发的企业法人营业执照、动物防疫合格证、税务登记证等证件后，建明食品公司开始经营生猪养殖、收购、屠宰、销售和深加工等业务。2003 年 5 月 18 日，泗洪县政府下设的临时办事机构县生猪办向本县各宾馆、饭店、学校食堂、集体伙食单位、肉食品经营单位以及个体经营户发出《屠宰管理通知》。该通知第一项称，"县城所有经营肉食品的单位及个体户，从 5 月 20 日起到县指定的生猪定点屠宰厂采购生猪产品，个体猪肉经销户一律到定点屠宰厂屠宰生猪（县肉联厂）……"2003 年 5 月 22 日，泗洪县政府分管兽医卫生监督检验工作的副县长电话指示县兽检所，停止对县肉联厂以外的单位进行生猪检疫。建明食品公司报请县兽检所对其生猪进行检疫时，该所即以分管副县长有指示为由拒绝。建明食品公司认为，分管副县长的电话指示侵犯其合法权益，遂提起行政诉讼，请求确认被告分管副县长的电话指示违法。需要说明的是，在本案诉讼之前，原告建明

* 本案载于《最高人民法院》2006 年第 1 期。裁判摘要是："审查行政机关内部上级对下级作出的指示是否属于人民法院行政诉讼受案范围内的可诉行政行为，应当从指示内容是否对公民、法人或者其他组织权利义务产生了实际影响着手。在行政管理过程中，上级以行政命令形式对下级作出的指示，如果产生了直接的、外部的法律效果，当事人不服提起行政诉讼的，人民法院应当受理。"

① 参见《最高人民法院公报》2006 年第 1 期有关该案的相关介绍。

食品公司因对县生猪办在《屠宰管理通知》中仅标注县肉联厂为生猪定点屠宰厂不服，曾于 2004 年 8 月 4 日以泗洪县政府为被告，另案提起过行政诉讼。宿迁市中级人民法院的〔2004〕宿中行初字第 06 号行政判决书确认，泗洪县政府下设的县生猪办在《屠宰管理通知》中仅将县肉联厂标注为生猪定点屠宰厂，侵犯了建明食品公司的公平竞争权，这一行政行为违法。该行政判决已发生法律效力。

（二）争议焦点

本案争议焦点为：如何评价分管副县长的电话指示行为？

（三）法院裁判

一审宿迁市中级人民法院依照最高人民法院《关于执行〈中华人民共和国行政诉讼法〉若干问题的解释》第四十四条第一款第一项关于"请求事项不属于行政审判权限范围的，应当裁定不予受理；已受理的，裁定驳回起诉"的规定，裁定驳回原告建明食品公司的起诉。裁判理由如下：

> 被告泗洪县政府的分管副县长为进一步贯彻落实县生猪办发布的《屠宰管理通知》，才给县兽检所发出电话指示，指示内容与《屠宰管理通知》一致。这个电话指示对县兽检所的检疫职责不具有强制力，是行政机关内部的行政指导行为；电话指示内容未提及原告建明食品公司，不会对建明食品公司的权利义务产生直接影响。最高人民法院《关于执行〈中华人民共和国行政诉讼法〉若干问题的解释》（以下简称行诉法解释）第一条第二款第（四）、第（六）项规定，不具有强制力的行政指导行为和对公民、法人或者其他组织权利义务不产生实际影响的行为，不属于人民法院行政诉讼受案范围。行政诉讼法第四十一条第（四）项规定，提起诉讼应当符合属于人民法院受案范围和受诉人民法院管辖的条件。泗洪县政府分管副县长的电话指示不具有提起行政诉讼的条件，不是可诉的行政行为。依照行诉法解释第四十四条第一款第（一）项关于"请求事项不属于行政审判权限范围的，应当裁定不予受理；已经受理的，裁定驳回起诉"的规定，于 2005 年 6 月 22 日裁定：驳回原告建明食品公司的起诉。

一审裁决后，建明食品公司不服，提起上诉。他们认为，自己是经被上诉人依法批准设立的生猪定点屠宰单位之一，经营手续完备，享有与同类企业同等的权利和义务，任何单位和个人不得阻碍上诉人自主经营。上诉人报请检疫时，第三人县兽检所并非以定点屠宰资格已在《屠宰管理通知》中被取消为由拒绝检疫，而是以分管副县长电话指示为由停止对上诉人所生产产品进行检疫。在《屠宰管理通知》中，县生猪办只是将泗洪县的定点屠宰场所仅标注为县肉联厂，而并没有取消上诉人的定点屠宰资格，况且县生猪办的这个行政行为已被生效判决确认为违法，因而上诉人并没有丧失生猪屠宰资格。反而恰恰是分管副县长的电话指示，有关内容则完全剥夺了上诉人作为定点屠宰单位享有的报请检疫权利。电话指示内容与《屠宰管理通知》不同，不是落实《屠宰管理通知》，不能与《屠宰管理通知》混为一谈。正是由于有分管副县长这个电话指示，县兽检所才拒绝履行对上诉人的生猪进行检疫的职责。电话指示是对内对外均具有约束力的行政强制命令，其目的是要限制上诉人的正常经营，故应属于可诉的行政行为。一审以电话指示属内部行政指导行为为由，裁定驳回上诉人的起诉，是错误的。针对上诉人的上诉理由，被上诉人泗洪县政府的答辩理由与一审的答辩理由基本相同。①

　　针对双方当事人争辩的焦点问题，二审法院认为电话指示是分管副县长在履行公务活动中行使职权的行为，其后果应由泗洪县政府承担，上诉人以县政府为被告提起行政诉讼，符合法定条件，法院应当受理。一审法院以该指示属于内部行政指导行为为由，驳回原告起诉是错误的。二审法院遂作出裁定：（1）撤销一审行政裁定；（2）本案由一审法院继续审理。裁判理由如下：

　　　　被上诉人泗洪县政府的分管副县长 2003 年 5 月 22 日的电话指示，是对其下级单位原审第三人县兽检所作出的。审查行政机关内部上级对下级作出的指示是否属于人民法院行政诉讼受案范围内的可诉行政行为，应当从指示内容是否对公民、法人或者其他组织权利义务产生了实际影响着手。上诉人建明食品公司是依法经批准设立的定点生猪屠宰单位，至本案纠纷发生时，建明食品公司的定点屠宰厂（场）资格并没有依照法规规定的程序被取消。在《屠宰管理通知》里，县生猪办仅是将该县生猪定点屠宰点标注为县肉联厂，没有否定建明食品公司的定点屠宰厂（场）资格。由于《屠宰管理通知》里没有将建明食品公司标注为该县生猪定点屠宰点，在建明食品公司起诉后，县生猪办的这个行政行为已经被人民

---

① 参见《最高人民法院公报》2006 年第 1 期。

法院的生效行政判决确认为违法。

县兽检所当时以分管副县长有电话指示为由拒绝检疫，可见该电话指示是县兽检所拒绝履行法定职责的唯一依据。分管副县长在该县仅有两家定点屠宰场所还在从事正常经营活动的情况下，电话指示停止对县肉联厂以外单位的生猪进行检疫，指示中虽未提及建明食品公司的名称，但实质是指向该公司。分管副县长就特定事项、针对特定对象所作的电话指示，对内、对外均发生了效力，并已产生了影响法人合法权益的实际后果，故属于人民法院行政诉讼受案范围内的可诉行政行为。

在认定"电话指示"是否属于行政指导行为时，二审法院特别指出：

行政指导行为，是指行政机关在行政管理过程中作出的具有示范、倡导、咨询、建议等性质的行为。分析被上诉人泗洪县政府分管副县长作出的关于"停止……检疫"电话指示，既不是行政示范和倡导，也不具有咨询、建议等作用，实质是带有强制性的行政命令。泗洪县政府关于该指示属于行政机关内部行政指导行为的答辩理由不能成立。

二、案件背景

（一）现实背景

1. 行政指导行为在实践中被广泛采用

在市场经济的发展和转型过程中，行政主体所承担的行政任务数量不断增加，传统的刚性行政管理模式逐渐暴露出局限性，因而，行政模式的转变也变得更加迫切。在行政主体提供服务的过程中，相比传统的任务下达式的强制性措施，通过行政指导、行政合同等柔性的方式来实现行政目的日益成为行政主体在实践中的选择，这也反映出行政理念的转变以及行政方式的变革。在实践操作中，行政主体往往在职权范围内，对被指导对象运用建议、告知等非强制性手段，引导相对方实施某些行为，以实现行政目的。该类行政方式作为对传统行政方式的重要补充，符合现代行政多样化的特点。与此同时，为了保证行政效率的高效以及突出服务行政的特色，在行政主体自身内部管理方面，内部指导越来越常见，这有利于完善公共服务方式，从而积极应对激增的服务需求。

2. 作为柔性行政方式的内部行政指导易被异化

相比传统的行政方式，柔性行政具有非强制性的特征。在行政指导的操作中，对相对人作出的行政指导行为，因其不具有强制性，对相对人往往不产生强制性的约束力。在司法实践中，法院也往往以行政指导的非强制性而否定该行为的可诉性。然而，从广义的角度来看，除了针对行政相对人的指导外，在现实情况中，上下级行政机关之间的指导行为也是一个值得探讨的问题，这主要涉及行政相对人理论中相对人处于与行政主体相对应的位置，与内部行政行为与外部行政行为的分类相对应，外部相对人即为一般所说的外部行政行为所指向的对象；而内部相对人系基于行政机关内部隶属关系而形成的、处于行政机关内部行政行为相对一方的当事人。①

对于前者，因行政指导的非强制性特征，对行政相对人往往不产生强制性的拘束力。而针对行政主体上下级之间的指导行为，受传统的行政管理式思维惯性的影响，行政主体在对下级机关进行指导时所运用的指示行为在性质上如何界定往往是一个棘手的问题：一方面，行政手段的多样化为行政机关运用内部行政指导方式提供了契机；另一方面，受制于行政机关内部上下级之间的隶属与领导关系，上级对下级作出的行政指导往往容易蜕变成具有强制性的行政命令，这与行政指导的初衷是大相径庭的。再者，如果这一行为通过下级机关对外作出，又可能会对行政相对人的利益产生实际的影响，因而，当行政机关以指示的方式进行行政管理时，应当特别警惕对相对人权益可能造成侵害的情形。

3. 内部行政行为效力外化的情形在实践中大量存在

内部行政行为与外部行政行为是理论上基于行政行为作用对象与范围所作的分类。一般来讲，内部行政行为的对象与范围仅限于行政主体内部，不会对外部的行政相对人产生实际的影响。从行政诉讼的制度架构来看，因为内部行政行为多涉及行政主体内部事务，其效力范围也局限在行政主体内部，法院一般不受理对内部行政行为所提起的诉讼。但在现实中则存在着内部行政行为产生外化效果的问题，此时的内部行政行为的效力影响到了外部的行政相对人，如上下级之间的内部指示、会议纪要往往对相对人的利益产生影响；从产生的法律效果来看，所谓的内部行政行为往往转化为实际上的外部行政行为，从而对司法实践产生重大影响。如"广州市海龙王投资发展有限公司诉广东省广

---

① 参见黄贤宏：《对行政相对人的法律探讨》，载《河北法学》2000 年第 2 期。

州市对外经济贸易委员会行政处理决定纠纷案"的裁判意见指出,判断一种行为是否可诉,并不在于其是外部还是内部,关键是该行政行为是否影响了行政相对人的合法权益。上级行政机关对下级机关所作的内部行政行为,虽然不是针对外部行政相对人,但该行政行为导致下级行政机关为或不为某种行政行为,且该行政行为必然导致了外部行政相对人合法权益受到实然影响,合法权益受到侵害的相对人有权向人民法院提起诉讼。① 在"吉德仁等诉盐城市人民政府行政决定案"中,法院认为如果会议纪要内容在法律上具有强制执行力且能够影响特定当事人的权利和义务,则属于具体行政行为,应纳入行政诉讼的受案范围。② 以上在实践中的做法在一定程度上反映了对行政行为效力外化问题的应对,随着司法实践的不断丰富,对该问题的研究也确需深化。

(二) 制度背景

1. 对行政诉讼受案范围的规定

从本案的发生时间来看,本案在法律适用方面应适用修改前《行政诉讼法》的有关规定。就行政诉讼的受案范围来说,根据修改前的《中华人民共和国行政诉讼法》第二条的规定,公民、法人或者其他组织认为行政机关和行政机关的工作人员的具体行政行为侵犯其合法权益,有权依照本法向人民法院起诉。该规定从行政相对人的主观立场对行政诉讼受案范围作了总体规定,从行政行为的分类来看,将可诉的行政行为限于具体行政行为,强调了可提起行政诉讼主体的特定性。此外,《行政诉讼法》第十一条和第十二条分别从正面和反面的角度对行政诉讼的受案范围作了列举。其中,第十二条第三款规定,行政机关对行政机关工作人员的奖惩、任免等决定不属于行政诉讼的受案范围;最高人民法院《关于执行〈中华人民共和国行政诉讼法〉若干问题的解释》第一条第二款也规定,公民、法人或其他组织对下列行为不服提起诉讼的,不属于人民法院行政诉讼的受案范围:(1) 行政诉讼法第十二条规定的行为;(2) 公安、国家安全等机关依照刑事诉讼法的明确授权实施的行为;(3) 调解行为以及法律规定的仲裁行为;(4) 不具有强制执行力的行政指导行为;(5) 驳回当事人对行政行为提起申诉的重复处理行为;(6) 对公民、法人或者其他组织权利义务不产生实际影响的行为。其中,针对第(六)项"对公民、法人或者其他组织权利义务不产生实际影响的行为",有观点认为,

---

① 参见《最高人民法院公报》2002 年第 6 期。

② 《最高人民法院公报》2003 年第 4 期。

制定的初衷在于排除未成立的行为以及还在行政机关内部运作的行为进入法院。①

2. 对内部行政行为可诉性的规定

按照传统的行政行为分类标准以及分类方法，行政行为具有多种分类，并且基于不同的分类，对行政行为的可诉性也具有重要的影响。其中，内部行政行为与外部行政行为是基于行政行为针对的对象以及发生作用的范围不同所作的重要分类。通过对行政诉讼相关规定的梳理，从我国当前的行政诉讼受案范围的角度来看，外部行政行为是对行政相对人直接作出的、对其合法权益造成客观影响的行为，属于典型的被纳入行政诉讼受案范围的行政行为；而内部行政行为并未直接送达行政相对人，一般仅在行政主体内部得以运行，不会对行政相对人造成直接的影响，进而被排除在行政诉讼的受案范围之外。特别是行政机关内部作出的有关人事管理性质的行政行为难以被纳入行政诉讼的受案范围，这也与司法解释中规定的"对公民、法人或者其他组织不产生实际影响的行为"相一致，这也在一定程度上勾勒出了内部行政行为不可诉的制度架构。

从一般意义上讲，内部行政行为主要是指行政主体对隶属于自身的组织、人员和财务的一种管理。从传统的行政行为理论来看，内部行政行为因为主要存在于行政机关内部之间，无论是上下级之间的请示、指导，还是平级行政机关之间的相互协助，其发生的法律效果往往局限在行政主体内部，不会对外部行政相对人产生直接的影响。基于以上考虑，现有的行政诉讼整体框架在行政诉讼受案范围部分对内部行政行为的可诉性问题基本持否定性的评价。但同时立法对不同性质的内部行政行为是否可诉在态度上有些许的差别。《行政诉讼法》第十二条第（三）项规定法院不受理"行政机关对行政机关工作人员的奖惩、任免等决定"，这主要是把人事管理性质的内部行政行为排除出了行政诉讼受案范围，而对于具有工作性质的内部行政行为的可诉性问题没有作出确切的规定，《最高人民法院关于执行〈中华人民共和国行政诉讼法〉若干问题的解释》第一条第二款第（六）项从行政诉讼受案范围的角度排除了"对公民、法人或者其他组织权利义务不产生实际影响的行为"的可诉性问题，该项规定对所有内部行政行为的可诉性问题是否完全适用以及是否存在相关例外情况存在一定的模糊性，这在一定程度上为探讨内部行政行为的可诉性问题留

---

① 最高人民法院行政审判庭编：《关于执行〈中华人民共和国行政诉讼法〉若干问题的解释释义》，中国城市出版社 2000 年版，第 8~9 页。

下了讨论的空间。

与此同时，司法实践中的内部行政行为具有多种形态，如指示、批复、会议纪要等。一般情况下，这些具体形态的内部行为仅具有传达相关指示的功能，其关涉主体往往局限在行政主体内部。以会议纪要为例，该种公文是用来记录会议情况和某些特定事项的，性质上是对会议所作的记录，仅具有指导意义，不会对外直接发生法律效力。但若在特别情况下，该行为一旦经过正当合法的途径使外部相对人获悉，其效力对外部的行政相对人产生实际影响，并对其合法权益造成了侵害，此时，权益受到损害的相对人可否就该行为提起行政诉讼来寻求救济、怎样使受到的损失得以弥补就成为一个棘手的问题，目前的行政诉讼制度供给存在缺失。

此外，当时适用的《中华人民共和国行政诉讼法》第十二条第二项规定，人民法院不受理公民、法人或者其他组织对行政机关制定、发布的具有普遍约束力的决定、命令提起的诉讼；《最高人民法院关于执行〈中华人民共和国行政诉讼法〉若干问题的解释》第三条规定也将具有普遍约束力的决定和命令界定为行政机关针对不特定对象发布的能反复适用的行政规范性文件。从中可以看出，行政诉讼只审查具体行政行为，将抽象的行政行为排除在行政诉讼的受案范围之外，因而对以行政命令方式作出的内部行政行为的可诉性进行判断时，也需要注意该行为所指向的对象是否特定。

（三）理论背景

1. 关于内部行政行为可诉性的探讨

针对内部与外部行政行为的可诉性问题，当时的行政诉讼制度作了不同的安排，但这种制度安排在理论上有着怎样的内在支撑，则是一个众说纷纭的问题。有观点认为，在行政诉讼刚起步经验不足的情况下人民法院应当将审判的重点放在外部行政行为方面的纠纷，有关内部行政行为的纠纷事关机关内部建设问题且行政机关内部已经建立起了相应的救济机制。行政诉讼不受理内部行政诉讼纠纷，符合行政机关和人民法院各司其职、分工明确的要求。[1]

相比外部行政行为可诉性问题较为确定，内部行政行为如果仅从不同分类来看，其可诉性问题存在一定的不确定性，也正是这种不确定性为内部行政行为的可诉讼性探讨留下了空间。从相关的理论和实践来看，内部行政行为往往因为没有成立或者还在行政机关内部运作而缺乏"成熟性"，不对外产生直接

---

[1] 参见胡建淼主编：《行政诉讼法学》，高等教育出版社 2003 年版，第 38 页。

法律效力而不被纳入行政诉讼的受案范围。根据对内部行政行为所涉及内容的不同，可将内部行政行为细化为具有人事管理性质的内部行政行为和具有工作性质的内部行政行为。对于前者，对行政机关内部工作人员的任免、考核是其典型；后者则以上下级行政机关之间的工作安排、请示、批复较为常见。对于工作性质的内部行政行为不可诉，有理论认为，机关对机关作出的内部行政行为，因为多属于行政权力的制约与调整，主要涉及的是国家利益、部门利益和机关利益，其中很少涉及有关私人利益的成分。① 而对于行政机关内部人事处理事项的可诉性问题，从相关的理论渊源以及立法背景来看，内部行政行为不可诉主要是受到特别权力关系理论的影响，具有某种职务的人与国家统治权之间具有某种特殊的关系，就行政系统而言，行政机关与其工作人员就形成了一种特别关系，行政机关基于此种特别权力，可以对其工作人员的权利进行必要的限制，作为被管理对象的工作人员对相关的惩戒行为的救济权利受到了限制。② 在一般情况下，以上基于对内部行政行为的分析在理论与实践上为内部行政行为的不可诉提供了论证。

从行政诉讼受案范围的角度来看，可诉的行政行为限于"具体行政行为"。结合具体行政行为的特定性、外部化的特征，内部行政行为难以纳入可诉行政行为的范畴。然而，其后出台的《最高人民法院关于执行〈中华人民共和国行政诉讼法〉若干问题的解释》对可以纳入受案范围的表述是"行政行为"，根据对行政行为的分类理论，这里作为上位概念的"行政行为"是否包含与外部行政行为相对的"内部行政行为"，在理论上似乎也是一个可以争辩的问题，这也在一定程度上说明了内部行政行为的可诉性问题也存在一定的灵活性。

2. 关于内部行政行为效力外化的讨论

针对内部行政行为的效力外化问题，当时的理论界对该问题鲜有直接而又系统的论述，但类似问题仍散见于相关著述中。有学者否认内部行政行为的效力外化问题，认为内部行政行为外部化是对行政行为概念的误读，对所争议的行政行为是否纳入行政诉讼的受案范围，应该从是否产生外部效果以及对行政相对人的权益是否产生实际的影响来认定，其可诉性问题也并非内部行政行为

---

① 参见闫尔宝：《论内部行政行为的几个问题》，载《行政法学研究》1996 年第 4 期。

② 参见吴万得：《德日两国特别权力关系理论之探讨》，载《政法论坛》2001 年第 5 期。

与产生外部法律效力的具体行政行为的转化。① 与此同时，有的观点从行政行为效力的角度出发，认为存在双效重合的行政行为，认为内部、外部重合的行政行为是指行政主体实施的作用于同一的或共同的行政相对人的行为，具有内部和外部行政管理的双重性质，或者作出的行政行为为产生内部、外部的法律关系，在主体、客体或内容上有重叠、包容关系的行政行为。该种理论以行政主体的行政职权分类为逻辑基点，认为行政主体基于职权作出的行政行为，对内、对外具有双重效力，在具体形式上也表现为两种法律关系的重合。② 可以看出双效重合行政行为与内部行政行为效力外化在特征方面有一定的相似性，同样存在内部行政行为对外部行政相对人产生实际影响的情况，但从二者的发生机制来看，二者在实践中不能同等对待，前者所指的对象具有同一性的特征，而后者则具有不同的对象，即最初的内部行政行为所指向的内部主体以及产生外化效果后的外部相对人，在时间上，后者相比前者存在着一个外化的过程。

有关该问题的探讨还没有统一的意见，但从实践中的做法来看，当行政机关内部之间的行政行为的效力呈现出外化的特征并对行政相对人产生实际意义上的影响时，基于保护行政相对人合法权益的立法目的，是否可以跨越内部行政行为与外部行政行为的藩篱，将外部化的内部行政行为纳入行政诉讼的受案范围是非常值得我们探讨的问题。

3. 对行政指导与行政命令的差异性把握

在本案中，原被告多次针对分管副县长的电话指示行为的性质进行主张与抗辩，这也使我们不得不在理论层面对二者进行探讨并进而把握其差异性。通过现有的理论梳理，学界对行政指导的解读有不同的见解。有的认为"行政指导行为是行政机关行使权力的一种方式，它与行政命令具有本质的区别，这种行为具有建议或推荐性质，相对人不照办通常不产生直接的不利法律后果"。③ 有的认为"行政指导主要是指行政机关在职权范围内，对特定的指导对象给予建议、劝告、协助或者其他信息等并无拘束力的指导性行为，以达到行政目的"。④ 有的观点认为，"行政指导是行政主体在其职责、任务或管辖

① 参见孔祥俊著：《行政行为可诉性、原告资格与司法审查》，人民法院出版社 2005年版，第 82 页。

② 参见杨生：《双效重合行政行为探析》，载《人民司法》1996 年第 1 期。

③ 姜明安主编：《行政法与行政诉讼法》，北京大学出版社 1999 年版，第 315 页。

④ 参见陈新民著：《中国行政法学原理》，中国政法大学出版社 2002 年版，第 236页。

的事务范围内，基于国家的法律原则和政策，在行政相对方的同意或协助下，适时灵活地采取非强制性手段、以有效实现一定行政目的、不直接产生法律效果的行为"。① 相比前者观点，该理论在对行政指导的认知要素上增加了"不直接产生法律效力"的表述。还有的学者从行政指导的非权力性出发，指出"虽然作出行政指导的行政机关具有公权力背景，行政指导仍是一种不具有国家强制力的非权力性的行为或称非权力行政方式"。② 从以上表述可以看出，虽然学界对行政指导的概念有不同的见解，但从中可以归纳出行政指导的特征主要指向"非强制性"。

与行政指导不同，行政命令则体现出强制性的一面。有的学者将行政命令看成行政机关就不特定事项作出的类似法律的抽象的规范，"行政命令系指行政机关或基于法律授权，或基于职权，就一般性事项，所订定发布的抽象性规范。"③ 有的认为行政命令是行政决定的一种行为形态，"指行政主体依法要求相对人进行一定的作为或不作为的意思表示行为，是行政限权行为的一种形式。"④ 从中我们可以看出，理论上对行政命令的解读大多从职权要素出发，对其具有"强制性"的特征具有较为一致的看法。

理论上对二者的内涵进行剖析，有利于厘清影响二者可诉性的因素，从而结合行政诉讼的受案范围使相关问题得以展开。通过上述简要梳理可知，是否具有"强制性"成为辨析二者差异的重要因素，在实践中也成为判断行政行为性质的重要标准，进而对以此为依据的行政行为的可诉性产生重要的影响。

三、案件的突破和创新

（一）"实际影响"标准丰富了行政行为界定标准

本案涉及行政机关内部之间的行政行为的可诉性问题，根据相关的立法规定以及司法解释的精神，通过发掘"实际影响"标准的内涵以及对该标准的灵活运用，肯定对相对人产生实际影响的内部行政行为的可诉性，可以丰富对

---

① 罗豪才著：《行政法学》，北京大学出版社 1996 年版，第 275 页。
② 莫于川著：《行政指导要论——以行政指导法治化为中心》，人民法院出版社 2002 年版，第 24 页。
③ 参见翁岳生主编：《行政法》，中国法制出版社 2002 年版，第 525 页。
④ 参见胡建淼著：《行政法学》，法律出版社 2003 年版，第 258 页。

行政诉讼受案范围的讨论，对切实保障行政相对人的合法权益具有积极意义。

根据本案的审理情况，被告认为其分管副县长的电话指示是行政机关内部的行政指导行为，该指示中也并未提到原告建明食品公司，因而对原告的权利义务不会产生实际影响，电话指示行为也应该被排除在人民法院的受案范围之外。一审认定电话指示只是行政机关内部之间的行政指导行为，并不具有强制力，基本认可了被告的观点。但是，二审法院没有落入一般的形式化逻辑推理的窠臼，认为行政指导是行政机关在行政管理过程中作出的具有示范、倡导、咨询、建议等性质的行为，它不以国家强制性为后盾，相对方对于行政机关这种柔性的行政方式可以接受，也可以拒绝，因而其本身也并不会对其权利义务产生实际上的拘束力。相比之下，行政命令是行政机关管理行政事务的一种形式，具有强制性的特征，相对方在违反行政命令的情况下应承担相应的责任，并且通过双方提交的证据认定在只有两家企业具有生猪屠宰资格的情况下，停止对肉联厂以外的企业进行产品检疫实则会对原告建明食品公司的权益造成实际意义上的损害，因而认为该电话指示对原告权益产生了实际影响，进而肯定了其可诉性。

在本案中，法院突破内部行政行为可诉性的局限，发展了行政行为可诉性的"实际影响"标准，是对内部行政行为可诉性问题探讨的大胆尝试。本案法院认为审查行政机关内部上级对下级作出的指示是否可以纳入人民法院行政诉讼受案范围，应当从指示内容是否对公民、法人或者其他组织的权利义务产生实际影响着手。二审法院通过对"相对人产生实际影响"这个判断标准的灵活运用，创造性地对这类行政主体内部的行政行为的可诉性问题进行了解答，是对传统内部行政行为可诉性理论的突破和创新，在一定程度上也扩大了行政诉讼的受案范围。

（二）初步探索了内部行政行为效力外化问题

通过上文的评述，本案通过对"实际影响"标准的灵活运用，进而丰富和完善了内部行政行为可诉性的理论和实践。然而，在对内部行政行为可诉性的标准进行解读的同时，我们也应该注意对内部行政行为效力外化这个问题的关注，因为内部行政行为对相对人产生"实际影响"与内部行政行为的效力产生外化效果是分不开的，后者为前者发生效力提供了合理化的形式外观和途径。

结合本案情况，作为内部行政行为的"电话指示"原本是行政机关内部上下级之间的指令，但在实际上产生了效力外化的效果并对原告的合法权益产生了实际影响。当然，这种效果外化往往仅是结果意义上的，行政机关在作出行政行为时往往缺乏从一开始就使该指示行为具有对外部相对人产生实际影响的动机。本案为处理内部行政行为产生"外化效力"的问题提供了借鉴。结合本案情况，笔者尝试就该问题进行简要说明。

首先，从该类行政行为的作出来看，产生外化效力的行政行为应基于行政机关的职权作出。不仅行政机关内部之间的行政行为是基于法律法规规定的职权作出的，而且产生外化效力的行政行为也是通过行政机关合法的职权行为被相对人所获悉。值得注意的是，行政主体的职权因素是其作出行政行为的合法性基础，为其作出合法有效的行政行为提供了合法化的前提，另外，从权益受损害的相对人的角度来看，通过送达、告知等合法的途径获取行政行为的内容也具有非常重要的意义，只有当通过这些与职权因素相关的方式获悉自己的权益受到侵害时才有充分且正当的理由请求救济。

其次，从产生法律效果的因素考虑，指示行为对特定的相对人产生了实际的法律效果，对其合法权益产生了实际的影响。从二审法院的审理意见可以看出，从行政行为可诉性的角度出发，不具有强制力的行政指导不属于行政诉讼的受案范围，而一个名义上是行政指导但实质上具有强制力的行为应当纳入行政诉讼的受案范围。本案中的"电话指示"虽然不是以原告为直接相对人，但是该指示成为县兽检所拒绝进行检疫的唯一依据，势必对原告产生必然的、实际的法律效果，实际上导致原告丧失了依照《动物检疫管理办法》享有的报请检疫的权利，并因此对其经营产生了不利的影响。

最后，在将"是否对行政相对人的权益产生实际影响"作为判断该类行为是否可纳入行政诉讼的受案范围时，也不得不考虑产生"实际影响"的途径以及产生外化效果的方式。从司法实践来看，内部行政行为法律效力的外化具有不同的表现方式，如"吉德仁等诉盐城市人民政府行政决定案"中主要表现为书面告知。本案中，分管副县长的"电话指示"符合工作性质的内部行政行为的特征，正是通过下级行政机关县兽检所的执行行为而呈现出外化的效果，以致对原告的合法权益造成重大影响。根据案件情况，二审法院通过对"行政指导"特征的说明从而否定了"电话指示"是内部行政指导的说法，认为该电话指示是带有强制性的行政命令，并且成为县兽检所拒绝履行法定职责的唯一依据。因而，县兽检所当时"以分管副县长有电话指示为由"拒绝对产品进行检疫正是对该行政命令的执行。此外，被告和第三人具有上下级的领导与被领导的关系，因而第三人对电话指示的执行态度是和职权因素密切相关的，分管副县长的电话指示对第三人县兽检所来说，已经成为具有强制执行力的行政命令，从行政隶属和遵循上级指示的角度也必须予以服从。

综上所述，针对上级行政机关对下级的批复、指示等内部行政行为，如果在实际上对下级机关产生了影响，使其作出或不作出某种行为，且对外部相对人产生了直接的、实际的法律效果，当事人不服提起行政诉讼的，人民法院应当受理。

四、待探讨的问题

本案作为公报案例，对上级行政机关以行政命令的形式作出的指示行为的可诉性问题作了探讨，丰富了该类案件的解决途径，有利于切实维护行政相对人的合法权益。在发掘本案贡献的同时，笔者认为还有必要继续深化对以下问题的探讨。

（一）对内部行政行为致害救济的模式选择

对肇因于内部行政行为的纠纷是否可以被纳入行政诉讼的受案范围是一个值得探讨的问题。相比传统的指令式行政，存在于行政主体之间的诸如行政指导等内部行政行为因其灵活多样的特点，能很好地应对现代社会多元化的需求。从实际情况来看，当上级行政机关的内部行政行为，通过下级机关而对相对人产生影响且对相对人的利益造成损害时，行政相对人通过行政诉讼的模式进行救济具有必要性。

首先，从对相对人合法权益进行保障的角度来讲，诉讼方式相比行政救济更具优势。在行政相对人的合法权益遭受来自行政主体的侵害时，其具有通过行政诉讼进行救济的权利，理想的制度设计应该充分考虑这种情况。一般来说，对于上下级行政机关之间的内部行政指导行为致害的救济，行政监督具有重要的价值。在实践中，行政机关内部上级往往通过层级监督的方式对下级机关进行监督。显然，该种方式相比司法途径进行监督，其公正性容易遭受质疑。相比之下，司法监督因其定分止争的权威性要更加有效和直接，借助司法权的权威、法律地位的独立、严格的程序和公正的立场，对因内部行政指导而产生的权利受侵害的现象也更能提供有保障的救济。

其次，行政相对人的诉权也为该类行为的司法救济提供了可行性论证。在一定程度上讲，行政诉权体现了司法权对行政权的制约和对公民权益的保护，对公民来说，行政诉权对维护其合法权益具有重要意义。具体到因行政主体内部行政指导而致害的救济，虽然该行为不同于传统的具有强制性的行政行为，其是否可以像传统的行政行为一样被纳入行政诉讼受案范围接受司法审查存在质疑，但是从造成了损害结果的角度来说，作为权益受到侵害的相对方应当具有向法院提起诉讼的权利。以内部行政指导为例，从形式上看，行政指导是非强制的，但在行政指导的背后往往有行政权作为后盾，这才使得这种不具有强制力的行政活动具有了事实上的强制力。从本案的案情来看，被告以及一审法院均认为"电话指示"属于不具有强制力的行政指导行为，并应否定其可诉性，但二审法院推翻了一审法院的观点，并从行政命令的角度肯定了"电话指示"的可诉性，司法机关的这种"纠错"也在一定程度上体现了行政诉讼模式相比行政救济的优越性。

（二）内部行政行为的可诉性问题亟需明确

在一般情况下，单纯的内部行政行为，其效力往往局限于行政主体之间，并不会产生效力外化的效果。基于我国行政诉讼的构成特点和节约司法资源的考虑，将这种纯粹的内部行政行为排除在行政诉讼的受案范围之外确有可取之处。这也与修改之前的《行政诉讼法》的相关规定是一致的。同时，结合行政诉讼法修改所体现出的一些新的特点，对该问题的探讨仍需深化。

首先，从宏观的角度来看，新《行政诉讼法》在受案范围方面有了新的突破，为将内部行政行为纳入行政诉讼受案范围留下了空间，从而对行政相对人权益进行更加全面的救济和保护也提供了可能。具体来说，如将"具体行政行为"改为"行政行为"，从总体上对受案范围作了扩展，有利于将更多类型的行政行为纳入其中，是对《最高人民法院关于执行〈中华人民共和国行政诉讼法〉若干问题的解释》相关规定的认可和延续；再如，现行的《最高人民法院关于适用〈中华人民共和国行政诉讼法〉若干问题的解释》第三条第八项将原来的"不产生实际影响的行为"改为"明显"不产生实际影响的行为，进而在一定程度上降低了行政相对人进行诉讼的门槛。从这些细节中我们可以看出新《行政诉讼法》对扩大行政诉讼受案范围所作的努力。

同时，与修改前的《行政诉讼法》第二条和第五条旨在构建一种单向的合法性审查模式且更加侧重对被诉具体行政行为的合法性进行审查不同，新法在行政诉讼目的方面增加了"解决行政争议"的表述，① 相比修改前的《行政诉讼法》，新法在对行政行为进行合法性审查的同时，更加强调了其"解决

---

① 参见李广宇：《新行政诉讼法逐条注释（上）》，法律出版社2014年版，第10~12页。

争议"的功能，这也必然会鼓励法院站在实用主义的立场对实践中的新情况予以积极回应，而行政诉讼法的修改无疑使这种回应变得更加铿锵有力。

其次，从微观的角度分析，在肯定新行政诉讼法积极影响的同时，仍旧存在一些遗留问题。我们注意到新法依旧将"行政机关对行政机关工作人员的奖惩、任免等决定"排除在受案范围之外，同时对"工作性质的内部行为"可诉性也没有明确地进行规定，没有将在实践中大量存在的情况予以归纳总结并以立法的形式固化下来。此外，在判断是否可将内部行政行为纳入行政诉讼的受案范围的过程中，"对相对人造成实际影响"是一个非常重要的判断标准，有关对该问题的理解，在行政诉讼法修改之前就存在多样化的讨论，有观点认为"个人或者其他组织受到行政行为不利的影响，不管是不是行政行为直接针对的对象，只要不利影响通过民事诉讼得不到救济，就应该考虑通过行政诉讼来解决"，① 有的认为实际影响是"当事人的合法权益受到被诉行政行为的直接侵犯或者被诉行政行为已经影响或者必然影响当事人的合法权益"。②《行政诉讼法》修改之前关于"实际影响"标准讨论的莫衷一是，但新法仍旧没有作出明确的规定，与之相关的司法解释也没有对该问题作出一个明确的说明。

本案发生之时距今已有十多年之久，案中对"实际影响"标准的灵活运用是法院对司法实践中类似问题的应对之策，体现出司法解决现实问题的实用主义思维，也对以后的类似案件的处理提供了有益的借鉴。但在十多年之后，相关的规定和理论对处理该类案件仍然没有提供足够的支撑，对这些问题的系统化探索也需要在实践中持续深入地进行探讨。

（三）内部行政行为效力外化问题研究需要深化

前文已经指出，本案对内部行政行为的效力外化问题进行了初步探索，为处理类似的问题指明了方向，这在当时的背景下无疑具有重大的意义。如果回过头来审视这种"外化"作用的发生机制以及对产生"外化"效力的内部行政行为的可诉性进行判断时应考虑哪些因素，我们仍需将焦点聚焦在对"外化"这个问题的探讨上。

---

① 参见江必新著：《中国行政诉讼制度之发展——行政诉讼司法解释解读》，金城出版社 2001 年版，第 33 页。

② 参见孔祥俊著：《行政行为可诉性、原告资格与司法审查》，人民法院出版社 2005 年版，第 129~130 页。

在前文中，笔者结合本案的情况对内部行政行为效力"外化"问题表达了浅显的理解。但结合实践中的具体案例，对该问题的深入探讨确需必要。其实，在《最高人民法院公报》刊载本案之后，实践中发生了许多类似的案件，例如，在"富宁林兰煤业有限责任公司与富宁县人民政府其他行政行为及行政赔偿纠纷上诉案"中，人民法院认为"富宁县人民政府作出的《实施方案》虽然是关于关闭上诉人煤矿相关事宜而制定，但其下发对象为其下级镇政府及直属部门，并未直接下发给上诉人，应系行政机关内部行文形成的文件"，①并进而否定了该《实施方案》的可诉性；在"郭永照与云浮市云城区人民政府行政纠纷上诉案"中，一审法院认为"原告所诉的《批复》并未向原告送达并对原告发生法律效力，未产生外化的法律效果，故其不是可诉的行政行为，不属于行政审判权限范围"，二审法院也认为"被诉《批复》是被上诉人云城区人民政府根据云城市云浮区安全生产委员会报送《调查报告》的请示作出的答复，其内容只是原则同意对所发生事故的处理，属于行政机关内部上下级之间的内部批文。《批复》未直接送达给上诉人，故不能认定《批复》对外发生了法律效力并影响了上诉人的权利义务"。②而在理论层面，有观点明确指出内部行政行为效力外化是指内部行政行为虽具有内部性，但其效力却反射到了外部行政相对人，从而对外部行政相对人的权益产生了实际的影响。③也有观点认为依据内部行政行为作出的主体和使之"外化"的主体是否同一，可将该类行为分为同体外化与异体外化，并进而指出同体外化因受"交叉无效"原则约束、尊重内部行政主体意思表示、符合合法送达的主体要求等因素影响而具有可诉性；异体外化行为因管辖权的法理意旨问题不宜肯定其可诉性，因为如果任一具有行政职权的主体均可将内部行政行为外化，就可能导致上级行政机关或协力机关不愿作出具有指导性或协助性的行为。④

从实践的角度来看，以上相关案例发生于本案之后，在具体案情方面与本案不同，裁判结果也在一定程度上体现出法院的司法裁量权特征，但这些案件对内部行政行为可诉性问题均有涉及。从案件中法院的裁判意见来看，均是从"被诉行政行为不对外产生法律效力"这个特征出发否定其可诉性，这其中又

① 参见云南省高级人民法院〔2011〕云高行终字第 83 号行政裁定书。
② 参见广东省高级人民法院〔2013〕粤高法行终字第 523 号行政裁定书。
③ 参见章剑生：《现代行政法基本理论》，法律出版社 2008 年版，第 124 页。
④ 参见李永超：《揭穿内部行政行为之面纱——基于司法实践中"外化"之表达的一种解释框架》，载《行政法学研究》2012 年第 4 期。

涉及行为所指向的对象、是否直接送达、对外效力、实际影响等因素。针对这些问题，有的可以通过对案情的梳理得到直观的答案，但有的属于"不确定法律概念"的范畴，因而存在一定的不确定性，需要对这些问题进行理论上的归纳和系统化的处理，只有这样才可以最大程度地保障类似案件得以妥善的解决。从理论层面来看，有关内部行政行为效力外化的理论争鸣远未形成统一的意见，有关效力外化的构成要素、发生机制、适用条件等的讨论还需继续深化。

铃王公司诉无锡市劳动局
工伤认定案（2006）[*]

杨 兰

一、案件回顾

（一）基本案情

郭维军系铃王公司的技术科副科长。2000 年 2 月 14 日上午，郭维军于工作时间内在厂区跌倒致伤，经医院诊断为急性闭合性颅脑外伤。2001 年 10 月 30 日，郭维军向新区劳动争议仲裁委员会提出劳动争议仲裁申请。同年 11 月 9 日，新区仲裁委以锡新劳仲勘鉴字〔2001〕第 1 号文，委托被告无锡市劳动局对郭维军的伤情进行工伤鉴定。2002 年 4 月 5 日，无锡市劳动局以锡劳社医〔2002〕17 号《关于郭维军工伤认定的复函》答复新区仲裁委，认为郭维军所受伤害不能认定为工伤。郭维军不服〔2002〕17 号工伤认定复函，向无锡市人民政府申请复议。同年 9 月 17 日，无锡市人民政府以锡府复决字〔2002〕27 号《行政复议决定书》，决定维持〔2002〕17 号工伤认定复函。郭维军仍不服，于同年 10 月 14 日提起行政诉讼。同年 11 月 13 日，无锡市南长

---

[*] 本案载于《最高人民法院公报》2007 年第 1 期。裁判要旨："一、在《工伤保险条例》施行前的工伤认定被人民法院判决撤销后，又在《工伤保险条例》施行后重新启动的工伤认定程序，应当执行《工伤保险条例》的规定。二、《工伤认定办法》第八条规定，工伤认定程序中的调查核实，可以由劳动保障行政部门根据需要进行。故调查核实不是每个工伤认定程序中必经的程序。在已经终结的工伤认定程序中，劳动保障行政部门如果已经掌握了有关职工受事故伤害的证据，在重新启动的工伤认定程序中可以不再进行调查核实。三、人民法院在行政诉讼中的任务，是审查被诉具体行政行为的合法性。人民法院只有了解被诉具体行政行为据以作出的事实和证据，才可能对被诉具体行政行为是否具有合法性作出正确评价。"

区人民法院作出〔2002〕南行初字第 13 号行政判决，以〔2002〕17 号工伤认定复函事实不清、证据不足、适用法律错误为由，撤销了该复函，并判决无锡市劳动局重新作出工伤认定。2003 年 1 月 22 日，无锡市劳动局在重新调查后，根据省工伤保险规定第七条、第八条作出锡劳社医〔2003〕1 号《企业职工工伤认定书》（以下简称〔2003〕1 号工伤认定书），决定不认定郭维军所受伤害为工伤。郭维军对〔2003〕1 号工伤认定书仍不服，再次提起行政诉讼。2004 年 12 月 2 日，无锡市南长区人民法院作出〔2003〕南行初字第 8 号行政判决，以事实不清、主要证据不足为由，判决撤销了〔2003〕1 号工伤认定书，并判决无锡市劳动局在判决生效后 60 日内重新作出工伤认定。无锡市劳动局不服该一审判决，提起上诉。2005 年 2 月 22 日，无锡市中级人民法院经审理后，以 2 号终审判决书作出驳回上诉，维持原判的判决。新的工伤认定程序开始后，无锡市劳动局于 2005 年 3 月 8 日通过邮局向铃王公司发出 No.289《工伤认定举证通知书》，要求铃王公司按照《工伤保险条例》第十九条的规定对郭维军的工伤申请承担举证责任。铃王公司于 4 月 11 日向无锡市劳动局递交了不认为郭维军是工伤的陈述及一些证据。无锡市劳动局未重新进行调查，而根据双方提交的证据所认定的事实和法院的判决于 2005 年 4 月 30 日作出 0491 号工伤认定书，认定郭维军所受伤害为工伤。铃王公司不服，申请行政复议。2005 年 8 月 3 日，无锡市人民政府复议维持了 0491 号工伤认定书。铃王公司仍不服，向无锡市南长区人民法院提起行政诉讼。

（二）争议焦点

原告铃王公司诉称，请求判令撤销无锡市劳动局作出的 0491 号工伤认定书。理由是："2000 年 2 月 14 日上午，本公司原职工郭维军在上班期间，一个人擅自走到公司大门口内公告栏前，突然体力不支，后退几步摔倒在地，造成脑部损伤。对郭维军所受伤害，被告曾两次认定不构成工伤，无锡市人民政府经复议也维持不认定工伤的决定。但是这两次不认定工伤的决定，均被无锡市南长区人民法院以事实不清、证据不足、适用法律错误为由撤销，判决被告重新作出工伤认定。无锡市中级人民法院还以〔2005〕锡行终字第 2 号行政判决书（以下简称 2 号终审判决书）维持了南长区人民法院的一审判决。2005 年 4 月 30 日，被告作出 0491 号工伤认定书。该认定书引 2 号终审判决书中'没有证据证明在单位日常的工作时间和工作的区域内，郭维军因从事与日常生产、工作无关的事务而跌倒致伤'一语作为依据，认定郭维军受到的伤害为工伤。本公司申请行政复议后，无锡市人民政府也复议维持了 0491 号工伤认定书。郭维军是在没有任何人指派其离开工作岗位从事其他事情时，擅自走到公司公告栏前突然摔倒致伤，其受伤不存在任何外力或者不安全因素的影响。根据《江苏省城镇企业职工工伤保险规定》（以下简称省工伤保险规定）第七条第（一）项，郭维军的受伤根本不构成工伤。在前两次工伤认定程序中，被告能依法调查取证，所取证据也都证明了郭维军的受伤与其工作无关，因此作出不认定工伤的决定。郭维军受伤一事发生在《工伤保险条例》施行前，本次工伤认定程序只是前两次认定程序的延续，《工伤保险条例》不能对本案适用。在本次工伤认定程序中，被告不进行调查，只是依据法院判决就作出认定工伤的决定，是适用法律错误。作为复议机关，无锡市人民政府先是复议维持一个不认定工伤的决定，后又复议维持一个认定工伤的决定，而前后两个决定指向的都是同一个法律事实。这样出尔反尔的行政复议，根本不能发挥纠正不正确行政行为的作用。被告作出的 0491 号工伤认定书明显错误，请求判令撤销。"

被告无锡市劳动局辩称："一、第三人郭维军受伤一事发生于 2000 年 2 月 14 日。其后在郭维军与原告铃王公司发生的劳动争议中，本局受无锡市新区劳动争议仲裁委员会（以下简称新区仲裁委）的委托，对郭维军受伤一事进行工伤认定。当时的省工伤保险规定第七条第一项规定，职工只有从事本单位日常生产、工作或者本单位负责人临时指定的工作，在紧急情况下，虽未经本单位负责人指定但从事直接关系本单位重大利益的工作负伤、致残或者死亡的，才能认定工伤。经调查，无法认定郭维军是在从事本单位日常生产、工作时受伤，因此本局先后于 2002 年 4 月 5 日和 2003 年 1 月 22 日，两次作出不认定工伤的决定，但是这两次决定均已被法院判决撤销。二、在此期间，《工伤保险条例》施行。与以往的工伤保险文件比，该条例在工伤认定方面有很大变动，其中第十九条第二款规定：'职工或者其直系亲属认为是工伤，用人单位不认为是工伤的，由用人单位承担举证责任。'为落实《工伤保险条例》，江苏省劳动和社会保障厅于 2005 年 3 月 10 日发出《关于实施〈工伤保险条例〉若干问题的处理意见》，其中第十九条规定：'《条例》实施前已受到事故伤害或者患职业病的职工，自 2005 年 4 月 1 日起申请工伤认定的，适用法律时坚持实体从旧、程序从新的原则。'三、本局 2005 年 4 月 30 日作出 0491 号工伤认定书时，本着实体从旧、程序从新的原则，重新对过去两次调查形成的材料进行审查后发现，尽管不改变工伤认定的实体标准，但过去的调查材料只反映了郭维军是在日常工作时间、工作区域内受伤，不能证明郭维军是因何事受伤。如果按照《工伤保险条例》第十九条第二款规定的程序，作为用人单位的原告就有责任举证证明郭维军所受伤害不是工伤。但原告所举的一切证据，只能证明郭维军不知何故跌倒致伤，不能证明其是因从事了与日常生产、工作无关的事务而受伤。据此，根据《中华人民共和国行政诉讼法》（以下简称《行政诉讼法》）第五十五条关于'人民法院判决被告重新作出具体行政行为的，被告不得以同一的事实和理由作出与原具体行政行为基本相同的具体行政行为'的规定，本局作出 0491 号工伤认定书，认定郭维军所受伤害是工伤。四、本局接到 2 号终审判决书，在重新开始认定工伤的程序后，按照《工伤保险条例》的规定，曾向原告发出过举证通知。原告接到举证通知，只在举证期限过后向本局递交了其对郭维军受伤原因提出的异议，以及一些与过去证明材料内容基本相同的材料。据此，本局根据以往的调查材料，依法作出 0491 号工伤认定书。0491 号工伤认定书是事实清楚、证据确凿、适用法律正确、程序合法的具体行政行为，法院应当维持。"

第三人郭维军述称："现有证据证明，本人是在工作场所和工作时间内受伤，受伤致残的原因是为公司装门铃线，确实是在为公司工作时受伤，依法应认定为工伤。原告铃王公司虽然否认本人是为公司的工作而受伤，但从未提供过本人是从事了与工作无关的事务而受伤的证据。根据《工伤保险条例》第十九条第二款规定，被告作出的 0491 号工伤认定书合法，法院应当维持。"

本案的争议焦点是：（1）《工伤保险条例》施行前所受事故伤害的工伤认定尚未完成的，在该条例施行后重新启动的工伤认定程序中，可否适用《工伤保险条例》？（2）在已经终结的工伤认定程序中，如果劳动保障行政部门已经掌握了有关职工所受事故伤害的证据，在重新启动的工伤认定程序中未再进行调查，是否合法？

（三）法院裁判

一审无锡市南长区人民法院认定被告无锡市劳动局作出的 0491 号工伤认定书，事实清楚，程序合法。依照《行政诉讼法》第五十四条第（一）项规定判决：维持被告无锡市劳动局 2005 年 4 月 30 日作出的 0491 号工伤认定决定书。裁判理由如下：

一、2003 年 4 月 27 日，国务院以第 375 号令公布了《工伤保险条例》，其中第六十四条规定："本条例自 2004 年 1 月 1 日起施行。本条例施行前已受到事故伤害或者患职业病的职工尚未完成工伤认定的，按照本条例的规定执行。第三人郭维军虽于 2000 年 2 月 14 日受伤，受伤后虽经被告无锡市劳动局的两次工伤认定，但至《工伤保险条例》施行之日，没有取得过发生法律效力的工伤认定决定，因此对郭维军所受事故伤害的工伤认定尚未完成。依照《工伤保险条例》第六十四条规定，在对郭维军所受事故伤害重新启动的工伤认定程序中，应当按照《工伤保险条例》的规定执行。原告铃王公司关于本次工伤认定程序是前两次工伤认定程序的延续，《工伤保险条例》对本案不能适用的意见，与法相悖，不予采纳。

二、为规范工伤认定程序，依法进行工伤认定，维护当事人的合法权益，2003年9月23日，劳动和社会保障部颁布了《工伤认定办法》。该办法系根据《工伤保险条例》的有关规定制定，亦于2004年1月1日起施行。该办法第五条规定，进行工伤认定所需的劳动关系、诊断证明等材料，由申请人提交；第八条规定："劳动保障行政部门受理工伤认定申请后，根据需要可以对提供的证据进行调查核实，有关单位和个人应当予以协助。用人单位、医疗机构、有关部门及工会组织应当负责安排相关人员配合工作，据实提供情况和证明材料。"第十四条规定："职工或者其直系亲属认为是工伤，用人单位不认为是工伤的，由该用人单位承担举证责任。用人单位拒不举证的，劳动保障行政部门可以根据受伤害职工提供的证据依法作出工伤认定结论。

被告无锡市劳动局接到2号终审判决书后，依法重新启动了工伤认定程序。由于在以前的工伤认定程序中，对第三人郭维军所受事故伤害的经过，无锡市劳动局通过调查已经取得大量证据，故在重新启动的工伤认定程序中，该局未再进行调查。鉴于原告铃王公司未准时举证，且也无证明郭维军因从事与日常生产、工作无关的事务而跌倒致伤，无锡市劳动局在对铃王公司延期提交的证据进行审查后，以0491号工伤认定书作出认定工伤的决定。

根据《工伤认定办法》第五条、第八条，劳动保障行政部门受理工伤认定申请后，只是对申请人提交的材料进行审查，然后根据需要对提供的证据进行调查核实，所以调查核实不是每个工伤认定程序中必经的程序。由于对第三人郭维军所受事故伤害的经过已经掌握了大量证据，被告无锡市劳动局在重新启动的工伤认定程序中，根据需要未再进行调查，而是径行通知原告铃王公司举证的做法，不违背法律规定。0491号工伤认定书将2号终审判决书根据《工伤保险条例》规定阐述的裁判理由写入其中，只是要交代其重新认定的理由，并非以法院判决为依据。铃王公司关于无锡市劳动局不进行调查，将法院判决作为依据，是适用法律错误的起诉理由，不能成立。

一审宣判后，铃王公司不服，向无锡市中级人民法院提出上诉，上诉主要围绕两个问题展开：

无锡市中级人民法院经审理认为无锡市劳动局 0491 号工伤认定书认定事实清楚，证据确凿，适用法律、法规正确，符合法定程序，是合法的具体行政行为；一审判决维持 0491 号工伤认定书，是正确的。铃王公司的上诉理由不能成立，应当驳回。判决理由如下：

一、吴宏是上诉人铃王公司的工会主席，没有证据证明吴宏是代表郭维军前往无锡市总工会陈述事实、咨询意见，也没有证据证明吴宏在无锡市总工会陈述的事实受到了郭维军或者郭维军事前陈述的影响。综合考虑吴宏的工会主席身份、受咨询机关的性质和吴宏的陈述内容，应当认定：吴宏是为维护职工利益，才以铃王公司工会主席身份，前往无锡市总工会咨询对郭维军所受伤害的处理意见。故无锡市总工会对吴宏陈述事实所作的咨询记录具有真实性，应当确认为证据。

二、第三人郭维军受伤后，对郭维军的伤情是否构成工伤，被上诉人无锡市劳动局曾先后作出过三个工伤认定，这三个工伤认定，都经过一审法院的行政诉讼程序。人民法院在行政诉讼中的任务，是审查被诉具体行政行为的合法性。在本案中，即是审查 0491 号工伤认定书的合法性。一审法院只有通过了解郭维军受伤的事实以及确认此事实的证据，才能对 0491 号工伤认定书是否合法作出评价。郭维军受伤的事实以及确认此事实的证据虽然在前后三个行政诉讼中没有变化，但是最后一个被诉具体行政行为（即工伤认定行为）的内容发生了变化，因此，一审相应地对被诉具体行政行为的合法性作出不同评价。上诉人铃王公司以一审对同样事实、同样证据作出不同判决为由，认为一审判决错误，该上诉理由不能成立。

二、案件背景

（一）现实背景

随着我国经济的不断发展，生产方式逐渐多元，劳动用工形式也日渐复杂。由于一些企业片面追求利益的最大化，安全管理监督不到位，加之劳动者自身的安全保护意识缺乏，导致工伤事故频频发生。然而工伤事故往往得不到妥善解决，各种形式的工伤争议层出不穷，严重影响了劳动者合法利益的保障，也影响了用人单位的正常运行。2000 年至 2006 年，我国工矿商贸企业工伤死亡人数共发生 91671 起，死亡人数达 102376 人；2000 年伤亡事故 10770 起，死亡 11174 人；2001 年伤亡事故 11402 起，死亡 12554 人；2002 年伤亡事故 13960 起，死亡 14386 人；2003 年伤亡事故 15867 起，死亡 17315 人；2004 年伤亡事故 14624 起，死亡 16497 人；2005 年伤亡事故 12965 起，死亡 15868 人；2006 年伤亡事故 12065 起，死亡 14382 人。① 与之相对应的工伤参保人数：2000 年参保 4350.3 万人；2001 年 4345.3 万人；2002 年 4405.6 万人；2003 年 4574.8 万人；2004 年 6845.2 万人；2005 年 8478 万人；2006 年 10268 万人。②

为了保障劳动者在工作中受到意外伤害或者患职业病时能得到及时有效的医疗救治和经济补偿，防范因工伤救济不当造成的社会风险，分散用人单位因工伤产生的经济风险，国家制定并实施关于工伤认定工伤保险的法律法规就具有十分重要的社会意义和现实意义。

（二）制度背景

1. 我国工伤保险制度的沿革

我国的工伤保险制度发展大致可以分为三个阶段：

第一，工伤保险制度的初建阶段。早在 20 世纪 50 年代初，我国就建立了工伤保险制度，对企业生产过程中发生的职工伤亡和职业病提供医疗以及遗属抚恤。1951 年 2 月我国政务院颁布的《中华人民共和国劳动保险条例》规定了有关工伤保险的内容。1953 年政务院对所制定的《劳动保险条例》进行修订，同年劳动部出台了《劳动保险条例实施细则》，对工伤保险事故和工伤保险待遇作了具体的规定。《劳动保险条例》的实施在一定时期内保护了企业职工的合法权益。但随着经济社会的发展，条例存在的不足日益凸现：工伤保险的覆盖范围窄；未建立工伤保险基金和统筹，不利于分散和均衡企业风险；工

---

① 段淼、吴宗之：《我国工伤事故现状分析及工伤预防对策研究》，载《中国职业安全健康协会 2007 年学术年会论文集》2007 年 11 月，第 217 页。

② 中华人民共和国人力资源和社会保障部：《中国劳动和社会保障年鉴 2007》，中国劳动社会保障出版社 2008 年版，第 639 页。

伤认定的标准及程序不健全；工伤保险待遇标准过低，难以保护工伤劳动者的利益等。

第二，工伤保险制度的改革阶段。我国在20世纪80年代末着手对工伤保险制度进行改革。1996年8月，在总结各地试点改革经验的基础上，劳动和社会保障部发布了《企业职工工伤保险试行办法》（以下简称《试行办法》）。同年3月，国家技术监督局也颁布了《职工工伤与职业病致残程度鉴定》。由此，实行了40多年的我国工伤保险制度开始了全面的改革。《试行办法》对工伤保险的实施范围、工伤的范围和认定、工伤保险待遇、工伤保险基金、工伤预防和职业康复、工伤保险管理和监督检查以及工伤争议处理等都作了基本规定，比《劳动保险条例》大大前进了一步，该办法的实施，有力地保障了工伤职工的权益，缓解了工伤职工与企业的矛盾，维护了工作生产秩序，极大地促进了工伤保险事业的发展。但伴随着我国社会主义市场经济体制的建立和发展，其存在问题的一面也逐渐暴露出来，这主要表现在：《试行办法》立法层次较低，法律效力不高；覆盖面仍然较窄，只适用于企业。由于《试行办法》只是劳动和社会保障部制定的规章，其本身的强制力有限，在大部分非公企业不愿意参加保险，而《试行办法》又不能强制的情况下，工伤保险的实施范围实际上仍主要是国有和集体企业。而与之形成强烈对照的是，近年来工伤事故频发的多是外商投资企业和私营企业，由于它们未纳入工伤保险范围，致使这些企业的工伤职工得不到及时的治疗和应有的补偿，劳动保险权利受到损害，从而引起社会矛盾。此外，《试行办法》还存在保险费用统筹层次不高，互济功能不强；差别费率和浮动费率机制还未建立以及工伤范围和工伤认定需进一步明确规定等问题。①

第三，工伤保险制度的发展阶段。《试行办法》实施的几年正值我国市场经济快速发展时期，大量非公企业不断涌现，生产力得到很大提高。但同时企业中特别是非公企业中的工伤事故、职业病也频频发生。面对这一严峻形势，2003年4月27日国务院颁布了《工伤保险条例》并于2004年1月1日起正式施行，这是我国继1951年制定《劳动保险条例》后第一次制定关于工伤保险的行政法规，对于建立和完善统一的工伤保险制度，实现劳动者的工伤保险权

---

① 参见党晓捷：《中国工伤保险法律制度》，载《中德劳动与社会保障法：比较法文集》，中信出版社2003年版。

利有着极为重要的意义，并为我国制定社会保障法奠定了坚实的基础。①

　　2. 工伤认定规则的确立与发展

　　工业革命以来，工伤认定经历了过错责任原则和无过错责任原则的阶段。根据理论界的看法，工伤过错原则指雇主（我国法律中称作的是用人单位，包括经济实体、组织等）在雇佣过程中由于故意或者过失，对雇员造成了人身伤害，这时，雇主对雇员的人身损害负有赔偿责任。② 姑且不讨论雇主为了追求利益最大化，为了自身的经济利益，会利用法律的漏洞，侵害雇员的利益的行为。众所周知，相对于强势地位的雇主，雇员处于弱势地位。在工伤事故中，雇员要搜集雇主在组织工作中的故意或者疏忽的证据是很困难的，雇员要求雇主赔偿的道路就显得漫长而艰辛；如果雇员在工作中受到自然灾害或者其他意外灾害的伤害，就更不可能获得赔偿。

　　随着工业化的不断深入，机械化不断扩张，发生机械意外事故的可能性进一步加大，人在强大的机械面前就显得格外的脆弱，雇员发生意外人身伤害的可能性就更大，传统的过错原则在工伤事故的认定中就越发显得落后。用何种原则才能更好保障雇员的基本权利——生存权和人身权，维护社会的相对稳定，成为各工业国急需考虑和解决的问题。19世纪中期，无过错原则开始萌芽。1838年普鲁士国王制定的《铁路法》。到19世纪末期，德、英、法先后制定了1884年的《工业事故保险法》、1897年的《劳工补偿法》和1898年的《劳工赔偿法》，在这些法律中确立了无过错原则。随后，无过错原则就逐渐取代了过错原则，成为各国工伤认定秉承的重要法律原则。

　　《工伤保险条例》的出台对铃王公司诉无锡市劳动局工伤认定行政纠纷案有着重要的意义，2004年的《工伤保险条例》第八条规定："劳动保障行政部门受理工伤认定申请后，根据需要可以对提供的证据进行调查核实，有关单位和个人应当予以协助。用人单位、医疗机构、有关部门及工会组织应当负责安排相关人员配合工作，据实提供情况和证明材料。"第十四条规定："职工或者其直系亲属认为是工伤，用人单位不认为是工伤的，由该用人单位承担举证责任。用人单位拒不举证的，劳动保障行政部门可以根据受伤害职工提供的证据依法作出工伤认定结论。"第六十四条规定："本条例自2004年1月1日起施行。本条例施行前已受到事故伤害或者患职业病的职工尚未完成工伤认定

---

　　① 王东进：《践行三个代表，推进工伤保险》，载《中国劳动保障报》2003年第11期。

　　② 乔蓓华：《工伤认定适用无过错原则》，载《劳动保障世界》2006年第7期。

的，按照本条例的规定执行。"这三条关于工伤认定在重新启动的工伤认定程序中未再进行调查而是根据先前已有证据作出决定的效力问题、工伤认定举证责任归属问题以及法条的溯及效力问题的规定都是在之前的法律法规规定欠缺的基础上提出来的，在本案中也因为影响了案件的发展走向而成为案件争议焦点。

（三）理论背景

1. 关于法不溯及既往原则的适用问题

早在春秋战国时的法家便认为，为了维持法的可信度和权威性，如果赋予了法律溯及力是值得质疑的：《管子·法法》说："令未布而民或为之，而赏从之，则是上妄予也。""令未布而罪及之，则是上妄诛也。"[①] 后来关于法的溯及力观点则演变为对于一种行为的持续状态有明确期限的，在该期限内，不能用新的法律标准加以改变，否则属于"溯及既往"；一种行为的持续状态没有明确期限的，新法生效后，可以用新的法律标准去改变新法生效后的行为状态，这不属于"溯及既往"。[②] 法的"溯及既往"指的是是否溯及"事件和行为"，而不是指是否溯及"主体"（如公民、法人等）。主持《立法法》起草工作的全国人大法律委员会主任委员乔晓阳认为："法的溯及力是关于法是否溯及既往的效力的问题。"[③] 国务院法制办副主任曹康泰也认为："法律不溯及既往，是指法律文件的规定仅适用于法律文件生效以后的事件和行为，对于法律文件生效以前的事件和行为不适用。"[④] 同时，胡建淼教授认为，"法不溯及既往"原则并非仅仅与"立法"有关，与"执法"更有关系。"立法"是否"溯及既往"与"执法"是否"溯及既往"是两个不同的问题，不同的问题，应通过不同的途径解决。"立法"是否"溯及既往"，是指法规本身是否明文规定适用以前的行为或事件；"执法"是否"溯及既往"，是指在法规本身没有规定适用以前事项的前提下，执法机关是否用新的规定去改变以前的处理。如果法规明文规定适用以前的事项，执法机关执行该规定时，不属"执法"溯及既往，仍属"立法"溯及既往，因为这时的执法机关不过是执行

① 张国华著：《中国法律思想史新编》，北京大学出版社 2003 年版，第 158 页。

② 胡建淼，《关于理解与掌握"法不溯及既往"原则中应注意的几个理论与实践问题》，载《法学》2001 年第 12 期。

③ 乔晓阳主编：《立法法讲话》，中国民主法制出版社 2000 年版，第 291 页。

④ 曹康泰主编：《中华人民共和国立法法释义》，中国法制出版社 2000 年版，第 203 页。

一个"溯及既往"的规定而已。"执法"是不能"溯及既往"的，否则违背法治原则，但立法是否可以"溯及既往"，则应按《立法法》第八十四条规定办理。① 该条规定："法律、行政法规、地方性法规、自治条例和单行条例、规章不溯及既往，但为了更好地保护公民、法人和其他组织的权利和利益而作的特别规定除外。"这就是说，在一定条件下，我国的立法也不是绝对不能"溯及既往"的。②

2. 关于重作具体行政行为的程序问题

尽管我国学者对重作判决的研究比较多，成果比较丰富，但当时尚未有关于具体行政行为重作的程序问题研究。有学者探讨重作判决是否有价值，如张宏、高辰年认为我国重作判决在立法中和实践中都存在严重弊端，必要性与合理性均值得怀疑，它是中国行政法治状态不良的特别对策，应当通过修改完善行政诉讼制度的方式来科学合理地解决重作判决意图解决的问题③。有学者研究判决重作具体行政行为与判决期限履行法定职责的关系。④ 有学者对行政诉讼中判决被告重作具体行政行为应具备的条件、重作具体行政行为的期限、逾期不重作具体行政行为应承担的法律责任、重作具体行政行为的法律限制及其司法监督等问题进行分析和探讨⑤。还有学者认为行政行为因程序违法被撤销后，行政机关可以不受限制重新作出行政行为，这个制度存在着前提不正确、忽视程序独立价值、诉讼价值、原告利益和利益平衡原则等缺陷，这种无限制重新作出行政行为的制度和理论应该受到一定条件和范围的限制，主要有：事实限制、法律规范限制、程序限制、权力限制、判决限制和违法限制。⑥

这几篇文章具有代表性，集中体现了学者当前对重作判决的研究范围和角度。学者们对重作判决的研究主要集中在重作判决是否存在价值，理论基础是

---

① 胡建淼，《关于理解与掌握"法不溯及既往"原则中应注意的几个理论与实践问题》，载《法学》2001 年第 12 期。

② 其实在我国历史上，除了汉、元两代曾经推行不溯及既往原则外，其他历朝历代也一直溯及地适用法律。直到 1979 年我国刑法才规定了"从旧兼从轻"的适用原则。

③ 参见张宏、高辰年：《反思行政诉讼之重作判决》，载《行政法学研究》2003 年第 3 期。

④ 参见章剑生：《判决重作具体行政行为》，载《法学研究》1996 年第 6 期。

⑤ 参见石佑启：《判决被告重作具体行政行为探析》，载《上海市政法管理干部学院学报》2001 年第 5 期。

⑥ 参见杨小军：《程序违法撤销与重作行政行为的限制》，载《天津行政学院学报》2005 年第 3 期。

什么法院作出重作判决需要满足哪些条件等问题上。但对于发回重作判决具体内容、发回重作具体行政行为的程序等问题研究比较少，例如法院在判决主文中是否得详细说明行政机关重作行政行为的种类、重作的期限等问题？重作行政行为过程中行政机关能否再次搜集相关证据，是否应该受到限制？还有，在重新启动的程序中未再进行调查先前已经搜集的证据是否有效？这些问题目前都尚待探析研究。

三、案件的贡献与价值

（一）丰富了不溯及既往原则的内涵

如前所述，我国当时立法界和司法界对法不溯及既往原则的态度还没有明确，理论界也尚未形成统一的观点，甚至可以说目前研究甚少。铃王公司诉无锡市劳动局工伤认定决定行政纠纷案中关于工伤认定过程中采纳了刚出台的《工伤保险条例》的规定①，表明了司法机关对于《工伤保险条例》对持续性事实的即行适用效力的支持态度。

按照杨登峰教授的研究，我国立法机关对持续性法律效果的即行适用②，其模式分为三类：一是"维持旧法效力"模式③，二是"即行适用"模式④，三是"过渡"模式⑤。截至2007年，与持续性事实的即行适用有关的案例尚无可查。⑥

---

① 《工伤保险条例》第六十四条规定："本条例施行前已受到事故伤害或者患职业病的职工尚未完成工伤认定的，按照本条例执行，即在《工伤保险条例》实行后重新启动的工伤认定程序中，应当按照《工伤保险条例》执行。"

② 所谓"即行适用"模式，系指在过去事实的法律效果持续过程中，法律发生变更，新法对其施行前已经发生的法律效果不予改变，但是对施行后未来发生的法律效果予以变更。

③ 所谓"维持旧法效力"模式，系指在过去事实的法律效果持续过程中，法律发生变更，新法对其施行后未来发生的法律效果不发生影响。

④ "即行适用"模式不考虑事实发生的程度和进程，只要法律在法律事实持续过程中发生变更，变更后的新法即行适用于该事实。

⑤ 所谓"过渡模式"，系指在过去事实的法律效果持续过程中，法律发生变化，新法不改变已经发生的法律效果，但对未来发生的法律效果予以变更，不过规定一个过渡期。

⑥ 参见杨登峰：《何为法的溯及既往？在事实或其效果持续过程中法的变更与适用》，载《中外法学》2007年第5期。

无锡市南长区人民法院在判决中认为"第三人郭维军虽于 2000 年 2 月 14 日受伤，受伤后虽经被告无锡市劳动局的两次工伤认定，但至《工伤保险条例》施行之日，没有取得过发生法律效力的工伤认定决定，因此对郭维军所受事故伤害的工伤认定尚未完成"，"依照《工伤保险条例》第六十四条规定，在对郭维军所受事故伤害重新启动的工伤认定程序中，应当按照《工伤保险条例》的规定执行"。该判决认为本案中工伤认定从未取得过法律效果，即不认为工伤认定过程是持续性法律效果而是持续性事实，这也就意味着不是对《工伤保险条例》对持续性法律效果的即行适用的肯定，而是对《工伤保险》对持续性事实向未来发生作用力的赞同。而对于尚未完成的事实适用新法进行法律效果的改变，并未影响到人们对法律的信赖利益保护，这也并无不妥。

（二）确定重做程序可继承原程序搜集的证据

本案的第二个争议焦点是如果行政机关在终结的具体行政行为中已经搜集了证据，在重新启动的程序中未再进行调查而是沿用之前的证据是否有效？这里涉及对重作具体行政行为程序的规定问题。我国目前《行政诉讼法》唯一与重作判决有关的第五十五条的规定，"人民法院判决被告重新作出具体行政行为的，被告不得以同一事实和理由作出与原具体行政行为基本相同的具体行政行为"。该条款并未详细提到对于原程序中搜集的证据效力问题；在理论界也无学者对此提出观点和看法。铃王公司诉无锡市劳动局工伤认定决定行政纠纷案中对劳动行政保障部门在重新启动的工伤认定中，对未重新进行调查，而仅根据之前搜集的证据进行认定的效力进行了肯定，肯定了对行政机关原程序中搜集的证据效力予以继承，实现了行政重作程序证据效力规定的突破。

行政机关在行使职能时虽然要力求公平，保护相对人的合法权益，但同时也要力争以尽可能快的时间，尽可能少的人员，尽可能低的经济耗费，办尽可能多的事，取得尽可能大的社会、经济效益，实现司法资源的优化配置和社会公平正义。① 不能一味满足公民的愿望而无限制地耗费时间和资源，否则也会失去正当性。同时，对工伤保险制度的特殊性质来说，在制度设计和程序运行过程中效率原则也较于公正原则更值得珍视：首先，工伤认定程序是获得救济的前提，工伤认定程序的效率直接决定被害人获得救济的效率；其次，从救济

---

① 姜明安主编：《行政法与行政诉讼法》，北京大学出版社、高等教育出版社 1999 年版，第 52 页。

的客体来说，与其他损害后果不同，工伤损害一般是较为严重的人身损害。这种人身损害的后果是较严重的，并且必须得到及时的救治，如救治不及时，则可能威胁到受害人的生命健康安全，因此工伤损害的受害人对救济的需求是极度迫切的；最后，从工伤保险的被保险主体来说，劳动者在工伤损害发生后，为进行治疗和医治，个人或家庭必然承担着较大的经济压力。综上，工伤认定程序必须是追求效率的，否则迟到的正义对被害人几乎没有任何意义。

本案中，根据《工伤认定办法》第五条、第八条，劳动保障行政部门受理工伤认定申请后，只是对申请人提交的材料进行审查，然后根据需要对提供的证据进行调查核实，所以调查核实不是每个工伤认定程序中必经的程序。无锡市劳动局在之前已经进行过两次调查认定，对郭维军所受事故伤害掌握了大量切实证据，原告铃王公司在诉求中提到的"在前两次工伤认定程序中，被告能依法取证"也可佐证，即便再进行第三次调查也不会有太多新的收获，也无损劳动者和用人单位的权利和利益。那么在重新启动的第三次工伤认定中经过酌情考量未再进行新的调查取证而是沿用了之前搜集的证据进行工伤认定也并无不妥，实现了公正与效率的同时兼顾，也只有高效率的工伤认定程序方能实现工伤保险制度的价值和社会功能。

四、待探讨问题

（一）本案裁判的不足之处

一审无锡市南长区人民法院在判决书中认为："第三人郭维军虽于2000年2月14日受伤，受伤后虽经被告无锡市劳动局的两次工伤认定，但至《工伤保险条例》施行之日，没有取得过发生法律效力的工伤认定决定，因此对郭维军所受事故伤害的工伤认定尚未完成。"[1] 工伤认定虽然被界定为行政确认行为，但法院明显把司法审查权也归入工伤认定的整体程序中，这也比较符合我国《工伤保险条例》《工伤认定办法》等规定的工伤认定实行"一认一复二审"的程序。[2] 但是如此认定，是否会造成工伤认定主体的模糊或者扩大？工

---

[1] 参见《最高人民法院公报》2007年第1期。

[2] 即在劳动行政保障部门出具了工伤认定书后，对认定结论不服的，应先申请行政复议、对复议决定不服再提起行政诉讼（一审、二审），职工或直系亲属只有在行政案件二审以后才能走完工伤认定程序。

伤认定主体是社会保障行政部门，如果把复议、诉讼也算作工伤认定程序，那岂不是行政机关、司法机关也成了工伤认定主体？实践中还存在着司法机关通过行政诉讼判决来对工伤进行认定的情形，这样一来顺序、主从就颠倒了，工伤认定完成的时间点更加难以控制和判断。① 所以，对于认定工伤"尚未完成"，何种程度叫完成了，何种程度叫未完成，完成与未完成的区分点在哪儿？值得进一步思索。

同时，本案中，法院的判决肯定了《工伤保险条例》施行前所受事故伤害的工伤认定尚未完成的，在该条例施行后重新启动的工伤认定程序中，可以适用《工伤保险条例》。这里用"尚未完成工伤认定"作为适用新法的溯及力限定条件，从学理解释出发，是否可以认为新《工伤保险条例》实施日前已经提出工伤申请之意，即已受到事故伤害或者患职业病的职工未在新《工伤保险条例》施行前申报工伤认定，就丧失了工伤认定申报的权利，或者即便再向劳动保障行政部门申报工伤认定，申报适用的程序和待遇实体的规定也均不能延用《工伤保险条例》？实体性限定条件的缺失，"尚未完成工伤认定"的程序性条件限制会导致《工伤保险条例》溯及既往反而加重工伤职工的责任，损害公民个体的利益、违反《立法法》"从旧兼有利"的立法原则。② 铃王公司诉无锡市劳动局工伤认定决定行政纠纷案作为新法颁布的第一个劳动纠纷公报案例，可以说对实践有着巨大的影响作用，为了避免误导和方便操作，这些问题法院在判决阐述中应该要加以提及和论证。

（二）裁判之后的学理发展

我国学界当时对法不溯及既往原则研究比较少，本案件二审判决后，同年 11 月，胡建淼、杨登峰两位学者联合在北京大学学报上发表《有利法律溯及原则及其适用中的若干问题》一文。③ 文章中提出"有利法律溯及既

---

① 朱龙林、桑正旺：《谈〈工伤保险条例〉的溯及力》，载《中国劳动》2006 年第10 期。

② 李贤武、冯娜：《新〈工伤保险条例〉溯及力问题探讨——以溯及力"限定条件"为视角》，载《长春工业大学学报》2014 年第 2 期。

③ 胡建淼、杨登峰：《有利法律溯及原则及其适用中的若干问题》，载《北京大学学报》2009 年第 11 期。

往"原则，①认为这一原则是对传统的"法不溯及既往"原则的例外和补充，有利的法律溯及力须由立法机关来决定，同时只有在法律明文规定溯及的前提下，才可以溯及适用。按照《立法法》第八十四条的规定，法律溯及力满足的条件可以概括为两个：第一，新法比旧法更为有利；第二，法律明确规定溯及既往。如果法律对溯及力的规定有所含糊的时候，可借鉴西方国家一般遵循不溯及推定原则，即对法律的溯及力有疑问时，推定为不溯及。②

关于有利法律溯及既往原则的具体操作，更加详细的系统论述主要集中在杨登峰教授之后在《中外法学》上发表的《何为法的溯及既往？在事实或其效果持续过程中法的变更与适用》一文中。杨登峰教授认为法的溯及既往的界定完全以事实（行为和事件）发生和法律施行的先后关系为标准。一般情况下，二者的关系泾渭分明，但也有纠缠不清的时候。这源于案件事实的复杂性。案件事实可按其发生的形态分为瞬间性事实和持续性事实两种，瞬间性事实发生的时间是一个"点"，持续性事实发生的时间却是一条不断延伸的"线"。如果在法律施行后，持续性事实才开始，或者在法律施行前，持续性事实已终结，事实发生与法律施行的先后关系是分明的。但是，如果法律施行的时间正好处在事实发生的过程中，则两个时间发生重合。此时，如果法律适用于该事实，是否属于溯及既往并违反"法不溯及既往"原则，则需要斟酌。③界定溯及既往的标准不仅是事实发生和法律施行的时间关系，而且是新法是否"把过去的法律事实的后果纳入它的管辖范围并因此影响这些后果"或者是否"影响它生效前发生的行为或事实"。与法律事实不同的是，所有的法律效果都具有延续性，只是延续的时间有长短之分。这样，相对于新法的施

---

① 我国《立法法》的规定就表明了"法不溯及既往原则"不是一项绝对原则，可以在一定条件下被"法可溯及既往"原则所补充，《立法法》第八十四条规定："法律、行政法规、地方性法规、自治条例和单行条例、规章不溯及既往，但为了更好地保护公民、法人和其他组织的权利和利益而作的特别规定除外。""法可溯及既往"的涵义正好与"法不溯及既往"相反，系指新的法律在一定条件下可以作为处理以前事项的依据。

② 参见美国 1806 年的 United States v. Heth 案和 1994 年的 Landgraf v. USI Film Products, 511 U.S. 244（1994）案，英国 1892 年的 Lauri v. Renad 案，另参见［法］雅克·盖斯但丁、吉勒·古博著：《法国民法总论》，陈鹏、张丽娟等译，法律出版社 2004 年版，第 318 页。

③ 杨登峰教授在《何为法的溯及既往？在事实或其效果持续过程中法的变更与适用》一文中认为："新法之所以'新'，本质不在于其制订的时间晚于旧法，而在于其法律效果与旧法不同。所以，新法适用于其施行前发生的行为和事件，本质上是指新法改变了其施行前发生的行为和事件的法律效果。"

行，法律效果呈现两种形态：一是法律效果终结后，新法才施行；二是新法施行时，法律效果尚在持续中。第一种形态下，如果新法对法律效果予以改变，毫无疑问，应当属于溯及既往。第二种形态下，应当再分两种情形加以分析：（1）新法对其施行前已经发生和施行后将要发生的法律效果都予以改变。此种情形应当属于溯及既往。（2）新法对其施行前已经发生的法律效果不予改变，但是对其施行后将来发生的法律效果予以改变。此种情形是否也属于溯及既往并违反"法不溯及既往"原则，也需要斟酌。要实施《立法法》第八十四条规定的"法不溯及既往"原则，必须在理论上解决两个问题：第一，在事实持续过程中法律变更，新法是否可以适用于该事实？第二，在过去事实的法律效果持续过程中法律变更，新法是否可以对过去事实持续发生的法律效果向将来加以影响？

杨登峰教授指出，在实践中，我国立法机关及司法机关都不同程度地承认新法的即行效力。但是这些规定都是"个法"性质的，没有对此作出一般性规定。立法对持续性事实①的即行适用没有有关的立法例。对持续性法律效果的即行适用，相关的立法例则相对较多，其模式可分三类：一是"维持旧法效力"模式，二是"即行适用"模式，三是"过渡"模式。有些法律、法规对其适用作了较具体的规定，但是，这类规定很少，大多数法律、法规都留下了空白。对此，部分司法解释作了补充性规定。虽然数量不多，但涉及对持续性事实的即行适用和对持续性法律效果的即行适用两个方面。法律在事实持续中变更的适用司法解释规定有两种模式：一为"即行适用"模式；二为"分段处理"模式②。关于法律在法律效果持续中变更的适用，最高人民法院的司法解释也有所涉及，只在部分法律领域承认新法对持续发生的法律效果向未来发生作用力。由于"法不溯及既往"目前在《立法法》中尚是法律适用原则，立法机关有决定法律溯及力的相对自由，因而，这些问题对法律适用者显得更为重要。如果立法机关在法律文件中已作明确规定，依法执行即可。但是，如果法律未作规定，如何适用，在理论上加以阐明非常必要。

---

① 该文中把新法对持续性事实的适用，或对过去事实持续发生的法律效果向将来加以改变称为法的"即行适用"；反之则称为法的"非即行适用"。

② "分段处理"模式，按照新法施行日期，将持续性事实分为新法施行前发生的部分和施行后发生的部分；对新法施行前发生的部分适用旧法，对新法施行后发生的部分适用新法。

五、结语

　　工伤保险是社会保险体系的重要组成部分,关系到维护千百万劳动者的基本权益和切身利益,关系到人民生活、经济发展和社会安定。在我国市场经济体制改革进程中,经济结构的多元化和社会结构的复杂化,再加上目前整个社会经济处于转型时期,工伤保险问题也并不乐观地摆在所有国民的面前。对劳动者工伤保险权益方面的保障,改变工伤事故严重的现状并控制其发展,已经刻不容缓。

　　铃王公司诉无锡市劳动局工伤认定决定行政纠纷案对于《工伤保险条例》的适用,是司法机关对《工伤保险条例》对持续性事实向未来发生作用力的一次有益尝试,同时也确定了对行政原程序中搜集的证据效力予以继承,是一个明显的进步,有益于促进公平与效率的同时兼顾、节约司法资源。但我国工伤认定仍然存在许多不足之处。工伤认定在实体上、程序上要齐头并进,同时要把合理利用司法资源理念和保护劳动者利益原则贯穿其中,更科学地认识工伤的内涵,使现有的一些模糊概念归于清晰、某些机制得到改进,从而更加有利于工伤认定正确高效的实现,节约行政司法资源,最大限度地保护劳动者和用人单位的利益。

夏善荣诉徐州市建设局
行政证明纠纷案（2006）[*]

周新宇

一、案件回顾

（一）基本案情

徐州市计划委员会批准在刘场村建设世纪花园小区住宅楼，用于安置在徐州市奎山乡关庄村实施旧城改造中住房被拆除的村民，该项目工程交第三人恒信房产公司开发。原告夏善荣是安置对象。1999 年 7 月，奎山乡关庄村委会与其签订《拆迁协议书》，约定在世纪花园住宅小区为夏善荣安置住房，18 个

---

* 本案刊载于《最高人民法院公报》2006 年第 9 期。其裁判文书参见徐州市泉山区人民法院〔2002〕泉行初字第 78 号行政判决书；江苏省徐州市中级人民法院〔2003〕徐行终字第 48 号行政判决书；江苏省高级人民法院〔2006〕苏行再终字第 0001 号行政判决书。本案裁判摘要如下："一、建设行政主管部门对在集体土地上建造的住宅小区组织竣工综合验收并颁发验收合格证，不违背《城市房地产开发经营管理条例》。关于"房地产开发项目竣工，经验收合格后，方可交付使用"的立法原意，是依职权实施的具体行政行为。该行为直接影响到住宅小区居民的利益，属可诉的具体行政行为。二、建设行政主管部门是本行政区域内住宅小区竣工综合验收的组织者和最终审验者，代表国家对住宅小区行使竣工综合验收权力。在竣工综合验收合格后建设行政主管部门颁发的《住宅竣工验收合格证书》，是以政府机关公信力来担保住宅小区的建筑质量达到了可以交付使用的水平。建设行政主管部门在颁发证书前，必须保证证书所证明的每个事实都真实，以免因此破坏政府机关的公信力。如果证书所证明的某一事实是虚假的，建设行政主管部门应当承担审查失职的法律责任。三、按照审判监督程序审理的行政诉讼案件，当事人应依法提供其在原审举证期限届满后发现的新证据，对确因客观原因不能自行收集且提供了相关线索的，当事人可以申请人民法院调取，人民法院也可以依职权向行政机关、其他组织或者公民调取证据。经过对新的证据质证、认证，被诉具体行政行为所依据的主要事实不能成立的，应当改判撤销原具体行政行为。"

月内交房。2001 年 5 月 8 日，恒信房产公司向被告徐州市建设局报告，世纪花园住宅小区的住宅楼已经建成，申请竣工综合验收，同时提供了包括 108 号规划许可证复印件在内的竣工综合验收所需的各种验收资料。徐州市建设局组织专家到现场验收后，世纪花园住宅小区总得分为 80.5 分，无不合格项目。据此，徐州市建设局于 2001 年 6 月 18 日为恒信房产公司颁发了 15 号验收合格证。另外，世纪花园住宅小区自通知交房后，能够保证居民通电，但电表是 2001 年 9 月才安装到位。后来，在本案的再审过程中，法院查明恒信房产公司提交的 108 号规划许可证复印件，是虚假、伪造的证据。

（二）争议焦点

本案应解决的争议焦点是：（1）建设行政管理部门对建设在集体土地上的住宅小区验收后颁发合格证，是否属于可诉行政行为？（2）108 号规划许可证复印件被查出是伪造的证据后，责任应当由谁承担？

（三）法院裁判

一审法院判决，维持被告徐州市建设局于 2001 年 6 月 18 日颁发的 15 号验收合格证。裁判理由如下：

> 被告徐州市建设局是徐州市的建设行政主管部门，具备组织实施城市住宅小区竣工综合验收的法定职责；验收合格证是建设行政主管部门履行综合验收职责、确认住宅符合验收标准的载体，徐州市建设局具有颁发验收合格证的主体资格。
>
> 被告徐州市建设局举证证明，该局在接受了第三人恒信房产公司的申报材料后，于 2001 年 5 月 8 日组织综合验收小组到现场检查。经综合验收小组的现场检查、鉴定和评价，世纪花园住宅小区在规划设计、建筑设计、工程质量、公建配套设施、市政基础设施以及物业管理等方面均合格，总评分 80.5 分，符合国务院《城市房地产开发经营管理条例》、建设部《城市住宅小区竣工综合验收管理办法》和徐州市建设委员会《关于修改住宅小区竣工验收标准的通知》规定的程序与实体要求。对上述法规和规范性文件的效力，原告夏善荣认可。徐州市建设局根据这些文件的规定和综合验收结果，向恒信房产公司颁发 15 号验收合格证，事实清楚，证据确凿，适用法律正确，程序合法。
>
> 被告徐州市建设局的职责，是对世纪花园住宅小区进行综合验收，不

是对该小区的单项工程质量进行鉴定。徐州市土木建筑工程质量监督站出具的《建筑安装工程质量初验等级证书》证明，世纪花园住宅小区的工程质量符合《徐州市住宅小区竣工验收评分标准》的要求。世纪花园住宅小区内的电表未及时安装，综合验收时已经被专家注意到，并在评分时相应扣除。该小区虽然存在局部瑕疵，但总评分仍旧合格，局部瑕疵没有影响整个小区的工程质量，况且法律也没有规定安装电表是住宅小区综合验收的必要条件。原告夏善荣如果对该小区的单项工程质量存在异议，可依建设工程保修制度或投诉制度保护自身合法权益。夏善荣以单项工程质量存在的问题否定徐州市建设局对世纪花园住宅小区的竣工综合验收工作，理由不能成立。

一审宣判后，夏善荣不服，向江苏省徐州市中级人民法院提出上诉。二审法院认为，原判认定事实清楚，证据充分，审判程序合法，适用法律正确。因此，二审法院于2003年4月14日判决：驳回上诉，维持原判。其判决理由如下：

作为徐州市的建设行政主管部门，被上诉人徐州市建设局在其组织实施的竣工综合验收工作中的法定职责，是检查小区的土地使用情况是否符合要求，小区建设是否符合建设工程规划、是否具备各单项工程的检验合格证明、是否有消防验收合格证明等。而出具《建设工程规划许可证》、各单项工程的检验合格证明、消防验收合格证明等，则是相应职能部门的法定职责，不在建设行政主管部门的职权范围内；各项证明的内容是否正确、综合验收小组的打分是否恰当，也不属建设行政主管部门的审查范围。上诉人夏善荣上诉所称的房屋工程质量不合格，与徐州市土木建筑工程质量监督站出具的《建筑安装工程质量初验等级证书》相矛盾。如果夏善荣认为徐州市土木建筑工程质量监督站出具的证明错误，或其他单项工程质量有问题，可通过其他途径解决，以维护自身合法权益，但不属于本案审查范围。至于夏善荣所提1、2号楼地基深度不够、小区垃圾未清运、电表未及时安装等问题，综合验收小组在评分时均已适当扣除，且局部瑕疵不影响整个小区的综合验收工作，因此不予支持。

二审宣判后，夏善荣仍不服，向江苏省高级人民法院申请再审。再审法院认为："再审查明原一、二审据以定案的证据发生了改变，原一、二审判决的事实根据已不存在"，因此再审法院依法作出改判：（1）撤销二审行政判决；

撤销一审行政判决；（2）撤销原审被上诉人徐州市建设局于2001年6月18日颁发的15号验收合格证。其判决理由如下：

一、国务院《城市房地产开发经营管理条例》第十七条规定："房地产开发项目竣工，经验收合格后，方可交付使用；未经验收或者验收不合格的，不得交付使用。""房地产开发项目竣工后，房地产开发企业应当向项目所在地的县级以上地方人民政府房地产开发主管部门提出竣工验收申请。房地产开发主管部门应当自收到竣工验收申请之日起30日内，对涉及公共安全的内容，组织工程质量监督、规划、消防、人防等有关部门或者单位进行验收。"建设部《城市住宅小区竣工综合验收管理办法》第三条第三款规定："城市人民政府建设行政主管部门负责组织实施本行政区域内城市住宅小区竣工综合验收工作。"现行法律、法规和规章虽然规定建设行政主管部门负责本行政区域内城市住宅小区的组织竣工综合验收工作，但建设行政主管部门对建设在集体土地上的住宅小区组织竣工综合验收，也不违背"房地产开发项目竣工，经验收合格后，方可交付使用"的立法原意。无论世纪花园住宅小区所在的土地是国有还是集体所有，原审被上诉人徐州市建设局都必须依其享有的行政职权，才能对该住宅小区组织竣工综合验收。其在竣工综合验收后颁发15号验收合格证，直接影响到世纪花园住宅小区居民的利益，属可诉的行政行为。原审第三人恒信房产公司认为徐州市建设局对世纪花园颁发验收合格证的行为不属于行政诉讼受案范围，理由不能成立。

二、《城市房地产开发经营管理条例》第十八条第一款规定："住宅小区等群体房地产开发项目竣工，应当依照本条例第十七条的规定和下列要求进行综合验收：（一）城市规划设计条件的落实情况；（二）城市规划要求配套的基础设施和公共设施的建设情况；（三）单项工程的工程质量验收情况；（四）拆迁安置方案的落实情况；（五）物业管理的落实情况。"《城市住宅小区竣工综合验收管理办法》第八条第一款规定："住宅小区竣工综合验收应当按照以下程序进行：（一）住宅小区建设项目全部竣工后，开发建设单位应当向城市人民政府建设行政主管部门提出住宅小区综合竣工验收申请报告并附本办法第六条规定的文件资料；（二）城市人民政府建设行政主管部门在接到住宅小区竣工综合验收申请报告和有关资料1个月内，应当组成由城建（包括市政工程、公用事业、园林绿化、环境卫生）、规划、房地产、工程质量监督等有关部门及住宅小区经营管理单位参加的综合验收小组；（三）综合验收小组应当审阅有关验收资料，听取开发建设单位汇报情况，进行现场检查，对住宅小区建设、管理的情况进行全面鉴定和评价，提出验收意见并向城市人民政府建设行政主管部门提交住宅小区竣工综合验收报告；（四）城市人民政府建设行政主管部门对综合验收报告进行审查。综合验收报告审查合格后，开发建设单位方可将房屋和有关设施办理交付使用手续。"

依照上述规定，作为徐州市人民政府的建设行政主管部门，原审被上诉人徐州市建设局是依法代表国家对世纪花园住宅小区行使竣工综合验收权力。在竣工综合验收合格后，徐州市建设局向原审第三人恒信房产公司颁发《住宅竣工验收合格证书》，是凭借由国家公权力形成的政府机关公信力，来担保该住宅小区的建筑质量达到了可以交付使用的水平。徐州市建设局在颁发该证书前，必须保证该证书所依据的每个事实都真实，以免因此而破坏政府机关的公信力。在竣工综合验收中，徐州市建设局虽然不直接审阅有关验收资料，但却是综合验收小组的组织者，对综合验收小组提交的住宅小区竣工综合验收报告负有审查职责。《建设工程规划许可证》是住宅小区竣工综合验收报告所附的验收资料之一，对该证件的真实性，当然由参加综合验收小组的徐州市规划局工作人员先行审查，但徐州市建设局不能因此而推脱自己最终审核的责任。特别是在恒信房产公司只提交了 108 号规划许可证复印件的情况下，徐州市建设局更应当谨慎审查。徐州市建设局没有审查出 108 号规划许可证复印件是伪造的证据，并据此伪造证据颁发了 15 号验收合格证，应当承担审查失职的法律责任。15 号验收合格证是徐州市建设局对世纪花园住宅小区进行竣工综合验收后所作的结论，这个结论建立在虚假证据的基础上，因此不具备证明世纪花园住宅小区经验收合格可以交付使用的作用。徐州市建设局向恒信房产公司颁发 15 号验收合格证，主要证据不足、适用法律法规错误，应当撤销。

二、案件背景

（一）制度背景

1. 当时关于行政诉讼受案范围的规定

本案发生在 2003 年，当时关于行政诉讼受案范围，主要有以下规定：

1989 年《行政诉讼法》第二条规定，"公民、法人或者其他组织认为行政机关和行政机关工作人员的具体行政行为侵犯其合法权益，有权依照本法向人民法院提起诉讼"，该条对行政诉讼的受案范围作出了原则性的规定。《行政诉讼法》第十一条规定，"人民法院受理公民、法人和其他组织对下列具体行政行为不服提起的诉讼：（1）对拘留、罚款、吊销许可证、责令停产停业、没收财务等行政处罚不服的；（2）对限制人身自由或者对财产的查封、扣押、冻结等行政强制措施不服的；（3）认为行政机关侵犯法律规定的经营自主权的；（4）认为符合法定条件申请行政机关颁发许可证和执照，行政机关拒绝颁发或者不予答复的；（5）申请行政机关履行保护人身权、财产权的法定职责，行政机关拒绝履行或者不予答复的；（6）认为行政机关没有依法发给抚恤金的；（7）认为行政机关违法要求履行义务的；（8）认为行政机关侵犯其他人身权、财产权的。除前款规定外，人民法院受理法律、法规规定可以提起诉讼的其他行政案件"，该条以肯定的方式正面列举了属于行政受案范围的八种行政案件。《行政诉讼法》第十二条规定："人民法院不受理公民、法人或者其他组织对下列事项提起的诉讼：（1）国防、外交等国家行为；（2）行政法规、规章或者行政机关制定、发布的具有普遍约束力的决定、命令；（3）行政机关对行政工作人员的奖惩、任免等决定；（4）法律规定由行政机关最终裁决的具体行政行为"，该条以否定列举的方式排除了不属于行政诉讼受案范围的四种行政案件。

1991 年最高人民法院《关于贯彻执行〈中华人民共和国行政诉讼法〉若干问题的意见（试行）》（以下简称《若干意见》）对行政诉讼受案范围的规定，一是对"具体行政行为"作了相当狭义的解释。《若干意见》第一条规定："'具体行政行为'是指国家行政机关和行政机关工作人员、法律法规授权的组织、行政机关委托的组织或者个人在行政管理活动中行使行政职权，针对特定的公民、法人或者其他组织，就特定的具体事项，作出的有关该公民、法人或者其他组织权利义务的单方行为。"二是根据《行政诉讼法》第十一条的规定和有关法律、法规的规定，列举了人民法院应予受理的六类行政案件。《若干意见》第二条规定："根据行政诉讼法第十一条规定的受案范围，公民对劳动教养管理委员会作出的劳动教养的决定不服的，可以向人民法院提起行政诉讼。公民对公安机关作出的强制收容审查的决定不服的，可以向人民法院提起行政诉讼。公民对计划生育主管部门作出的征收超生费、罚款的行政处罚不服的，可以向人民法院提起行政诉讼。"该司法解释第四条规定："公民、法人或者其他组织对行政机关就赔偿问题所作的裁决不服的，可以向人民法院提起行政诉讼。"该司法解释第五条规定："公民、法人或者其他组织对行政机关依照职权作出的强制性补偿决定不服的，可以依法提起行政诉讼。"该司法解释第七条规定："公民、法人或者其他组织对人民政府或者其主管部门有关土地、矿产、森林等资源的所有权或者使用权归属的处理决定不服，依法向人民法院起诉的，人民法院应作为行政案件受理。"

最高人民法院2000年公布的《最高人民法院关于执行〈中华人民共和国行政诉讼法〉若干问题的解释》（以下简称《若干解释》），对不属于行政诉讼受案范围的事项进行了列举，其他行政争议，只要不在排除事项之列，原则上允许当事人提起行政诉讼。《若干解释》第一条第一款规定："公民、法人或者其他组织对具有国家行政职权的机关和组织及其工作人员的行政行为不服，依法提起诉讼的，属于人民法院行政受案范围。"抛弃了对具体行政行为下定义的做法，采用了概括方式规定了受案范围；《若干解释》第一条第二款规定："公民、法人或者其他组织对下列行为不服提起诉讼的，不属于人民法院行政诉讼的受案范围：（1）行政诉讼法第十二条规定的行为；（2）公安、国家安全等机关依照刑事诉讼法的明确授权实施的行为；（3）调解行为以及法律规定的仲裁行为；（4）不具有强制力的行政指导行为；（5）驳回当事人对行政行为提起申诉的重复处理行为；（6）对公民、法人或者其他组织权利义务不产生实际影响的行为。"该款采取了列举的方式，对法院不予以受理的案件作了明确的规定。

2. 有关规划部门审查行为与建设部门颁证间之间关系的规定

诚如上文所言，我国当时的法律制度中尚无行政行为违法性继承方面的规定，在面对违法性继承案件时，法院无法依据法律、法规等作出裁判。但当时对于规划行政主管部门审查验收材料行为与建设行政主管部门颁发验收合格证间的关系，主要有以下规定：其一是《城市房地产开发经营管理条例》第十八条第一款，"住宅小区等群体房地产开发项目竣工，应当依照本条例第十七条的规定和下列要求进行综合验收：（1）城市规划设计条件的落实情况；（2）城市规划要求配套的基础设施和公共设施的建设情况；（3）单项工程的工程质量验收情况；（4）拆迁安置方案的落实情况；（5）物业管理的落实情况"。其二是，《城市住宅小区竣工综合验收管理办法》第八条第一款，"住宅小区竣工综合验收应当按照以下程序进行：（1）住宅小区建设项目全部竣工后，开发建设单位应当向城市人民政府建设行政主管部门提出住宅小区综合竣工验收申请报告并附本办法第六条规定的文件资料；（2）城市人民政府建设行政主管部门在接到住宅小区竣工综合验收申请报告和有关资料1个月内，应当组成由城建（包括市政工程、公用事业、园林绿化、环境卫生）、规划、房地产、工程质量监督等有关部门及住宅小区经营管理单位参加的综合验收小组；(3) 综合验收小组应当审阅有关验收资料，听取开发建设单位汇报情况，进行现场检查，对住宅小区建设、管理的情况进行全面鉴定和评价，提出验收意见并向城市人民政府建设行政主管部门提交住宅小区竣工综合验收报告；(4) 城市人民政府建设行政主管部门对综合验收报告进行审查。综合验收报告审查合格后，开发建设单位方可将房屋和有关设施办理交付使用手续"。从上述规定可以看出，规划行政主管部门审查验收材料行为与建设行政主管部门颁发验收合格证间是两个前后相继的行政行为。规划行政主管部门审查验收材料行为是建设行政主管部门颁发验收合格证的先前行为，前一行为的结论是作出后一行为的前提。

3. 关于建设行政主管部门的职权范围的规定

本案发生在 2003 年，当时关于建设行政主管部门的职权，国务院《城市房地产开发经营管理条例》第十七条规定："房地产开发项目竣工，经验收合格后，方可交付使用；未经验收或者验收不合格的，不得交付使用。""房地产开发项目竣工后，房地产开发企业应当向项目所在地的县级以上地方人民政府房地产开发主管部门提出竣工验收申请。房地产开发主管部门应当自收到竣工验收申请之日起 30 日内，对涉及公共安全的内容，组织工程质量监督、规划、消防、人防等有关部门或者单位进行验收。"建设部《城市住宅小区竣工综合验收管理办法》第三条第三款规定："城市人民政府建设行政主管部门负责组织实施本行政区域内城市住宅小区竣工综合验收工作。"从上述规定中可以看出，当时的行政法规和部门规章仅规定了建设行政主管部门负责本行政区域内城市住宅小区的组织竣工综合验收工作，并未明确规定建设行政主管部门对建设在集体土地上的住宅小区有权组织竣工综合验收。

（二）现实背景

1. 行政诉讼的受案范围不明确

1989 年《行政诉讼法》颁布实施以来，各地法院在受理行政案件的过程中，总是对哪些行为可以纳入行政诉讼的受案范围而感到困惑。虽然最高人民法院通过司法解释、批复以及公报案例等形式将行政诉讼的受案范围进一步具体化、明确化，但 1989 年《行政诉讼法》的语焉不详，直接导致了司法实践中各地法院对行政诉讼受案范围理解的巨大差异。例如，一方当事人以其持有的有关行政机关出具的证明为主要证据向另一方当事人主张权利，该另一方当事人以对该行政证明有异议为由将出具证明的行政机关起诉至法院，这种类型的行政诉讼在实践中屡见不鲜，其中，"行政机关证实相对人的权利或者具有法律意义的资格以及事实的行为"① 一般被称为行政证明行为。但行政证明行为是否属于行政诉讼的受案范围，在司法实践中，各地法院对此问题的认识不一，有些法院认为其能够被法院审查，而有些法院却认为其不属于行政诉讼的受案范围，这也就导致了法律适用的不统一。例如在"谢迪军不服衡山县卫生局卫生行政证明行为案"中，一审法院与二审法院对于衡山县卫生局出具的行政证明是否属于行政诉讼的受案范围就存在相反的意见②。

2. 违法性继承案件裁判模式混乱

随着社会生活的日益复杂，社会分工日益细化，法律法规在实际运用中也出现了许多新情况。例如，许多行政活动涉及多个部门的参与，一个部门所作的先行行政行为往往是另一个部门作出后续行政行为的前提或依据。如果此时行政相对人对后续行政行为提起行政诉讼，法院是否可以按照行政相对人的请求对先行行政行为的合法性进行审查？此外，如果法院审查后认为先行行政行为违法，那么此种结论能否作为确认后续行政行为违法或撤销后续行政行为的理由？这些问题虽然在我国当时的法律中没有相关的规定，但在各地人民法院的司法实践中却并不少见。

在先前的司法实践中，各地法院对此类诉讼的处理方法不尽相同甚至截然相反。有些法院否认行政行为的违法性继承，例如在"乔占祥诉铁道部春运期间部分旅客列车票价上浮案"③ 中，一审法院并未就先行行政行为即国家计委批准铁道部票价上浮方案的行为作出合法性判断，而是直接认为后续行政行为即铁道部作出《票价上浮通知》的行为是依据先行行政行为而作出的，因此后续行政行为合法。但也有一些法院承认行政行为的违法性，但在司法实践中，也有不同的做法。在"沈希贤等 182 人诉北京市规划委员会颁发建设工程规划许可证纠纷案"④ 中，法院将先行行政行为即计划部门批准"建设项目设计任务书"时需要具备"环境影响报告书"这一法定要件，作为后续行政行为即规划部门核发"建设工程规划许可证"时需要审查的材料。而在

---

① 马怀德主编：《行政诉讼原理》，法律出版社 2003 年版，第 199 页。

② 参见：湖南省衡山县人民法院行政判决书〔1999〕山行初字第 17 号判决书、湖南省衡阳市中级人民法院〔2000〕衡中法终字第 3 号裁定书。

③ 参见北京市中级人民法院〔2001〕一中行初字第 149 号判决书。

④ 参见北京市中级人民法院〔2003〕一中行终字第 590 号裁定书。

"益民公司诉河南省周口市市政府等行政行为违法案"① 中，一审法院认为，作为后续行政行为依据的先行行政行为即周口市计委发布的招标文件和中标通知存在违法性瑕疵，因此否定了后续行政行为即周口市政府所作 54 号文的合法性。

3. 立法缺陷导致行政机关职权不清

"任何行政职权的来源与作用都必须具有明确的法定依据，否则越权无效，要受到法律追究，要承担法律责任"②，这已经是行政法治的基本常识之一。1989 年《行政诉讼法》第五十四条第二款和第三款的规定都表明，人民法院在审理行政案件中，应当对行政主体的行为是否在其法定职权范围内进行审查。但是，由于我国长期以来不重视行政组织法制的建设，因此在实践中各个行政机关的权力边界模糊和多个行政机关相互推诿责任等问题屡见不鲜。而立法上的缺失也给人民法院在案件审理中对如何正确认定行政职权的范围带来很大挑战。

（三）理论背景

1. 行政证明行为可诉性的争论

在 1989 年《行政诉讼法》刚刚颁布之时，学界讨论的焦点在于如何准确地理解《行政诉讼法》中有关受案范围的规定。面对刚刚开始运行的行政诉讼机制，各地法院在实践中更常见的做法是，严格依照法律条文的字面含义来处理行政诉讼的受案问题。然而，20 世纪 90 年代中后期以来，学界已不满足于恪守 1989 年《行政诉讼法》的规定，而是主张超越法律条文，对行政诉讼的受案范围进行拓展。而学界的主张也在一定程度上推动了司法实践中对于新型行政行为可诉性的确认。

行政证明行为是否可以纳入行政诉讼受案范围，涉及行政证明行为的法律性质问题。如果其属于具体行政行为，那么就具有可诉性；如果其不属于具体行政行为，那么就不具有可诉性。

关于行政证明行为的性质，长期以来都因其"非法律性"和"非独立性"而被认为不属于具体行政行为。其中，"非法律性"是指行政证明属于事实行为，而"非独立性"则是指行政证明居于从属地位，不是一种独立的行为。而截至本案裁判之前，学术界对行政证明行为的性质主要有以下几种说法：第

---

① 参见最高人民法院〔2004〕行终字第 6 号判决书。
② 周佑勇著：《行政法基本原则研究》，武汉大学出版社 2005 年版，第 167 页。

一种观点是将行政证明行为作为行政确认中的一类行为①。第二种观点认为行政证明行为从属于行政措施②。第三种观点认为行政证明行为是行政处理的一种形式③。第四种观点认为行政证明行为是准行政行为④。由于学术界对行政证明行为法律性质的认识不同，所以行政证明行为是否具有可诉性还未完全明确。

2. 行政行为违法性继承理论

按照杨建顺老师的说法，"当先行政行为成为后续行政行为违法的理由，而该后续行为本身并不违法时，能否主张其前的行政行为的瑕疵呢？这就是所谓违法性的继承问题"⑤。在日本，原则上不承认行政行为相互间的违法性的继承，但也存在例外。

虽然杨建顺老师在介绍日本行政法和翻译日本行政法学著作中提到过行政行为的违法性继承问题，但在本案生效裁判作出时，我国学术界与此有关的理论知识几乎没有，当然，在当时的成文法规定中更没有相关的规范。

三、案件的突破与创新

（一）肯定了行政证明行为的可诉性

由于立法时的条件和理论等方面的制约，1989 年《行政诉讼法》在受案范围部分存在较大局限，许多应该纳入法院审查范围的情形都没有纳入其中。后来，最高人民法院通过司法解释、批复和公报案例对此予以了补充和突破。本案作为公报案例，就对行政诉讼的受案范围进行了拓展。《最高人民法院公报》在本案的裁判要旨中明确指出："建设行政主管部门对在集体土地上建造的住宅小区组织竣工综合验收并颁发验收合格证，不违背《城市房地产开发经营管理条例》关于'房地产开发项目竣工，经验收合格后，方可交付使用'的立法原意，是依职权实施的具体行政行为。该行为直接影响到住宅小区居民

---

① 参见罗豪才、湛中乐主编：《行政法学》，北京大学出版社 2006 年版，第 209 页。

② 参见皮纯协主编：《中国行政法教程》，中国政法大学出版社 1998 年版，第 112~114 页。

③ 参见叶必丰著：《行政法学》，武汉大学出版社 1996 年版，第 179~182 页。

④ 参见胡建森主编：《行政行为基本范畴研究》，浙江大学出版社 2005 年版，第 258 页。

⑤ 杨建顺著：《日本行政法通论》，中国法制出版社 1998 年版，第 400 页。

的利益，属可诉的具体行政行为。"

长期以来，囿于 1989 年《行政诉讼法》立法时的缺陷，学术界与实务界对行政诉讼的受案范围争论不休，对许多类型的行政行为是否具有可诉性也颇有争议，行政证明行为就是其中之一。但在本案的一审、二审中，夏善荣、徐州市建设局及恒信房产公司均未对行政证明行为是否属于人民法院的受案范围进行过争论，而是对此都采取默认的态度。在再审程序中，本案的原审第三人即恒信房产公司虽提出本案"不属于人民法院行政诉讼受案范围"，但其提出的理由是"夏善荣的房屋建造在集体土地上，对集体土地上建造的房屋，徐州市建设局没有组织竣工综合验收的法定职责。徐州市建设局为保护拆迁安置户的利益才组织世纪花园的竣工综合验收，这不是依法行使职权的具体行政行为"，由此可见，原审第三人的理由是徐州市建设局的行为不属于其职权范围以内，而并非否认行政证明行为不具有可诉性。此外，一审法院即徐州市泉山区人民法院、二审法院即徐州市中级人民法院在其判决书中也均未对行政证明行为的可诉性表示过怀疑。再审法院即江苏省高级人民法院则明确地在其判决书中写道，徐州市建设局"在其竣工综合验收后颁发 15 号验收合格证，直接影响到世纪花园住宅小区居民的利益，属可诉的行政行为"。由此可见，再审法院从"权利义务实际影响"的角度肯定了行政证明行为具有可诉性。一般认为，最高人民法院《关于执行〈中华人民共和国行政诉讼法〉若干问题的解释》第一条第（六）项确立了行政行为可诉性的一般判断标准，即"权利义务实际影响"标准。本案再审判决也是以此为依据，肯定了行政证明行为的可诉性。

除了肯定行政证明行为的可诉性，本案再审判决中提出的行政证明行为可诉性的判断标准——权利义务实际影响标准，具有合理性。首先，行政证明行为虽然不会直接创设权利义务，但行政证明行为凭借公权力的公信力，可以在许多场合直接作为证据使用。一旦行政相对人以行政证明作为证据来对抗第三人时，行政证明便会对行政相对人和第三人的权益产生直接的影响。其次，由于行政机关具有公信力，假如部分行政机关违法或者滥用证明权，出具的行政证明是虚假的，这必然会给行政相对人或第三人带来利益上的损害。再次，行政证明行为作为后续一系列行为的法定依据，会对依据行政证明行为所作出的行为产生影响，并进而影响到行政相对人和第三人的权利义务。最后，行政证明行为虽然不对行政相对人产生直接的作用，但行政相对人在使用行政证明的过程中必然会受到行政证明内容的影响，从而直接影响了行政相对人的种种权益。由此可见，行政证明行为必然对行政相对人的权利义务产生实际影响。因此，本案对行政证明行为可诉性的肯定是符合权利义务实际影响标准的。作为我国较早确认行政证明行为可诉性的判决，本案被选作最高人民法院公报案例后对后续相类似案件的审理也具有很重要的参考价值。

（二）确认了行政行为违法性可被继承

诚如上文所言，我国的理论界对行政行为的违法性继承问题在 2010 年前并没有过多关注，虽然此类案件法院也有过判决，但判决思路不尽相同，判决结果也迥然有异。本案成为公报案例后，引起了学术界对于行政行为违法性继承问题的关注与重视。

本案的二审法院与再审法院对于行政行为的违法性是否应继承的问题，给出了相反的答案。本案的二审判决指出，"出具《建设工程规划许可证》、各单项工程的检验合格证明、消防验收合格证明等，则是相应职能部门的法定职责，不在建设行政主管部门的职权范围内；各项证明的内容是否正确、综合验收小组的打分是否恰当，也不属建设行政主管部门的审查范围"。从判决书中可以看出，二审法院否认了作为后续行政行为的合格证对于前置许可或单项验收证明的违法性继承。这也表明，在二审法院看来，行政机关对先行行政行为不负有审查职责和权限，因此后续行政行为的合法性也不应受先行行政行为的影响。二审判决之后，原审原告向江苏省高院申请再审。再审判决指出，"徐州市建设局在颁发该证书前，必须保证该证书所依据的每个事实都真实，以免因此而破坏政府机关的公信力。在竣工综合验收中，徐州市建设局虽然不直接审阅有关验收资料，但却是综合验收小组的组织者，对综合验收小组提交的住宅小区竣工综合验收报告负有审查职责。……徐州市建设局向恒信房产公司颁发 15 号验收合格证，主要证据不足、适用法律法规错误，应当撤销"。从判决书可以看出，再审法院回避了建设部门是否应当对规划部门作出的规划许可证进行审查这一问题，转而从证据真实性的角度出发，强调建设部门负有审查所有验收资料真实性的责任，然而徐州市建设局却未发现规划许可证复印件并非真实，因此徐州市建设局应当承担审查失职的法律责任。正如朱芒老师所指出的，"在上述法院看来，在这种多阶段、多环节的行政活动中，处于程序末端的行政部门负有对全部行政过程之真实性、合法性予以全面审查的职责。如果处于程序前段的先行行为存在合法性瑕疵，这种瑕疵必然传导到程序末端的后续行为，其违法性也必然由后续行为所继承"①。因此，在本案的再审法院看来，先行行政行为作为后续行政行为的证据，必须真实可信，否则后续行政行为的证据不足，必须撤销。这种通过审查证据真实性来确认行政行为的违法性可以被继承的方式，在我国尚属首次，成协中老师将其称为"证据真实论"，这种方式也为后续的类似案件处理提供了新的思路。

本案对于行政行为违法性可被继承的确认，也得到了学界的肯定。行政行为的违法性继承问题不仅在我国，在德日等法治发达国家也属于疑难问题。这一问题不仅涉及法的安定性与法的实质正义之间的矛盾，还牵涉到行政行为公定力、行政诉讼受案范围以及诉讼时效等多个问题。但这一问题的关键在于先行行政行为对后续行政行为是否具有拘束力。先行行为与后续行为之间的关系，大概可以分为"依据—结果"、"前提—结果"以及"构成要件—结果"这三种②。在不同的情况下，先行行为对于后续行为的拘束力，法官应结合具体的法律规范进行判断，不可同一而论。正如王贵松老师所说，"违法性继承论属于行政救济法上的问题，实质在于私人权利救济的必要性与先行行为的法安定性需求之间的权衡问题。在先行行为的权利保障程序并不充分、安定性需求不甚强烈的情况下，法院可基于私人合法权益的保护需要，给违法性继承论作出肯定的回答"③。在本案中，由于规划部门的先行行为并非是独立的、可诉的具体行政行为，原审原告夏善荣的合法权益无法通过对规划部门提起诉讼获得救济，因此，法院通过对后续建设部门的行为进行否定性评价，使得夏善荣的权益得到保护是合适的。

（三）明确了建设行政主管部门的职权范围

按理说来，法律对行政机关职权范围的规定应当是明确具体的，不会令人产生疑义。但在现实生活中，我们常常遇到的情形是，法律的规定看似精确实则模糊，而且还存在许多法律制定时未曾考虑过的情形，此时企图依靠修改法律来解决争议已属不可能，故而需要通过对法律进行解释方可解决争议。法谚有云，"法无解释，不得适用"。立法者为了尽可能地照顾现实生活的多样性，在法律条文中所采纳的文字往往都是比较有弹性的，它的具体含义可以根据不

---

① 朱芒：《"行政行为违法性继承"的表现及其范围——从个案判决与成文法规范关系角度的探讨》，载《中国法学》2010年第3期。

② 参见《最高人民法院公报》2006年第9期。

③ 王贵松：《论行政行为的违法性继承》，载《中国法学》2015年第3期。

同的情况而在一定范围内变动。

在本案中，生效判决通过对"立法本意"进行探寻的方法解决了本案中的职权争议。在再审程序中，原审被告和第三人并不否认一、二审对于行政职权的认定，他们所提出的意见是，案涉房屋是建设在集体土地上，而非城市土地，建设局并没有法定职权，其所采取的行政证明行为也就不是行政行为。对于这一点，因为原审原被告及第三人在一、二审中均未对案涉土地的性质问题提出异议，一、二审法院也都没有注意到这其中所存在着的问题，例如一审法院没有援引任何法律依据或者进行任何法律推理，就直接认为"被告徐州市建设局是徐州市的建设行政主管部门，具备组织实施城市住宅小区竣工综合验收的法定职责；验收合格证是建设行政主管部门履行综合验收职责、确认住宅符合验收标准的载体，徐州市建设局具有颁发验收合格证的主体资格"。再审法院则从"房地产开发项目竣工，经验收合格后，方可交付使用"的立法原意出发，认为徐州市建设局对集体土地上的住宅小区进行竣工综合验收的行为也包含在其行政职权范围以内。换言之，建设局对集体土地上建设的住宅小区进行验收也是依据法律规定的行政职权所作的行政行为，只是此种职权法律并未明示，而是法律的应有之意罢了。再审法院的此种解释不仅仅是原意解释的生动实践，更是对建设行政部门职权的明确甚至是突破。对于法律没有明文规定的职权，再审法院按照立法原意进行解释，在实际上明确了行政机关的职权范围，将建设行政主管部门对集体土地上的住宅小区进行竣工综合验收纳入可诉行政行为的范畴。此种通过探求立法原意来判断行政机关职权范围的审理思路，为后续类似案件的处理提供了借鉴的范本和学习的对象。

四、待探讨的问题

（一）违法性继承问题并未完全解决

正如成协中老师所言："行政行为的违法性继承主要涉及如下问题：（1）在对后续行为提起的争讼中，能否将先行行为违法作为请求撤销后续行为或确认其违法的主要理由？还是必须直接针对先行行为另行起诉？（2）法院应否介入对先行行为的审查？或进行何种强度的审查？（3）如果经过审查，认为先行行为违法，法院能否直接撤销之？还是可以将其作为后续行为违法事由之一确认后续行为违法或撤销后续行为？"① 而本案的再审法院，只是在判决书中写道，"15 号验收合格证是徐州市建设局对世纪花园住宅小区进行竣工综合验收后所作的结论，这个结论建立在虚假证据的基础上，因此不具备证明世纪花园住宅小区经验收合格可以交付使用的作用。徐州市建设局向恒信房产公司颁发 15 号验收合格证，主要证据不足、适用法律法规错误，应当撤销"。由此可见，再审法院仅表明徐州市建设局所作的后续行政行为应当撤销，但并没有正面回答徐州市规划局所作的先行行政行为是否违法的问题，更没有说明其对先行行政行为的看法。而这些问题的回避或者模糊处理，其实就是回避了建设局能否对规划局职权范围内的事项进行审查这一问题。为了回避这一问题，再审法院从证据真实性的角度对徐州市建设局的行政行为进行审查，并以主要证据不足为由，撤销了徐州市建设局的 15 号验收合格证。因此，本案的再审判决虽然触及了行政行为的违法性继承问题，但并没有对此进行深入分析和正面回应，对违法性继承问题背后的许多深层次问题采取回避态度。此外，本案所首创的"证据真实论"适用范围较窄，不能为行政行为违法性继承问题的处理提出一般性的标准和审理思路。

（二）审理思路正确与否有待商榷

在本案的再审判决中，再审法院通过探求立法原意的方式，认为"现行法律、法规和规章虽然规定建设行政主管部门负责本行政区域内城市住宅小区的组织竣工综合验收工作，但建设行政主管部门对建设在集体土地上的住宅小区组织竣工综合验收，也不违背'房地产开发项目竣工，经验收合格后，方可交付使用'的立法原意"。但是，现行法律、法规和规章的确没有要求建设行政主管部门负责对集体土地上住宅小区进行竣工验收，而此时徐州市建设局却主动对案涉住宅小区进行了竣工验收，因此，一系列疑问随之而来。

首先，徐州市建设局的竣工验收行为是否可以属于越权行为？按照"越权无效"的一般原理，判决撤销徐州市建设局于 2001 年 6 月 18 日颁发的 15 号验收合格证。如此一来，判决结果相同，且此种判决思路更为人所信服。其次，即使法院按照立法原意来审判案件并无不妥，那么立法者的原意究竟是什么？法院仅凭自身的理解而没有征询相关法规、规章起草部门的意见，此种做法是否符合我国《立法法》对于法律解释的相关规定？最后，本案再审判决

① 此种分类及三者间的区别参见成协中：《行政行为违法性继承的中国图景》，载《中国法学》2016 年第 3 期。

生效后，是否意味着今后各地的建设行政主管部门均有权对集体土地上的住宅小区进行竣工验收？如果有相对人或利益关系人以建设部门未对集体土地上的住宅小区进行竣工验收为由提起行政诉讼，法院应该如何判决？

因此，本案的再审判决虽然突破了原有的行政诉讼受案范围，将建设行政主管部门的职权进行了扩张，但本案的审理思路的正确性与否还有待商榷，其所带来的法律效果和社会效果也并非最好。

五、案件的后续发展

虽然上述的公报案例涉及了行政行为的违法性继承问题，但直到 2010 年，该问题才引起我国学者的重视。根据学者的考证，这一理论的来源可以追溯到日本和德国。在日本，主流观点是"原则上先行行为不受法院审查，违法性在行政行为之间不具有可继承性"。但也有观点主张，"从行为之间效果关系的角度和救济目的的角度判断行政行为之间是否应具有违法继承性"①。在德国，"既然后阶段行为应以前阶段行为的规制结论为构成要件，在相同或相关问题的判断上不能与前阶段行为相悖，那么前阶段行为如果罹患违法瑕疵，这种违法性必然会由后阶段行为所继承"②。我国学者除了对行政行为违法性继承的域外情况予以介绍外，还对相关案件的受案范围、起诉期间、法院对于先行行为是否存在救济空间、对后续行为予以实质审查的法益与限度、行政效率与阶段性利益保护等问题作了深入思考，行政行为违法性继承的中国图景正在描绘之中③。

① 朱芒：《"行政行为违法性继承"的表现及其范围——从个案判决与成文法规范关系角度的探讨》，载《中国法学》2010 年第 3 期。

② 赵宏：《法治国下的目的性创设——德国行政行为理论与制度实践研究》，法律出版社 2012 年版，第 151 页。

③ 关于行政行为违法性继承的后续理论发展，可以参见朱芒：《"行政行为违法性继承"的表现及其范围——从个案判决与成文规范关系角度的探讨》，载《中国法学》2010 年第 3 期；王贵松：《论行政行为的违法性继承》，载《中国法学》2015 年第 3 期；成协中：《行政行为违法性继承的中国图景》，载《中国法学》2016 年第 3 期。

杨庆峰诉无锡市劳动和社会保障局
工伤认定案（2008）[*]

石 真

一、案件回顾

（一）基本案情

原告杨庆峰于 2004 年 3 月进入汽车修理所（该单位于 2005 年 6 月因改制变更为第三人汽车修理公司）从事汽车修理工作。2004 年 6 月，原告与其师傅王继聪共同拆卸一辆汽车的拉杆球头，王继聪用榔头敲打球头时导致铁屑溅入原告的左眼中。原告当时感觉左眼疼痛，滴了眼药水后疼痛缓解，故未去医院检查。2006 年 10 月 3 日，原告感觉左眼剧烈疼痛，视觉模糊，于同年 10 月 5 日到无锡市第二人民医院诊疗，同年 10 月 11 日至 13 日经医院手术治疗，诊断为：（1）左眼外伤性白内障；（2）左眼铁锈沉着综合症；（3）左眼球内附异物。虽经治疗，但原告的左眼视力明显减弱。医生诊断认为杨庆峰左眼所受伤害与涉案事故存在因果关系，从医学角度看此类事故伤害可以存在较长的潜伏期。2006 年 12 月 21 日，原告杨庆峰以人身损害赔偿纠纷为由起诉无锡市市级机关事务管理局（系第三人汽车修理公司的上级主管部门）、汽车修理公司，要求两被告赔偿原告因涉案事故伤害就医诊疗所支出的医疗费人民币10718.29 元并承担后续治疗费用。案经无锡市南长区人民法院审理，认为根据《最高人民法院关于审理人身损害赔偿案件适用法律若干问题的解释》第

---

* 本案载于《最高人民法院公报》2008 年第 1 期。裁判要点是：《工伤保险条例》第十七条第二款中的"事故伤害发生之日"应当包括工伤事故导致的伤害结果实际发生之日。工伤事故发生时，伤害结果尚未实际发生，工伤职工在伤害结果实际发生后一年内申请工伤认定的，不属于超过工伤认定申请时效的情形。

十二条第一款、《中华人民共和国民事诉讼法》第一百四十条第一款第（三）项之规定，劳动者因工伤事故遭受人身损害的，应当请求工伤保险赔偿，不能直接对用人单位提起民事诉讼，故于 2007 年 4 月 26 日作出〔2007〕南民一初字第 2 号民事裁定书，驳回了原告的起诉。

2007 年 4 月 9 日，原告向被告无锡劳动局提交工伤认定申请，被告于 2007 年 4 月 11 日以原告的工伤认定申请已超过法定的申请时效为由，作出了《不予受理通知书》，并于同年 4 月 17 日邮寄送达给原告和汽车修理公司。原告不服，于 2007 年 4 月 25 日向无锡市南长区法院提起行政诉讼，请求撤销被告作出的涉案《不予受理通知书》。

（二）争议焦点

原告认为："根据《工伤保险条例》第十七条的规定，工伤认定申请时效的起算时间应为事故伤害发生之日，而不是被告所称的事故发生之日。涉案事故虽然发生在 2004 年 6 月，但当时伤害结果并没有实际发生，至 2006 年 10 月 3 日原告眼疾发作时，才是涉案事故伤害发生的时间，2006 年 10 月 13 日原告在医院手术后取出铁屑之时，才是最终确诊涉案事故伤害的时间，也是原告得知自己所受伤害系由涉案事故所致的时间。因此，原告提出工伤认定申请的时效，应从 2006 年 10 月 13 日医院确诊开始计算。综上，被告作出的《不予受理通知书》违反了《工伤保险条例》关于工伤认定申请时效的规定。请求依法撤销被告作出的〔2007 第 0003 号《不予受理通知书》。"

被告无锡市劳动局认为："2007 年 4 月 9 日，原告杨庆峰以第三人汽车修理公司职工的名义，申请被告对其在 2004 年 6 月从事汽车修理工作时发生的事故进行工伤认定。被告受理后，经调查取证，查明原告确于 2004 年 6 月在工作中发生事故，但原告直至 2007 年 4 月 9 日才提出工伤认定申请，已经超过法定的工伤认定申请时效。故被告根据《工伤保险条例》第十七条和《江苏省实施〈工伤保险条例〉办法》第十二条的规定，于 2007 年 4 月 11 日作出涉案《不予受理通知书》，决定不予受理杨庆峰提出的工伤认定申请。理由如下：1. 根据《工伤保险条例》第十七条的规定，工伤职工或者其直系亲属、工会组织在事故伤害发生之日或者被诊断、鉴定为职业病之日起 1 年内，可以直接向用人单位所在地统筹地区劳动保障行政部门提出工伤认定申请。涉案事故发生于 2004 年 6 月份，原告于 2007 年 4 月 9 日才向被告提出工伤认定申请，早已超过了工伤认定申请时效。根据《江苏省实施〈工伤保险条例〉办法》第十二条的规定，申请人不具备申请资格的或者提出的工伤认定申请超过规定时效的，劳动保障行政部门不予受理。因此，被告作出的涉案《不予受理通知书》完全正确。2. 原告关于《工伤保险条例》第十七条规定的'事故伤害发生之日'的理解是不正确的。这里的'事故伤害发生之日'是针对工伤认定申请时效起算时间的规定，强调的是'日'这一固定的时间点，即事故与伤害有直接因果关系的那一日。原告认为应认定 2006 年 10 月 13 日最终确诊之日为涉案事故伤害发生之日，并认为其工伤认定申请时效应从该日起开始计算。其诉讼主张并无法律依据。没有事故就没有伤害，事故与伤害密切相关，事故发生之日也就是伤害发生之日，这一时间点应当是固定的，不是随意可以变动的。《工伤保险条例》之所以规定工伤认定申请时效，就是要在最大限度保护劳动者合法权益的同时，对工伤职工怠于申请工伤认定作出一定的限制，以节约行政管理资源，提高办事效率，便于劳动保障部门及时、准确地查明案件事实。综上，被告作出的不予受理杨庆峰工伤认定申请的具体行政行为，事实清楚，证据确凿，适用法律、法规正确，程序合法。请求法院依法维持被告的具体行政行为，驳回原告的诉讼请求。①"

本案争议焦点是：工伤事故发生时伤害结果尚未发生，伤害后果发生后经医生诊断证明确系工伤事故导致的，应当如何确定工伤认定申请时效的起算时间。

（三）法院裁判

一审之无锡市南长区法院认为"本案应以伤害结果实际发生的时间作为工伤认定申请时效的起算时间，原告申请工伤认定并未超过法定申请时效，故判决撤销被告〔2007〕第 0003 号《不予受理通知书》；被告应在判决生效后60 日内对原告工伤认定申请重新作出具体行政行为"。② 裁判理由如下：

"原告杨庆峰于 2004 年 6 月在工作中发生事故，至 2006 年 10 月事故伤害结果实际发生，经医生诊治认为杨庆峰所受伤害确系涉案工伤事故导致。根据医生的诊断证明，杨庆峰所受伤害在临床上称之为铁锈沉着综合症，该症具有一定的特殊性，即受伤后可能暂时不发生伤害后果，伤害后果的发生可以存在较长的潜伏期。本案中，涉案工伤事故发生两年多以后，伤害结果才实际发生，在此之前杨庆峰并不知道自己在涉案工伤事故

---

① 案情梳理部分来源于《中华人民共和国最高人民法院公报》2008 年第 1 期。
② 参见江苏省无锡市南长区人民法院〔2007〕南行初字第 12 号行政判决书。

中受到了伤害，当然也就不可能在涉案工伤事故发生后及时提出工伤认定申请。"① 因此，一审法院认为被告以2004年6月涉案工伤事故发生的时间作为工伤认定申请时效的起算时间是错误的，不利于保护工伤职工的合法权益。本案应以伤害结果实际发生的时间作为工伤认定申请时效的起算时间，杨庆峰提出的工伤认定申请并未超过规定的申请时效，被告作出的涉案《不予受理通知书》适用法律、法规错误，原告的诉讼请求应予以支持。

　　无锡市劳动局不服一审判决，向无锡市中级人民法院提起上诉。无锡市中级人民法院判决驳回上诉，维持原判。
　　其判决理由如下：

　　　　工伤认定是工伤职工享受工伤保险待遇的基础，而提出工伤认定申请是启动工伤认定程序的前提。《工伤保险条例》第十七条第二款规定："用人单位未按前款规定提出工伤认定申请的，工伤职工或者其直系亲属、工会组织在事故伤害发生之日或者被诊断、鉴定为职业病之日起1年内，可以直接向用人单位所在地统筹地区劳动保障行政部门提出工伤认定申请。"该规定明确了提出工伤认定申请的主体、申请时效及起算时间，以及受理申请的行政部门。其中的"事故伤害发生之日"，即是关于工伤认定申请时效起算时间的规定。在通常情况下，在工伤事故发生后，伤害结果也随即发生，伤害结果发生之日也就是事故发生之日，故对于"事故伤害发生之日"的理解不会产生歧义。但在工伤事故发生后，伤害结果并未马上发生，而是潜伏一段时间后才实际发生，即伤害结果发生之日与事故发生之日不一致的情况下，"事故伤害发生之日"应当理解为伤害结果发生之日，并以之作为工伤认定申请时效的起算时间。

　　　　首先，义义解释是正确理解法律条文的首选方法。《工伤保险条例》第十七条第二款规定的"事故伤害发生之日"，从字面含义上看，"事故"是对于"伤害"的修饰和限制，即这里的"伤害"是基于工伤事故而发生的，伤害结果与工伤事故之间存在因果关系。据此理解，"事故发生之日"就是指伤害结果发生之日，而不是事故发生之日。

　　　　其次，工伤职工或者其直系亲属、工会组织提出工伤认定申请的前

---

① 参见江苏省无锡市南长区人民法院〔2007〕南行初字第12号行政判决书。

提，是工伤事故伤害结果已经实际发生。工伤事故发生后，如果伤害后果尚未发生，上述工伤认定申请主体无法预知是否会产生伤害后果、会发生什么样的伤害后果，也无法预知伤害后果会引发什么样的损失，当然也就无从提出工伤认定申请。因此，正确理解《工伤保险条例》第十七条第二款规定的"事故伤害发生之日"，应当认定"事故伤害发生之日"，即为工伤事故伤害结果实际发生之日，而不是工伤事故发生之日。

最后，根据《中华人民共和国民法通则》第一百三十七条的规定，诉讼时效从知道或者应当知道权利被侵害时起算。最高人民法院《关于贯彻执行〈中华人民共和国民法通则〉若干问题的意见（试行）》第一百六十八条规定：人身损害赔偿的诉讼时效期间，伤害明显的，从受伤害之日起算；伤害当时未曾发现，后经检查确诊并能证明是由侵害引起的，从伤势确诊之日起算。工伤认定申请时效虽然与民事诉讼时效不同，但在判断时效起算时间时，应当参照上述关于民事诉讼时效起算时间的规定。劳动行政保障部门在确定工伤认定申请时效的起算时间时，应当以工伤事故伤害结果实际发生的时间为标准。

根据本案事实，被上诉人杨庆峰于2004年6月在工作时发生铁屑溅入左眼的事故，但当时并未实际发生伤害结果，而是至2006年10月才病情发作，经医生确诊为左眼铁屑沉着综合征。根据医生诊断证明，该病具有潜伏性和隐蔽性，与2004年6月被上诉人在工作时发生的事故具有因果关系。鉴于涉案工伤事故发生时伤害后果尚未实际发生，伤害结果发生后经医生确诊证明确系因涉案工伤事故所致，故本案工伤认定申请时效应当从伤害后果实际发生之日起算，被上诉人提出涉案工伤认定申请时，尚未超过申请时效。

上诉人无锡市劳动和社会保障局认为《工伤保险条例》第十七条第二款关于工伤认定申请时效的规定是为了防止工伤认定申请的提出没有时间上的限制，并因此导致浪费国家行政管理资源，影响办事效率，妨碍劳动保障部门及时、准确地查明事实。上诉人还认为上述规定中的"事故伤害发生之日"应当理解为事故发生之日。其上诉理由不能成立。如果不对提出工伤认定申请作出时效限制，确实可能造成行政管理资源的浪费，影响劳动行政部门的工作效率，也不利于劳动保障部门及时、准确地查明事实。但是，规定工伤认定申请时效，更为重要的是充分保障工伤职工的合法权益。另一方面，如果将事故发生之日作为工伤认定申请时效的起算时间，则劳动行政保障部门在工伤事故发生后，伤害后果没有马上出现的情况下，也无法及时、准确地查明事实，无法作出正确的处理，反而将造成行政管理资源的浪费，影响劳动保障部门的工作效率，也不利于对工伤职工合法权益的保护。

综上，正确理解《工伤保险条例》第十七条第二款的规定，应当认定"事故伤害发生之日"就是指伤害结果实际发生之日。被上诉人杨庆峰提出的工伤认定申请没有超过申请时效。一审判决认定事实清楚，适用法律正确，审判程序合法，应予维持。①

二、案件背景

（一）现实背景

中国社会急剧转型时期，劳动用工形式多变，现实中工伤保险覆盖有限，工伤认定更是困难重重。实践中工伤事故频频发生，一些因工伤残职工合法权益无法得到切实保障，由此引发的工伤事故的争议形式层出不穷。

人力资源社会保障部、国家统计局的数据显示，2008 年末全国就业人员 77480 万人，参加工伤保险人数为 13787 万人，全年认定工伤 95 万人，全年享受工伤保险待遇人数为 118 万人。② 工伤认定是我国工伤保险制度中最为关键的环节，是工伤职工按照法律规定享受工伤待遇的前置程序和基本依据。

2003 年《工伤保险条例》的实施，为一系列工伤事故的处理提供了法律层面的保障，但由于工伤保险条例属于行政法规，法律效力层级较低，伴随社会的急剧发展变化，对法律用语的不同解释导致司法实践中法律适用的困难。2005 年至 2008 年期间，一向很少收录劳动案件的《最高人民法院公报》，罕见地连续三年登载了五个工伤认定行政争议案件。在《最高人民法院公报》和《人民法院案例选》上公布的典型工伤认定行政案件共有 44 个，其中 34 个案件涉及法律适用和解释问题，人民法院与行政机关在法律解释上意见相左、行政机关最终败诉的案件有 14 个，占所有案件的 41.2%，涉及工伤认定

---

① 江苏省无锡市中级人民法院〔2007〕锡行终字第 0132 号行政判决书。
② 资料来源于《2008 年人力资源与社会保障事业发展统计公报》。

申请时效的案件有 2 个。① 司法实践中，由于对工伤认定 1 年申请期限性质存在截然不同的解读，导致很多"同案不同判"的现象。以上数据从侧面反映出司法实践中工伤认定的复杂和困难。

（二）理论背景

《工伤保险条例》第十七条第一款明确规定了工伤认定申请时限可以适当延长，条例使用的是"申请时限"而非"申请时效"，申请时效属于法律用语，是可变期间，而申请时限更多的是不可变期间。由于有关法律法规并未作出明确规定，学界对工伤认定申请期限性质存在争议，主要有以下四种观点：工伤认定申请期限属于诉讼时效；工伤认定申请期限属于除斥期间；单位申请工伤认定的期限是诉讼时效，受伤职工或者其近亲属申请工伤认定的期限是除斥期间；工伤认定申请期限既不是诉讼时效也不是除斥期间，该期限仅属于社会保险行政部门受理工伤认定申请的程序性期限而已。而在国务院法制办《关于对〈工伤保险条例〉第十七条、第六十四条关于工伤认定申请时限问题的请示的复函》（国法秘函〔2005〕39 号）中，认为工伤认定申请时限应当理解为时效期间，是一种可变期间，至此关于工伤认定申请时限性质的争议似乎才盖棺定论。

工伤保险法在我国法律体系中属于劳动法、社会保障法和民商法相交叉的部门法，工伤认定的研究处于边缘化的境地。工伤保险虽然具有社会保障和社会福利的性质，其本质上还是一种"雇主责任制"。工伤认定中的申请时效与民法中的诉讼时效制度在价值定位、起算时间、表述方式上都有异曲同工之处，具有可参照性。

学理研究大多纠缠于工伤认定申请期限性质的争议，关于工伤认定申请期限起算时间的专门性探讨寥寥无几，但民法和民事诉讼中关于诉讼时效理论的研究浩如烟海。诉讼时效，又称消灭时效，是指权利人在法定期间内不行使权利，即丧失请求法院依诉讼程序强制义务人履行义务的法律制度。② 1986 年《民法通则》设立专章对诉讼时效制度作出原则性规定，现行民法、商法、经济法及相关司法解释中均有关于诉讼时效期间起算的具体规定。关于诉讼时效

---

① 此数据是章志远教授中整理的 2005 年至 2008 年的工伤认定行政争议案件的具体情况。转引自章志远：《工伤认定行政法规范解释的司法审查》，载《清华法学》2011 年第 5 期。

② 马俊驹、余延满著：《民法原论》，法律出版社 2005 年版，第 245~246 页。

期间的起算，主要有以下几种理论观点：第一，"知道或应当知道说"①，诉讼时效期间从权利人知道或者应当知道权利被侵害时起算，采用主观标准为主，客观标准为辅的方法，"应当知道"是一种法律上的推定，只要客观上存在知道的条件和可能性，即使因为当事人主观过错而未意识到权利损害，也应当开始计算诉讼时效期间。我国《民法通则》第一百三十七条正是采用了此种观点。第二，"请求权成立说"，诉讼时效期间自请求权成立时起算，即从请求权发生之时开始计算诉讼时效期间，采用客观标准，单纯将请求权在法律上的产生作为诉讼时效起算的时间，不考虑权利人的主观状态，权利人可能在知悉权利存在的情况下，法律上的请求权已经罹于消灭，无法寻求救济。此种学说因与诉讼时效基本价值相悖而渐渐退出，修订前的《德国民法典》和我国清末制定的《大清民律草案》采用此种观点。② 第三，"请求权可行使说"，诉讼时效期间自权利人可行使请求权时起算，采用客观的标准，只有当权利人可以行使而怠于行使请求权以致逾越时效期间的，权利人才承担不利的法律后果。③ 该学说认定的诉讼时效起算时间需要具备两个条件：其一，客观上权利人具有请求权；其二，权利人行使请求权须无法律上的障碍。此种观点同样受到权利人是否知悉请求权存在的诟病，如果权利人不知道也不应当知道请求权存在，还遭受诉讼时效期限届满的限制，显然不利于当事人正当合法权益的保障。

以上关于诉讼时效期间起算的理论争议，对于工伤认定中申请时效起算时间的认定具有一定的参考和借鉴价值。

（三）制度背景

我国的工伤认定法律制度经历了漫长的历史变革和发展，主要有以下：第一，1951 年，中央人民政府政务院发布了《中华人民共和国劳动保险条例》，最早对工伤保险范围作出规定；④ 第二，1994 年颁布的《中华人民共和国劳动法》将工伤保险制度确立为我国的一项基本社会保险制度；第三，1996 年劳动部发布了《企业职工工伤保险试行办法》，至此工伤认定有了确切的依

---

① 马原著：《中国民法教程》，人民法院出版社 1989 年版，第 189 页。
② 《德国民法典》，郑冲、贾红梅译，法律出版社 1999 年版，第 39 页；胡长清：《中国民法总论》，中国政法大学出版社 1997 年版，第 360 页。
③ 马俊驹、余延满著：《民法原论》，法律出版社 2005 年版，第 322 页。
④ 参见刘燕生著：《社会保障的起源、发展和道路选择》，法律出版社 2001 年版，第 73 页。

据；第四，2003 年国务院颁布的《工伤保险条例》是我国第一次对工伤保险的立法，适应了经济飞速发展时期工伤事故多样性和复杂性的特点，也提高了工伤保险的立法层级。同年劳动与社会保障部发布了《工伤认定办法》，指导工伤认定的实践。

由于《工伤保险条例》第十七条第一款使用的是工伤认定"申请时限"非"申请时效"，导致学界对申请时限性质的争议和司法实践中法律适用的困惑。我国的《行政诉讼法（1989）》和《工伤保险条例（2004）》以及《工伤认定管理办法（2004）》中并没有对工伤认定申请时限作出准确和统一的规定。2000 年，最高人民法院《关于执行〈中华人民共和国行政诉讼法〉若干问题的解释》第九十七条规定："人民法院审理行政案件，除依照行政诉讼法和本解释外，可以参照适用民事诉讼法的有关规定。"① 在杨庆峰案中工伤认定申请时限的合理认定成为本案胜诉与否的关键，在行政诉讼法和《工伤保险条例》无法直接适用的情形下，可以参照适用民事诉讼法的相关规定。《中华人民共和国民法通则》第一百三十七条规定："诉讼时效期间从知道或者应当知道权利被侵害时起计算。但是，从权利被侵害之日起超过二十年的，人民法院不予保护。有特殊情况的，人民法院可以延长诉讼时效期间。"最高人民法院《关于贯彻执行〈中华人民共和国民法通则〉若干问题的意见（试行）》第一百六十八条规定："人身损害赔偿的诉讼时效期间，伤害明显的，从受伤害之日起算；伤害当时未曾发现，后经检查确诊并能证明是由侵害引起的，从伤势确诊之日起算。"《中华人民共和国民事诉讼法（2007）》分别在第五十五条、第一百七十六条、第二百一十五条使用了四次"诉讼时效"的字眼，参照适用法律有关诉讼时效的规定。《中华人民共和国劳动法（1995）》第八十三条规定："劳动争议当事人对仲裁裁决不服的，可以自收到仲裁裁决书之日起十五日内向人民法院提起诉讼。一方当事人在法定期限内不起诉又不履行仲裁裁决的，另一方当事人可以申请人民法院强制执行。"该条使用的是"期限"而非"时效"。

《工伤保险条例》第 17 条规定："工伤职工或者其直系亲属、工会组织在事故伤害发生之日或者被诊断、鉴定为职业病之日起 1 年内，可以直接向用人

---

① 2014 年《行政诉讼法》新增条款第一百零一条明确规定："人民法院审理行政案件，关于期间、送达、财产保全、开庭审理、调解、中止诉讼、终结诉讼、简易程序、执行等，以及人民检察院对行政案件受理、审理、裁判、执行的监督，本法没有规定的，适用《中华人民共和国民事诉讼法》的相关规定。"

单位所在地统筹地区劳动保障行政部门提出工伤认定申请。"这里的"1年内申请"的性质难以明晰，而且参照适用也无统一标准。现实中，工伤事故认定面临着两个制度困境，第一个困境是，工伤事故认定程序的繁琐复杂与人身损害赔偿排除选择适用存在冲突。2004年《工伤保险条例》规定的工伤事故认定，可能需要经历行政复议、行政诉讼和仲裁多个程序，加上行政机关办事效率低下和机械适用法规，而且工伤认定赔偿标准远低于人身损害赔偿，当事人为避免浪费时间和精力，倾向于选择人身损害赔偿的民事赔偿路径。然而，根据2003年发布的《最高人民法院关于审理人身损害赔偿案件适用法律若干问题的解释》第十一条第三款和第十二条第一款的规定，排除了当事人选择适用人身损害赔偿的救济路径，只要属于工伤保险范围的，只能根据工伤保险条例的规定进行赔偿。第二个困境是，立法用语含义的不明确造成解释的分歧，如2004年《工伤保险条例》中关于申请时效的规定存在缺陷，关于"1年内申请"的时效并未规定延长、中断和中止的情形，而且对"事故伤害发生之日"的理解片面，形成"事故伤害发生之日"就等同于"事故发生之日"的机械惯性思维，造成法律适用的歧义和当事人维权的困难。

三、案件的贡献

杨庆峰案解决了《工伤保险条例》第十七条中"事故伤害发生之日"起算时间的问题，运用演绎推理和类比推理的方法，论证了"事故伤害发生之日"应当指"事故伤害结果发生之日"而非"事故发生之日"，平息了理论和司法审判中关于工伤认定申请期限起算时间的争论，使工伤认定申请时效更加周延，也符合《工伤保险条例》倾向于保护工伤职工合法权益的立法精神，同时参照适用《民法通则》相关规定，论证更加严密周全。

（一）使工伤认定中"申请时效"的理解更加周延

正确适用法律是作出裁判的前提条件，实践中事实与法律规定往往不能一一吻合，则需要法官对法律条文进行解释。文理解释是正确理解法律条文的首选方法，只有结合裁判所追求的公正目标，经过法官分析和解释之后的法条，才是案件适用的真正法律。

《工伤保险条例》第十七条第二款规定的"事故伤害发生之日"，从字面含义上看，"事故"是对于"伤害"的修饰和限制，即这里的"伤害"是基于工伤事故而发生的，伤害结果与工伤事故之间存在因果关系，关键在于事故引发的伤害结果而不是事故发生本身，据此理解，"事故发生之日"就是指伤害结果发生之日，而不是事故发生之日。

在工伤认定中，一般而言，事故发生之日就是事故伤害发生之日，对此当事人和有权认定的行政机关均无异议，也成为了劳动部门认定的的通常标准，甚至认为这是"事故伤害发生之日"的唯一解释。然而，"事故伤害发生之日"包含两种情形：其一，事故发生后伤害随即显现，即事故发生之日就是事故伤害之日；其二，事故发生之日与伤害结果之日不一致，如本案中原告确诊的陈旧性铁锈症具有一定的潜伏性，在事故发生之日并未立即显现伤害结果，经过一段时间后，伤害结果才实际发生。针对第一种情形，事故发生之日与伤害结果发生之日重合，并不代表申请时效的起算时间固定为事故发生之日，这种解读显然是不周延的。

针对第二种情形，事故发生之日与伤害结果之日不一致时，审理法院运用文理解释的基本方法，纠正了以往劳动行政部门认定标准的偏见，将"事故伤害发生之日"解释为"伤害结果发生之日"，工伤认定的申请时效应当从伤害结果发生之日起算。二审审理法官蔡萍在《人民司法》发文评述"如果对该条文的解释仅限于事故发生之日，将本来应该适用该条款的工伤认定排除在适用范围之外，与该法律条文的立法本意——充分保障工伤职工合法权益相比，其文义范围显然过于狭窄"。[1] 因此，对于事故伤害发生之日，应当作出不仅限于事故发生之日，还应包括事故引发的伤害发生之日的解释，这不仅使工伤认定申请时效的界定更加周延，也能充分保障工伤职工的合法权益。

（二）对工伤认定申请时效的审查更趋合理

《工伤保险条例》第一条规定："为了保障因工作遭受事故伤害或者患职业病的职工获得医疗救治和经济补偿，促进工伤预防和职业康复，分散用人单位的工伤风险，制定本条例。"本条明确了三重立法目的：第一，保障受伤职工的合法权益；第二，促进用人单位进行工伤预防与帮助工伤职工进行职业康复；第三，分散用人单位的风险。当行政法律规范模糊不清存在多种释义时，法官应当恪守立法意图，遵循条例背后的立法精神来合理解释法律，并对价值冲突作出选择和判断。

《工伤保险条例》第十七条第二款关于工伤认定申请时效的规定，一方面

---

[1] 参见蔡萍、周耀明：《杨庆峰与江苏省无锡市劳动和社会保障局工商认定纠纷上诉案》，载《人民司法（案例）》2008年第20期。

是为了防止工伤认定申请的提出没有时间上的限制，而导致浪费国家行政管理资源，影响办事效率，妨碍劳动保障部门及时、准确地查明事实。同时也有督促工伤职工及时提起工伤认定申请，以免怠于行使工伤认定申请导致自身合法权益损害的目的；另一方面，更为重要的是，工伤认定申请时效的规定是为了充分保障工伤职工的合法权益，以达到条例的立法目的。如果伤害结果的发生仅仅因为客观原因而非工伤职工之主观故意或怠于申请工伤认定所致，那么在伤害结果发生之前，职工也无法申请工伤认定，劳动部门更无法审查事实，反而会导致行政资源的浪费，造成工伤职工合法权益损害的后果，违背工伤保险条例的立法宗旨。

杨庆峰案一审法院以被告对"事故伤害发生之日"的解释"不利于保障受伤职工的合法权益"为由判决被告败诉，二审法院更是对此作出详尽的说理："法律的基本原则有利于解决面对普遍规则时例外情形的法律适用问题。公平正义是社会主义法治的基本价值取向，是构建社会主义和谐社会的重要任务。在现行法中寻求公平正义，应当成为司法的原则。保障工伤职工的合法权益是《工伤保险条例》第一条开宗明义阐明的立法宗旨，同时，倾斜于受害人原则是工伤保险法的基本原则。工伤保险法属于社会法，社会法以保护弱势群体利益为其法律精神，工伤保险倾斜于受害人原则正是社会法基本原则的集中体现。为此，如果工伤职工在发生事故后只是因为客观原因而其自身并无过错的情况下，未能及时发现伤害，就丧失工伤认定申请的权利是不公平的，也是不符合工伤保险法的立法宗旨和社会普遍认同的价值标准的。"①

由此可见，本案判决结合《工伤保险条例》保障工伤职工合法权益的立法目的、工伤保险法倾斜于受害人的基本原则以及保护弱势群体利益的社会法立法精神，对工伤认定申请时效作出了合理的司法审查，既准确解读了《工伤保险条例》的立法精神，也适时地维护了工伤职工的合法权益，同时厘清了关于工伤认定申请时效起算时间的模糊规定，实乃进步之举。

（三）人身损害赔偿时效得以参照

根据《中华人民共和国民法通则》（以下简称《民法通则》）第一百三十七条的规定，诉讼时效从知道或者应当知道权利被侵害时起计算。最高人民法院《关于贯彻执行〈中华人民共和国民法通则〉若干问题的意见（试行）》（以下简称《若干意见》）第一百六十八条规定："人身损害赔偿的诉

---

① 参见江苏省无锡市中级人民法院〔2007〕锡行中字第 0132 号行政判决书。

讼时效期间，伤害明显的，从受伤害之日起算；伤害当时未曾发现，后经检查确诊并能证明是由侵害引起的，从伤势确诊之日起计算。"

本案审理法院认为，工伤认定申请时效虽然与民事诉讼时效不同，但在判断时效起算时间时，应当参照上述关于民事诉讼时效起算时间的规定，采用"应当或应当知道说"。本案中被上诉人杨庆峰于 2004 年 6 月在工作时发生铁屑溅入左眼的事故，但当时并未实际发生伤害结果，而是至 2006 年 10 月才病情发作，经医生确诊为左眼铁屑沉着综合征。根据医生诊断证明，该病具有潜伏性和隐蔽性，与 2004 年 6 月被上诉人在工作时发生的事故具有因果关系。鉴于涉案工伤事故发生时伤害后果尚未实际发生，伤害结果发生后经医生确诊证明确系因涉案工伤事故所致，故本案工伤认定申请时效应当从伤害后果实际发生之日起算，被上诉人提出涉案工伤认定申请时，尚未超过申请时效。

法院认为工伤认定申请时效可以参照适用人身损害赔偿时效，至少可以从下几点寻求依据：第一，工伤认定申请期限的起源。《工伤保险条例》规定受伤职工申请工伤认定 1 年期限的依据是我国《民法通则》第一百三十六条关于身体受到伤害要求赔偿的诉讼时效规定，职工在生产劳动中发生的人身损害，属于工伤认定的范畴，同时也属于《民法通则》规定的公民民事权利受到侵害的范围，而且该规定与 1 年诉讼时效的目的相同，都是为了督促权利人及时行使权利，保护自己的合法权益，提高司法效率，节约司法资源。① 第二，工伤认定申请的本质。工伤认定申请实际上就是请求社会保险行政部门或者用人单位给付损害赔偿，所以工伤认定申请属于请求权范畴，与民事诉讼时效一样可以中断、延长。② 第三，工伤认定申请的参与主体结构。工伤认定申请是指在受伤职工和用人单位的参加下，社会保险行政部门作为中立的机关作出行政决定，这与民事诉讼在双方当事人、其他诉讼参与人参加下，法院作为中立机关审理民事纠纷的诉讼结构相似，本质上都是在公权的参与下，解决平等主体之间的私权利纠纷。③ 此外，根据最高人民法院《关于执行〈行政诉讼法〉若干问题的解释》第九十七条的规定，人民法院审理行政案件，可以参照民事诉讼的有关规定。

---

① 陈婵：《工伤认定超申请期限并不等于超诉讼时效》，载《人民司法》2014 年第 14 期。

② 参见向春华：《工伤认定申请期限的完善——〈工伤保险条例〉修改建议案之一》，载《劳动保护》2006 年第 7 期。

③ 参见张忠波：《工伤认定申请期限的性质辨析》，西南政法大学 2015 年硕士论文。

在解决行政争议时，传统的理论观点认为"必须在公法中实行法定主义，法的正义和公平价值必须让位于法的绝对安定性"，① 但这同时面临着"法官不能拒绝裁判"的现实问题。实践中的争议解决具有必要性，法官在面对具体案件时是无法回避的，并且因为诉讼程序中审理期限制度的限制，法官在面对具体案件时必须作出抉择。因而，在相关行政法规范缺乏规定，或者通过解释也难以对相关争议进行界定时，对法官来说援引适用具有密切联系的类似规范就成为一个选择。本案中对民法规范的适用就是一个典型的例子。有学者认为，在行政法规范存在法律漏洞的情况下，如果民法规范能够提供相应的法律依据，则法律适用者即可适用，甚至还有义务适用民法规范，因为纠纷解决的必要性与行政法规范的供给不足之间存在现实的矛盾，需要适用民法等其他法律规范。② 把上述观点在现代公共行政中作一番解读是存在极大的合理性的。在现代公共服务行政的背景下，行政法所调整的领域和对象相比传统管理行政呈现出调整范围广、复杂多变的特点，在一定程度上很难对各类事项事无巨细地进行规定，在很多有所规定的领域也存在不充分的情况。此外，立法者的认识也是有局限性的，行政法个别领域很可能因为某些原因缺乏规范。

在本案中，二审法院的第三点理由就是从民法中的时效为切入点进行说明的。在民法领域中，为了使不确定的法律关系尽早确定下来，维护当事人的合法权益规定了申请时效制度，同时为了防止在受害人尚不知道损害发生和加害人是谁的情形下就丧失获得救济的不利后果出现，规定了"知道或应当知道"具有主观性质的标准。例如，就有关侵权的损害赔偿请求权时效而言，我国《民法通则》第一百三十七条规定"诉讼时效期间从知道或者应当知道权利被侵害时起计算"，德国民法中也有"自受害人知悉损害事实或者赔偿义务人之时起"的规定。③ 就本案而言，为了保障工伤职工的合法权益，二审法院以民法中诉讼时效起算理论作为参照，运用法律解释的方法，将申请时效期间起算所规定的"事故伤害发生"这一相对客观的标准解释为申请人知道事故伤害实际发生之日，有利于保障申请人的合法权益。

---

① 屈茂辉：《类推适用的私法价值和司法运用》，载《法学研究》2005 年第 1 期。
② 王贵松：《民法规范在行政法中的适用》，载《法学家》2012 年第 4 期。
③ 参见《山东审判》编辑部：《劳动工伤行政确认案件法律适用问题研究》，载《山东审判》2006 年第 2 期。

四、待探讨的问题

关于工伤认定申请时限能否参照适用人身损害赔偿诉讼时效的规定有待进一步的探讨。波斯纳曾言：类比推理是法律推理的心脏。① 类比推理作为一种重要的法律推理形式，在司法审判中常有使用，主要表现为类推适用和判例类推。类推适用就是指在法律无明文规定的具体案件中，比附援引与其性质最为类似的现有法律规定进行处理的适用法律的推理活动。② 杨庆峰案在采用演绎推理的基础上，运用类推适用的方法，认为工伤认定申请时限可以参照人身损害赔偿时效的规定，在一定程度上实现了个案正义，弥补了法律的漏洞。然而本案类推适用的说理仍有进一步探讨的地方：第一，《工伤保险条例》第十七条已经规定了"1 年的申请时限"和"事故伤害之日的起算时间"是否属于法律无明文规定？第二，工伤认定申请期限与人身损害赔偿诉讼时效是否性质最为类似？需要符合哪些条件才能够参照适用？

（一）工伤认定时限有无必要参照人身损害赔偿时效

根据上述对类推适用的定义，可见参照适用其他法律规范的前提是本法无明文规定，即法律漏洞的存在是类推适用在审判中适用的前提条件。2004 年《工伤保险条例》第十七条明确规定了工伤认定申请 1 年的时限，起算时间为"事故伤害之日"或"被诊断、鉴定为职业病之日"。杨庆峰案的争议焦点就在于对工伤认定申请时效起算时间的理解，即对"事故伤害之日"的解释，二审法院在运用文理解释和目的解释的演绎推理基础上，已经论证了"事故伤害之日"应当指"事故伤害结果发生之日"，且作为工伤认定申请时效的起算时间。既然法无明文规定是类推适用的前提，在《工伤保险条例》已经明文规定的情况下，仅仅是因为对"事故伤害之日"这一法律用语的解释不同，并不能称之为法律的漏洞，因此也就没有采用类推适用的必要。二审法院在阐明理由部分增加工伤认定申请应当参照上述关于民事诉讼时效起算时间的规定反而显得多余，不符合类推适用的基本前提，参照适用尚需进一步的说理和探讨。

---

① 〔美〕理查德·A. 波斯纳：《法理学问题》，苏力译，中国政法大学出版社 2002 年版，第 109 页。

② 赵鹏：《浅谈类比推理在审判中的适用》，载《中国城市经济》2011 年第 6 期。

（二）工伤认定时限能否参照人身损害赔偿时效

法律的漏洞是类推适用的前提，类推适用的关键则在于参照对象的性质之间是否抵触。本案中参照的对象是工伤认定申请时效与人身损害赔偿诉讼时效，前者属于公法范畴，后者属于私法领域，二者在以下几个方面不尽相同：

首先，工伤和人身损害均体现为身体受到侵害，但本质不同，一般而言，人身损害赔偿需要具有主观过错，而工伤即使用人单位没有过错，也需承担责任。《工伤保险条例》的立法目的不仅是保障受伤职工的合法权益，也是分散用人单位的风险。工伤保险法作为社会法，就是通过对用人单位课以缴纳保险费，避免风险过于集中，用人单位无力承担，从而将风险转移给社会，由社会保险基金来承担。而人身损害赔偿则基于对加害人义务的强制履行，属于私法领域的争议。

其次，工伤认定申请时效的规定在于敦促工伤职工及时提出申请，避免怠于行使权利，法律不保护在权利上睡眠的人。如工伤职工未在法定期限内向劳动部门提出工伤认定申请，视为对自身权利的放弃，即丧失了获得工伤补偿的实体权利，因为工伤认定申请是工伤职工享受工伤保险待遇的前提，没有申请，自然丧失了获得工伤保险待遇的权利。而在民事诉讼中，超过诉讼时效期间，未向人民法院提起诉讼，只是丧失了胜诉权，并不影响实体权利的享有。

最后，部分学者认为工伤认定申请期限既不是诉讼时效也不是除斥期间，而是属于程序性期限。第一，工伤认定申请是由社会保险行政部门受理，依据的是行政程序中的法律规范，而诉讼时效是当权利人的民事权利受到侵害时，人民法院依诉讼程序强制义务人履行义务，[1] 而且时效是由法律事实、时间限制和法律后果三个要素构成，条例中规定的 1 年工伤认定申请期限只是一个时间限制，并没有规定法律后果，显然用申请时效定义工伤认定申请期限不够精确，[2] 因此申请时限不同于诉讼时效。其二，《工伤保险条例》第十七条第四款规定，用人单位未在法律规定的期限内向社会保险行政部门提出工伤认定申请的，受伤职工依然拥有享受工伤保险待遇的实体权利，因此申请时限不同于除斥期间。

---

① 参见潘诗敏：《工伤争议的仲裁时效之我见》，载《中国劳动》2002 年第 3 期。
② 谢肖肖：《对 1 年工伤认定申请期间性质的分析——一种发展的视角》，载《中国劳动》2016 年第 7 期。

根据本案判决书原文，审理法院在裁判理由第三点认为，工伤认定申请时效与民事诉讼时效不同，但在判断时效起算时间时，应当参照关于民事诉讼时效起算时间的规定。显然，法官在类推适用民法规范的说理部分过于单薄，当然也可能基于判决书的文体规范性以及简明性的考虑，法院没有将详细的说理部分呈现出来。本案中法官并没有对行政法上类推适用民法规范的合法性基础、条件以及适用规则进行阐释，说理和论证不够充分。在类推适用的过程中，需要法官对法律漏洞的认定、类似性的判断以及援引类似的法律规范、法律效果的修正等进行充分而深入的分析、论证，以证明类推的正当性和判决的成立，否则，类推适用不仅难以说服当事人以及社会公众而丧失权威性和公信力，甚至成为法官恣意裁判、枉法裁判的借口。尤其是本案涉及行政法类推适用民法规范，充分的论证和说理显得尤为重要。法官必须提供充足的法律论据，并予以严密地论证，以证明类推适用的合法性。需要强调的是，除此之外，类推制度的运用和发展还有赖于判例制度的建立以及法官素质的提高。①二审法院认为工伤认定申请时效可以参照适用人身损害赔偿诉讼时效，但并未阐明适用的条件和理由，未作任何论证，同时又在裁判理由中阐明"工伤认定申请时效虽与民事诉讼时效不同。"既然工伤认定申请时效与民事诉讼时效性质不同，又不释明法院参照适用的条件和理由，存在法官恣意裁判的嫌疑，不具有说服力。

我国行政法受到大陆法系的影响，属于典型的公法规范，在处理相关行政诉讼争议时不仅要维护公共利益，还要对个体利益予以关注。同时，行政诉讼的目的与私人自治解决不同，不仅是为了解决当事人之间的纷争，也是为了通过解决纠纷保护当事人的权利以及保障行政的客观适当。至少相对而言，与民事诉讼相比，行政诉讼应当将更多的重点置于对实体真实的需求。因此，与私法的性质密切相关的特殊民事诉讼法的制度或规定并不适合行政事件诉讼。②此外，民事诉讼是主观诉讼，而在行政诉讼中存在主观诉讼与客观诉讼。③因而在行政诉讼中，如果想打破公法和私法规范的藩篱，对不同规范予以参照援用，应该要进行充分的说理和论证。

---

① 徐军、江厚良：《论行政法上的类推适用：以类推适用民法规范为中心》，载《全国法院系统第二十二届学术讨论会论文集》，第20页。

② 李广宇著：《新行政诉讼法逐条注释（下）》，法律出版社2015年版，第840页。

③ 江利红著：《日本行政诉讼法》，知识产权出版社2008年版，第112页。

五、结语

　　杨庆峰案解决了工伤认定申请时效起算时间的问题，法院通过演绎推理和类比推理论证"事故伤害之日"应当指"事故伤害结果发生之日"，并以此作为工伤认定申请时效的起算点，其作为公报案例，具有提供案例指导、平息审判实践中"同案不同判"争议的价值。虽然无锡市中级法院对杨庆峰案中类推适用民法规范的说理和论证仍存在进一步探讨的地方，但不可否认的是，杨庆峰案法官运用演绎推理和类比推理相结合的法律推理模式，突破制定法的缺陷，谨慎行使自由裁量权，弥补法律的漏洞，实现个案的正义，具有积极的示范作用。

王长淮诉盱眙县劳动和社会保障局
工伤认定案（2009）[*]

李海峰

一、案件回顾

（一）基本案情

原告王长淮自 2007 年进入第三人思达公司工作，与第三人之间形成劳动关系。2008 年 5 月 22 日上午，公司车间主任徐建华安排原告打扫卫生。原告在打扫卫生过程中，徐建华又安排了原告王长淮次日跟张海军后边工作，当张海军备料到回收酒精车间时，原告跟其到回收酒精车间观看学习便于次日跟岗。恰遇回收酒精岗位发生酒精溢料事故，原告为避险，慌乱中从窗户跳出，摔伤双足，公司车间主任等人迅速将原告送往盱眙县中医院救治。经医院诊断为双侧跟骨骨折。公司支付了医药费。2009 年 2 月 21 日，原告向被告盱眙县劳保局提出工伤认定申请，被告受理后进行立案调查，于 2009 年 4 月 16 日作出盱劳社工伤认字〔2009〕第 011 号工伤认定决定，认定原告不属于工伤。原告不服，于 2009 年 5 月 10 日向盱眙县人民政府申请复议，2009 年 6 月 8 日盱眙县人民政府作出复议决定，维持被告作出的具体行政行为。

原告不服工伤认定的结果，遂起诉至盱眙县人民法院，请求依法判令被告重新作出认定原告为工伤的具体行政行为。

---

* 本案刊载于《最高人民法院公报》2011 年第 9 期。裁判要旨："根据《工伤保险条例》第十四条的规定，职工在工作时间和工作场所内，因工作原因受到事故伤害的，应当认定为工伤。这里的'工作场所'，是指职工从事工作的场所，例如职工所在的车间，而不是指职工本人具体的工作岗位。职工'串岗'发生安全事故导致伤害的，只要是在工作时间和工作场所内、因工作原因而发生的，即符合上述工伤认定条件，'串岗'与否不影响其工伤认定。"

（二）争议焦点

原告王长淮诉称："2007年起原告进入思达公司工作。2008年5月22日，公司的车间主任徐建华安排原告打扫卫生时告知原告次日跟随张海军师傅后面工作。休息时，原告看见张海军备料至工作台，想提前熟悉情况，即跟随张海军到工作台旁观看张海军操作。由于设备故障，回收酒精岗位发生酒精溢料事故，随时有爆炸可能，工人均从工作现场窗户跳出。原告在跳落地面时双足摔伤，经盱眙县中医院诊断为双侧跟骨骨折。2009年2月21日原告向被告盱眙县劳保局申请工伤认定。被告于2009年4月16日认定原告受伤事故因串岗而不属于工伤。原告遂请求法院依法判令被告重新作出认定原告为工伤的具体行政行为。"

被告盱眙县劳保局辩称：

"2008年5月22日上午，公司车间主任徐建华安排原告王长淮打扫卫生，张海军等人在回收酒精岗位操作设备；原告打扫卫生过程中擅自串岗至回收酒精岗位。当日10时左右，由于设备故障，回收酒精岗位发生溢料事故，原告不了解该岗位情况，慌乱中从窗户跳下去，造成其双侧跟骨骨折后果，不属于工伤。请求法院依法驳回原告的诉讼请求。"

第三人思达公司认为：

"被告盱眙县劳保局作出的工伤认定合理合法，原告王长淮的工作场所是一车间，应从事打扫卫生工作，而事故发生时，原告在另一车间看报纸，不是基本的工作场所，也不是因工作原因，请求驳回原告的诉讼请求。"

综上，本案的争议焦点是，原告王长淮在换岗时因事故受伤能否认定为工伤？

（三）法院裁判

江苏省盱眙县人民法院认为：

中华人民共和国国务院《工伤保险条例》第五条规定："县级以上地方各级人民政府劳动保障行政部门负责本行政区域内的工伤保险工作。"被告盱眙县劳保局具有负责工伤认定的法定职责。该《条例》第十四条规定："职工有下列情形之一的，应当认定为工伤：（1）在工作时间和工作场所内，因工作原因受到事故伤害的……"这里的"工作场所"，是指职工从事工作的场所，例如职工所在的车间，而不是指职工本人具体的工作岗位。

被告盱眙县劳保局认为原告因"串岗"受伤不能认定为工伤，对此本院认为：首先，原告王长淮临时更换岗位是按照管理人员即车间主任的安排进行的，并不是擅自离岗换岗，不属于"串岗"，应为正常工作变动；其次，即使认定原告上班期间"串岗"行为成立，原告仅是违反了相关企业管理制度，其只导致具体工作岗位及相关工作内容有所变动，并不能改变原告仍在工作场所内工作的事实，因此"串岗"行为应由企业内部管理规章制度调整，不能因此影响工伤认定。原告是在第三人思达公司上班期间处于工作场所并因该公司设备故障安全事故导致伤害，符合工伤认定条件，被告作出原告不属于工伤的具体行政行为与法律相悖。

因此，他们认为，"被告盱眙县劳保局作出的认定原告王长淮不属于工伤的具体行政行为证据不足，适用法律法规错误，依法应予撤销。对原告的诉讼请求，应予支持"。遂依照《中华人民共和国行政诉讼法》第五十四条第（二）项第1、第2目的规定，于2009年7月29日判决：（1）撤销被告盱眙县劳保局作出的盱劳社工伤认字〔2009〕第011号工伤认定决定书。（2）责令被告盱眙县劳保局在六十日内重新作出认定原告王长淮为工伤的具体行政行为。一审宣判后，法定期间内双方当事人均未上诉，一审判决已发生法律效力。

二、案件背景

（一）现实背景

自改革开放以来，我国经济体制改革和社会转型逐渐加快，劳动力大规模向东部地区转移，加之国企改革造成大批工人下岗，用工结构呈现多元化格局。特别是在本案发生的时点，中国社会进入了急剧转型的时期，城乡二元结构分化解体，外来务工人员数量激增，劳动用工形式多变。伴随着城市范围的逐渐扩张，大量的劳动力参与到了城市建设的洪流之中，加之彼时我国劳动者权益保障水平普遍低下，随之而来的用工纠纷和劳动纠纷也大量地涌现。

出现如此之多的用工和劳动纠纷的原因，归根结底还是源于低收入人群化解风险能力不高、我国尚未形成成熟的商业保险制度。劳动纠纷的解决也就必然要求工伤保险制度的成熟和完善。实践中，由于劳动者水平不高、缺乏足够培训、操作不规范等原因，工伤事故频发，加之劳动者的法律意识淡薄，在签订劳动合同时不能甄别利弊，职工因工受伤后，很难成功取得工伤保险的救助。现实中还存在一些企业拒不参加工伤保险，或者虽然参加了工伤保险但欠缴、少缴保险费的现象，在工伤发生后，这类企业为了躲避责任或者逃避处罚，往往不愿意劳动者被认定为工伤。人力资源与社会保障部、国家统计局的一组数据显示，就在王长淮案发生的前一年 2008 年，全国就业人员 77480 万人，参加工伤保险人数为 13787 万人，全年认定工伤 95 万人，全年享受工伤保险待遇人数为 118 万人。① 由这组数据我们可知，工伤保险在中国的覆盖面还很狭窄，更多的受伤劳工享受不到工伤保险的待遇。

《行政诉讼法（1989）》实施以来，工伤类案件占据了相当比例。在对行政相对人的救济体系中，司法机关对工伤保险认定行为的审查发挥了重要的作用。工伤认定是我国工伤保险制度中最为关键的环节，是工伤职工按照法律规定享受工伤待遇的前置程序和基本依据。由于职工缺乏安全意识和企业疏于监管，实践中工伤事故频频发生。由于工伤保险有限的覆盖面，一些因工伤残职工合法权益无法得到切实保障，由此引发的工伤事故的争议层出不穷。自 2003 年开始实施的《工伤保险条例》为一系列工伤事故的处理提供了法律层面的保障，但伴随社会的急剧发展变化，对法律用语的不同解释导致司法实践中法律适用的困难。2005 年至 2007 年期间，一向很少收录劳动案件的《最高人民法院公报》，罕见地连续三年登载了五个工伤认定行政争议案件。② 这从侧面反映出司法实践中工伤认定的复杂性和解释工伤认定相关规定的紧迫性。

（二）制度背景

工伤保险是多数国家普遍实行的一项社会保险制度，也是国际社会最早建

---

① 资料来源于人力资源社会保障部和国家统计局于 2009 年 5 月 19 日发布的《2008 年度人力资源和社会保障事业发展统计公报》。

② 这五个案件分别是："松业石料厂诉荥阳市劳保局工伤认定案"，刊载于《最高人民法院公报》2005 年第 8 期（总：106 期）；"孙立兴诉天津园区劳动局工伤认定行政纠纷案"，刊载于《最高人民法院公报》2006 年第 5 期（总：115 期）；"铃王公司诉无锡市劳动局工伤认定决定行政纠纷案"，刊载于《最高人民法院公报》2007 年第 1 期（总：123 期）；"杨庆峰诉无锡市劳动和社会保障局工伤认定行政纠纷案"，刊载于《最高人民法院公报》2008 年第 1 期（总第 135 期）；"北京国玉大酒店有限公司诉北京市朝阳区劳动和社会保障局工伤认定行政纠纷案"，刊载于《最高人民法院公报》2008 年第 9 期（总第 143 期）。

立的现代社会保险制度。其主要目的是给予在工作中遭受事故伤害或者患职业病的职工充分及时的救治和补偿,并分散用人单位的风险。德国是世界上最早建立工伤保险制度的国家,早在 1884 年就通过了《工伤事故保险法》。[1] 由于这项制度能够维持社会的基本公平与正义并使紧张的劳资关系趋于缓和,使社会趋于稳定,其后各国纷纷采用了此制度,现在工伤保险成为全球范围内最为普及的社会保险制度。

中华人民共和国成立以来,我国的工伤保险制度不断完善。1951 年政务院制定的《劳动保险条例》和 1957 年卫生部制定的《职业病范围和职业病患者处理办法》就已经涉及了工伤制度的相关内容。即使在"文革"期间,工伤保险制度的完善也并未停滞。1995 年 1 月 1 日起实施的《劳动法》,明确规定国家要建立工伤保险制度。1996 年,劳动部为贯彻《劳动法》的实施,制定了《企业职工工伤保险试行办法》,将减轻企业负担、加强基金管理作为主要改革方向。[2] 2003 年国务院为解决上述《试行办法》在运行中存在的问题,公布了《工伤保险条例》,就工伤适用范围、工伤认定情形、工伤基金管理等作了全面规定。这是我国第一次专门就工伤保险进行的立法。

关于工伤认定问题,《工伤保险条例》第十四条、第十五条和第十六条作了较为详细的规定。《工伤保险条例》第十四条规定:"职工有下列情形之一的,应当认定为工伤:(1)在工作时间和工作场所内,因工作原因受到事故伤害的;(2)工作时间前后在工作场所内,从事与工作有关的预备性或者收尾性工作受到事故伤害的;(3)在工作时间和工作场所内,因履行工作职责受到暴力等意外伤害的;(4)患职业病的;(5)因工外出期间,由于工作原因受到伤害或者发生事故下落不明的;(6)在上下班途中,受到非本人主要责任的交通事故或者城市轨道交通、客运轮渡、火车事故伤害的;(7)法律、行政法规规定应当认定为工伤的其他情形。"第十五条规定:"职工有下列情形之一的,视同工伤:(1)在工作时间和工作岗位,突发疾病死亡或者在 48 小时之内经抢救无效死亡的;(2)在抢险救灾等维护国家利益、公共利益活动中受到伤害的;(3)职工原在军队服役,因战、因公负伤致残,已取得革命伤残军人证,到用人单位后旧伤复发的。职工有前款第(1)项、第(2)

① 蔡和平:《中德工伤保险法律制度比较研究》,北京大学法学院 2004 年博士学位论文。

② 孙树菡,朱丽敏:《新中国工伤保险制度六十年的发展变迁》,载《河北学刊》2009 年第 6 期。

项情形的，按照本条例的有关规定享受工伤保险待遇；职工有前款第（3）项情形的，按照本条例的有关规定享受除一次性伤残补助金以外的工伤保险待遇。"第十六条规定："职工符合本条例第十四条、第十五条的规定，但是有下列情形之一的，不得认定为工伤或者视同工伤：（1）故意犯罪的；（2）醉酒或者吸毒的；（3）自残或者自杀的。"

尽管我国在工伤保险制度的构建和完善方面作出了努力，但不可否认的是，目前而言，工伤保险制度仍然存在诸多问题有待进一步去完善：

1. 工伤认定标准模糊且司法裁判不统一

"工作时间、工作地点、工作原因"（简称为"三工"）是工伤认定的关键要件，以上三种要件在实践中均加以解释和演绎，甚至有些适用已经背离了词语的内涵。我国《工伤保险条例》第十四条规定了七种应当认定为工伤的情形，第十五条规定了三种视同工伤的情形，第十六条又将故意犯罪、醉酒或吸毒、自残或自杀三种情形排除出认定范围。《工伤保险条例》这种正反向列举方式，在实践中问题频出。面对复杂的社会用工现实，行政机关和和司法机关在认定工伤时不得不大量地解释法律来辅助判断。但值得注意的是，在上述共十三种情形中，除了职业病需要医疗单位出具病例之外，绝大多数都要通过《工伤保险条例》第十四条中的"工作时间、工作地点、工作原因"来进行工伤认定。

在"赵雨诉北京市朝阳区劳动和社会保障局社会保障行政确认案"① 中，法院认为职工外出开会休息期间受到意外伤害应当认定为工伤。在"孙立兴诉天津高新区劳动人事局工伤认定案"② 中，法院认为有多个工作场所的情形下，工作场所还应包括职工来往于多个工作场所之间的合理区域。在"林国雄诉深圳市劳动和社会保障局不予认定工伤案"③ 中，法院认为单位司机在参加本单位组织的与客户公司足球友谊赛中受伤，属于因工作原因所致，应当认定为工伤。法院对三要件所作的解释有能动司法的性质，但上述解释毕竟有超出三要件原本文义的嫌疑。

各地法院对《工伤保险条例》相关条款的不同理解，出现了"同案不同

---

① 中华人民共和国最高人民法院行政审判庭编：《中国行政审判指导案例》（第一卷），中国法制出版社 2010 年版，第 186~192 页。

② 见天津市第一中级人民法院〔2005〕一中行初字第 39 号行政判决；天津市高级人民法院〔2005〕津高行终字第 0034 号行政判决书。

③ 最高人民法院中国应用法学研究所编：《人民法院案例选》2007 年第 4 辑（总第 62 辑），人民法院出版社 2008 年版，第 385 页。

判”的现象，甚至有截然相反的判决。在同样是超过退休年龄因工受伤的案情中，在“季明花诉江苏省涟水县劳动和社会保障局社会保障工伤确认案”①中，涟水法院和淮安中院依照江苏省劳动和社会保障厅制定的相关规范性文件认定：“原告已不符合劳动者就业的法定年龄，其受伤不应适用《工伤保险条例》等劳动法律规范来调整”。在“东莞裕元医院与东莞市劳动和社会保障局行政确认上诉案”②中，法院认为《工伤保险条例》并未将退休人员排除在“职工”范畴之外，故而提供劳动的一方在工作中滑倒摔伤符合在工作时间和工作场所因工作原因受伤的情形，应当认定为工伤。审判实践中，类似于上述几种案例中出现的情况不是孤例，各地法院统一裁判尺度成为工伤认定中的紧要问题。

2. 工伤认定程序不完善

工伤认定程序不完善主要表现在两个方面。其一是工伤认定纠纷处理的时间过长，不利于维护受伤职工的合法权益。一般情况下，工伤认定行政部门对工伤三要件偏向于作文义上的限缩解释，进而对有争议的申请作出不予受理或不予认定为工伤的决定。而人民法院在审理这些纠纷中，往往从保护受伤职工一方的立场出发，对工伤三要件作文义上的扩张解释，以充分保护劳动者这一弱势群体的利益。行政和司法解释标准的冲突，使得工伤申请者疲于奔命，耗费大量时间和精力。相当部分案件从最初申请到最后认定需经数年之久，不仅不能保障受伤职工的合法权益，而且造成了行政资源和司法资源的巨大浪费。③其二是工伤认定的司法救济手段具有局限性，行政诉讼判决类型化的不完善使得社会保险行政部门连续作出相同决定，严重损害劳动者的合法权益。④《工伤保险条例》修改之前，工伤认定存在复议前置，工伤申请者想要得到司法救济必须经过两级行政机关的复议。实践中，经过复议进入到诉讼领

---

① 案例来源于江苏省高级人民法院公布的 2009 年工伤认定的典型案例。

② 见广东省东莞市中级人民法院〔2007〕东中法行终字第 22 号行政判决书。

③ 一份来自江苏省高级人民法院的统计显示，“2004 年全省劳动保障类行政案件总数已经超过传统的资源类、公安行政类案件，仅次于城建拆迁类行政案件，列全省第二位。近三年统计显示，工伤类行政案件占全部劳动和社会保障行政案件的 70%”。江苏省高级人民法院行政庭：《工伤保险行政案件审理若干问题研究》，载《法律适用》2005 年第 10 期。

④ 诸如在“张富生诉社保部门劳动工伤认定”案中，社会保险行政部门基于同一事实和理由连续作出了 4 份《不予认定工伤决定书》。参见张静：《劳动工伤案件的司法审查》，载《法律适用》2008 年第 3 期。

域的案件，法院在作出有利于劳动者的解释之后，在《行政诉讼法》规定的判决方式下，只能在撤销行政机关不予认定或不予受理的决定，责令其重新作出新的行政行为，如此案件又回到原行政机关，作出了与之前本质上相同的行政行为，申请者不得不再次诉讼。① 同时，行政机关即使改变了原来的工伤认定结果，利益受损的另一方当事人往往会以第三人身份上诉。相比之下，如果法院能够在裁判时机成熟的情况下，责令行政机关作出认定为工伤的行政行为，其社会效果会更好一些。

（三）理论背景

1. 对于法律概念的解释方法

本案的争议焦点为"换岗时因事故受伤能否认定为工伤"，其实质为对"工作场所"的解释和认定。想要把本案评析清楚，需要介绍一下对于法律概念的解释方法。法律解释的方法有很多，但在具体裁判案件时，使用何种解释方法并不是固定的，也没有数量的限制，完全取决于法官对于案件的把握以及论证说理展开的逻辑，因此下文仅介绍本案中可能涉及的相关的几种解释方法。案件的判决是一个确认事实和适用法律的过程，司法的每个判决都必须经过具体的法律适用。② 法律适用是指将法律规范适用于具体的案件，将待解决的案件事实置之于法律规范构成要件之下，以获得特定结论的一种逻辑思维过程。然而法律是难以做到全面和精确的，因此在找到相关法律规范后，多数情况下都要对规范加以解释，以便将规范与案件事实对接。法律文字大多具有模糊性，本案中的"工作场所"，就需要通过各种解释方法确定该法律规范的意义内容。

本案中可能涉及的法律解释方法包含以下几种：首先是文义解释，在罗马法和萨维尼时代，文义解释被认为是法律解释首先要考虑的要素。法律解释的第一步便是对法律文义加以认识、分析。文义解释既是探寻法律文字意义范围的出发点，也是厘定其界限的标准。对于同样的表述，也许有不同的解释，基于此，文义解释又可以分为扩张解释或限制解释。前者指将文义向其最大射程

---

① 一份来自于广东法院的调研结论认为："审判实践表明，工伤认定的行政诉讼，虽然在一定程度上起到了对行政机关认定结论的合法性进行审查的作用，但可能更大程度上阻碍了伤亡职工获得损害赔偿的及时性。"转引自王建军：《工伤认定：行政与司法的冲突及消除》，载《社会科学研究》2007年第2期。

② 参见［德］奥托·迈耶著：《德国行政法》，刘飞译，商务印书馆2002年版，第104页。

的方向去解释,后者则限定于概念的核心范围之内。其次是体系解释,体系解释是将个别的法律观念放入整个法律秩序的框架进行理解,着眼于法律价值上的体系。体系解释是"维护法的无冲突性和安定性的需要,并且能够使各种相互冲突的规范意旨之间实现公平合理的平衡"①。再次是当然解释,即采取一种对比的方式,在法律对某事项没有明确规定的场合,通过参照其他事项作出的一种合理解释。② 当然解释具有两种解释的径路,其一是,针对某种行为而言,如果比其更为严重的行为被法律所允许,那么此行为应当被允许;其二是,针对某种行为而言,如果比其更为轻缓的行为被法律所禁止,那么此行为当被禁止。最后是目的解释和历史解释,目的解释是指对法律进行理解时,必须参考立法目的。如果根据文理和上下文得出多种可能性时,应该考虑最符合规范目的的解释结果。历史解释是指注重考查立法者当时的目的。"许多立法者借法律追求的目的,其同时也是法律的客观目的。"③ 历史解释与目的解释是相似的,目的解释着重于考查法的目的,而历史解释注重考查立法者当时的意图。

　　具体到行政法而言,我国行政法发展重心一直在行政立法,而行政法解释体制并不发达,刑法解释以罪刑法定为最高指导,行政法领域也应该有自己的解释准则。姜明安教授认为行政法解释须遵循 5 大原则,即尊重立法原意、维护法制统一、适应客观情势、弥补法律缺陷、有利于个人。④ 在具体案件的裁判过程中,解释法律规范是适用法律的重要组成部分,但适用什么方法解释法规范一直是一个难题。最高人民法院 2004 年印发的《关于审理行政案件适用法律规范问题的座谈会纪要》似乎给出了答案。在该《纪要》第四部分专门规定了解释方法:"一般按照通常语意进行解释;有专业上的特殊含义的,该含义优先;语意不清楚或有歧义的,可以根据上下文和立法宗旨、目的和原则等确定其含义。""人民法院在解释和适用法律时,应当妥善处理法律效果与社会效果的关系,既要严格适用法律规定和维护法律规定的严肃性,确保法律适用的确定性、统一性和连续性,又要注意与时俱进,注意办案的社会效果,避免刻板僵化地理解和适用法律条文,在法律适用中维护国家利益和社会公共

---

① ［德］齐佩利乌斯著:《法学方法论》,金振豹译,法律出版社 2009 年版,第 61 页。

② 欧阳竹筠,杨方泉:《刑法当然解释论》,载《中国刑事法杂志》2005 年第 3 期。

③ ［德］卡尔·拉伦茨著:《法学方法论》,陈爱娥译,商务印书馆 2003 年版,第 211 页。

④ 参见姜明安著:《行政执法研究》,北京大学出版社 2004 年版,第 183 页。

利益。"《纪要》确立了法律解释的规则，文义解释、目的解释、体系解释等均是行政审判中常用的解释方法。因此，我们可以看到，在行政审判的过程中，有大致的行政法解释规律。首先，有法可依并且需要解释法律的情况下，先进行文义解释，并遵循"特殊语言用法通常优于一般的语言用法"。其次，如果语意不清楚或有歧义，则采用体系解释、立法解释、目的解释、历史解释等。最后，解释的基准便是维护法的安定性和统一性，并且要能动地注重社会效果、维护国家和社会利益，同时行政法解释的基准不同于其他部门法，行政法的立法宗旨便是保护相对人的合法权益和控制行政权权力的肆意，因此，有利于相对人的解释应当成为行政法解释的重要基础。

以上便是法律解释的基本理论问题，也是需要明确的问题，因为在本案例中，法官即运用了多种解释方法进行判案，也是本案的亮点所在，下文将着重展开评析。

2. 行政诉讼的判决类型及其局限

分析本案的理论背景，不得不提行政诉讼的判决类型，因本案的裁判文书中明确载明了"责令被告盱眙县劳保局在六十日内重新作出认定原告王长淮为工伤的具体行政行为"，这样一种既限定时间，又责令履行，并且是责令履行特定行政行为的判决，从判决类型上讲属于责令重作判决，但又不完全符合此责令重作判决的构成要件，在实践中实属罕见，有必要在理论背景部分对我国的行政诉讼的判决类型进行介绍和分析。当然囿于本案发生的时间是 2009 年，此处分析的对象文本是 1989 年《中华人民共和国行政诉讼法》（以下简称 89 版《行政诉讼法》）。

按照 89 版《行政诉讼法》第五十四条、第五十五条和《最高人民法院关于执行〈中华人民共和国行政诉讼法〉若干问题的解释》（以下简称《若干解释》）第五十三条至六十条以及第六十二条的规定，我国行政诉讼的一审判决大致包括七种类型：（1）维持判决；（2）撤销判决；（3）履行判决；（4）变更判决；（5）确认判决；（6）驳回诉讼请求判决；（7）情况判决。① 在王长淮案件中，主要涉及的是撤销判决以及撤销判决的附带形式——责令重作判

① 1999 年版《最高人民法院关于执行〈中华人民共和国行政诉讼法〉若干问题的解释》第五十八条规定："被诉具体行政行为违法，但撤销该具体行政行为将会给国家利益或者公共利益造成重大损失的，人民法院应当作出被诉具体行政行为违法的判决，并责令被诉行政机关采取相应的补救措施；造成损害的，依法判决承担赔偿责任。"

决。责令重作判决是指人民法院在判决撤销或部分撤销违法具体行政行为时，可以一并判决被告行政机关重新作出具体行政行为的判决方式。重作判决的设立旨在纠正违法行政行为，督促行政主体依法行使职权，保护公共利益及当事人合法权益。同时也能够防止行政主体因其违法行政行为被法院撤销而消极对抗判决，督促行政机关履行法定职责。

尽管重作判决能够起到一定的纠正违法行政行为和督促重新作出行政行为的作用，但重作判决也有明显的不足，主要包括以下几点：一是缺乏严格的适用条件，适用范围太过宽泛。① 重作判决的这一不足给予了行政机关"偷梁换柱"的机会，假设法院以"主要证据不足、适用法律法规错误、违反法定程序"之一为由，判决行政机关重作行政行为，势必赋予行政机关重新取证的权利，行政机关借此将原违法行为转变为合法行为便成为可能，严重违背了行政诉讼法的立法初衷。② 二是在重作内容、重作期限方面没有明确的规定。《行政诉讼法》与《若干解释》在关于重作内容的规定方面似有冲突，③ 这也给了行政机关很大的操作空间。关于重作的期限，只有《若干解释》第 60 条中规定："……如不及时重新作出具体行政行为，将会给国家利益、公共利益或者当事人利益造成损失的，可以限定重新作出具体行政行为的期限。"该条规定没有具体的时间要求，该"期限"的长短完全取决于法官的判断，具有很大的不确定性。根据《若干解释》第五十四条第三款规定："行政机关以同一事实和理由重新作出与原具体行政行为基本相同的具体行政行为，人民法院应当根据行政诉讼法第五十四条第（二）项、第五十五条的规定判决撤销或者部分撤销，并根据行政诉讼法第六十五条第三款的规定处理。"换言之，即便行政机关重新作出了与原行政行为基本相同的行政行为，法院也仅仅只能将其再次撤销并向有权机关提出司法建议，至于这样的司法建议力度和效果如何，就不得而知了，因此缺乏更有效的约束和制裁措施。

---

① 《行政诉讼法》第五十四条第二项规定："主要证据不足、适用法律法规错误、违反法定程序、超越职权、滥用职权"五种类型下可以适用撤销判决并责令重作行政行为。

② 参见张宏、高辰年：《反思行政诉讼之重作判决》，载《行政法学研究》2003 年第 3 期。

③ 《行政诉讼法》第五十五条规定了被告"不得以同一事实和理由作出与原具体行政行为基本相同的具体行政行为"，但《若干解释》五十四条又规定了被告重新作出的具体行政行为与原行为结果相同，"但主要事实或者主要理由有改变的，不属于行政诉讼法第五十五条规定的情形"。这两者之间存在一定的矛盾之处，

在限定重作的具体规定方面，有学者认为，可借鉴英国的附指示重作判决制度。① 其判决形式中的撤销令和我国的重作判决颇为相似。撤销令不仅可以要求行政机关重新作出具体行政行为，而且可以附有必要的指示，指示的内容就是如何重新作出具体行政行为。在一定条件下撤销令还可以代替行政权作出决定。这种判决形式无疑体现了司法权对行政权更深层次的干预，可以避免循环诉讼的弊端。"特别是当行政诉讼案件事实清楚，证据确凿，并且行政机关的自由裁量权萎缩为零和行政机关作出羁束行政行为的时候，应当考虑对重作判决附加必要指示"。② 而王长淮案中的情形正是符合上述附指示重作判决制度，判决的结果也非常之相似。在限定重作的期限方面，有学者建议"如果法律、法规、规章或其他规范性文件中规定了行政机关作出具体行政行为的期限，则法院可据此来确定被告重新作出具体行政行为的期限；如果上述文件未给出具体期限，法院则应结合案件的实际情况确定一个合理期限；如果情况紧急，被告不立即作出具体行政行为会给国家利益、公共利益或者他人的合法权益造成难以弥补的损失的，法院应责令被告立即重新作出具体行政行为"。③

总体来说，我国行政法治基础较薄弱，重作判决形式仍然有存在的必要，仍然能够发挥一定的积极作用。借鉴英国的做法，适用重作判决时考虑附加必要指示，对重作的内容加以指导和限制，以期更加高效、快捷地解决行政争议是可行的措施。法院通过庭审，通过对案件事实的调查以及对被告作出具体行政行为所依据的事实根据、法律依据的审查，对被诉具体行政行为的违法之处已然明了，对如何纠正与重作也应形成明确的意见，法院完全有资格也有能力对行政机关的重作行为进行指导和限制。当然，如果重作的内容涉及专业性、技术性较强或者事实不清，法院直接认定有困难或者不合适时，则不宜直接对其进行限定。④

---

① 参见罗英：《行政诉讼重作判决的比较及其启示》，载《湖南科技大学学报（社会科学版）》2008 年第 6 期。
② 参见罗英：《行政诉讼重作判决的比较及其启示》，载《湖南科技大学学报（社会科学版）》2008 年第 6 期。
③ 罗英：《行政诉讼重作判决的比较及其启示》，载《湖南科技大学学报（社会科学版）》2008 年第 6 期。
④ 此类案件诸如是否授予学位证书案、确认发明专利权案等。

三、案件的突破和创新

（一） 明确了"工作场所"具体范围

本案中，最高院公报的裁判摘要部分明确写道："根据《工伤保险条例》第十四条的规定，职工在工作时间和工作场所内，因工作原因受到事故伤害的，应当认定为工伤。这里的'工作场所'，是指职工从事工作的场所，例如职工所在的车间，而不是指职工本人具体的工作岗位。"

在本案裁判之前，"工作场所"是指劳动者在履行工作职责时的环境范围。"工作场所"的范围具体包括以下几个要素：一是劳动者履行自身工作职责的固定区域，该区域与劳动者提供劳动、履行职责具有紧密的联系，比如车床工工作的车间、驾驶员驾驶的车辆内等；① 二是劳动者履行工作职责的非固定区域。该区域可能发生变化，但必须是与劳动者提供劳动、履行工作职责高度相关的区域。比如驾驶员为车辆加油的区域；三是为劳动者工作而提供必备设施的相关区域。该区域虽然并非是工作岗位，但该区域所提供的设施是劳动者完成劳动所需要的条件，该区域是对劳动者主要工作场所的合理延伸和必要补充，如单位的厕所、换衣间，等等。②

在笔者看来，对于"工作场所"这样一个法律概念，解释的方式是多元的，而盱眙县人民法院运用了多种的解释方法论证了"工作场所"应当包含换岗后的工作岗位，这种做法是明智的。一般来说，对于"工作场所"的理解应当先从文义解释入手，文义解释即按照法律条文用语之文义及通常使用方式，以阐释法律之意义内容，是一种基本解释方法，在解释法律的时候应当优先考虑。但是，重视文义解释并不等于机械解释法条，而应当结合社会生活常理，遵循逻辑规律来进行理解，对《工伤保险条例》第十四条中"工作场所"和"工作原因"的理解也应如此。

首先，从文义解释角度出发，"工作场所"并非特殊语言用法，因此可以按照其通常意义进行解释。其文义为工作的地方，盱眙县法院将"工作场所"

---

① 参见杨曙光：《试论工伤认定中"工作场所"的涵义》，载《法学杂志》2010年第2期。

② 参见詹建军：《浅析"三工"要素的合理延伸》，载《中国劳动保障新闻网》，http：//www.clssn.com/html1/report/17/7203-1.htm，2017年2月5日访问。

解释为"职工从事工作的场所，例如职工所在的车间，而不是指职工本人具体的工作岗位"完全符合文义解释的要求。为了能够强有力地证明法院给出的解释，法院紧接其后运用了其他解释方法以进一步找寻工作场所的文义射程。

其次，从目的解释角度出发，《工伤认定条例》的法律规范目的是对因工受伤进行经济补偿，是对劳动者的一种保护，因此法院采取了一种有利于劳动者的解释结论，法院认为"原告王长淮临时更换岗位是按照管理人员即车间主任的安排进行的，并不是擅自离岗换岗，不属于'串岗'，应为正常工作变动"，法院在认定王长淮为正常工作变动后，进一步紧扣立法目的指出"即使认定原告上班期间'串岗'行为成立，原告仅是违反了相关企业管理制度……'串岗'行为应由企业内部管理规章制度调整，不能因此影响工伤的认定"。

最后法院运用当然解释的方法再次强有力地论证本案的争议焦点应当被认定为工伤，回应了被告的抗辩。原告是按车间主任要求进行的正常工作变动，而非"串岗"。即使是"串岗"，也不影响工伤认定。工伤认定的三要件是一种无过错责任，只要在工作时间、工作场所，因工作原因受伤，且不属于《工伤保险条例》第十六条中的三种否定性列举，就应当认定为工伤。在其他条件不变情况下，"串岗"都应当被认定为工伤，那么比其程度轻的正常工作地点变动，也理所当然地应被认定为工伤，符合举重以明轻的当然解释方法，盱眙县人民法院的裁判说理部分完全符合法解释的规则。

综上，盱眙县人民法院用不同的解释方法确定了本案中争议地点属于工作场所，是对法律条文的精确解释，并在此基础上保障了劳动者的合法权益。值得指出的是，1981年6月22日第67届国际劳工大会通过的《职业安全和卫生及工作环境公约》第三条C款明确规定："'工作场所'一词涵盖工人因工作而需在场或前往、并在雇主直接或间接控制之下的一切地点。"2006年10月31日，第十届全国人民代表大会常务委员会第二十四次会议批准了该公约，因此该公约已经在我国具有法律效力，[①] 本案中盱眙县法院的裁判符合公约的要求。法律的解释与适用应当有利于推进社会福利的实现，保护弱势群体的合法权利。盱眙县法院正确理解了《工伤保险条例》中的"工作场所"和"工作原因"，撤销了错误的工伤认定决定书，维护了职工的合法权益，能够进一

---

① 参见刘万金：《职工出差途中属于工作时间和工作岗位》，载《人民司法》2012年第12期。

步明确工伤类案件中工伤认定的标准，对其他地区的法院审理此类案件具有借鉴效果，对统一各地区的不同裁判也具有积极意义。

(二) 明确"串岗"不影响工伤认定

本案中，《最高人民法院公报》的裁判摘要部分写明了"职工'串岗'发生安全事故导致伤害的，只要是在工作时间和工作场所内、因工作原因而发生的，即符合上述工伤认定条件，'串岗'与否不影响其工伤认定"。通过本案，我们能够明确一点："串岗"与否不影响其工伤认定。

"串岗"这个问题总是会影响行政机关对受伤职工工伤认定的判断，究其原因在于，既然是"串岗"，势必意味着职工受伤时所在区域不是严格意义上的职工"工作区域"，另外还意味着，受伤职工一定是违反了企业的内部规章制度。对于第二点，没有太多的疑问，在工伤认定中奉行的是无过错责任原则，即就算是职工违背了企业内部的规定，只要不存在《工伤保险条例》规定的那几种排除性事由，都应当认定为工伤。关键在于第一点"工作场所"的认定。其实法院在这一问题上态度是比较鲜明的，甚至于有时候法院明知不在"工作场所"，不在"工作时间"，只要符合因工作事由，仍然会判决支持认定为工伤，对于工作时间和工作地点的考量，法院所秉持的态度越来越宽泛，这也更有利于保护劳动者的权益。①

在"吴文莲与广东省劳动和社会保障厅等工伤认定行政复议纠纷再审案"② 一案中，劳动者受伤的时间为下班时间，且受伤的地点为单位的食堂，严格来说，伤害事故不能满足工作时间、工作地点的条件，法院甚至将工作时间这一要素直接忽略而确认了工伤的存在。其实对于该案中的工作时间、工作场所和工作原因三个要素，国务院法制办公室、劳动和社会保障部有明确的定位："《工伤保险条例》第十四条第（三）项之规定有两层含义，一是指职工因履行工作职责，使某些人的不合理的或违法的目的没有达到，这些人出于报复而对该职工进行的暴力人身伤害……二是指在工作时间和工作场所内，职工

① 参见广州市越秀区人民法院〔2007〕越法行初字第 79 号行政判决书；广州市中级人民法院〔2007〕穗中法行终字第 447 号行政判决书；广州市中级人民法院〔2009〕穗中法审监行再字第 4 号行政判决书。

② 案例见广州市越秀区人民法院〔2007〕越法行初字第 79 号行政判决书；广州市中级人民法院〔2007〕穗中法行终字第 447 号行政判决书；广州市中级人民法院〔2009〕穗中法审监行再字第 4 号行政判决书。

因履行工作职责受到的意外伤害。"① 在吴文莲案中，被害人因履行工作职责而引起死亡，符合工伤认定的核心要素——工作原因。在符合工作原因的前提下，工作时间和工作场所要素应作为辅助性要素予以认定。被害人被害的时间为下班时间，且地点在单位饭堂（设在厂区之内），但被害原因是因履行工作职责而遭受打击报复。如果仅因工作时间不认定为工伤，有违工伤保险条例和有关劳动立法保护劳动者合法权益的立法目的和立法原则。

由此可看出，目前法院对于工伤认定的三大要素：工作时间、工作场所和工作原因的态度是十分明确的，即认为这三个要素的地位和作用并不等同。从工伤的概念上分析，其核心是因工负伤，故工作原因是工伤认定中最关键的要素。从《工伤保险条例》第十四条的内容来看，每一种认定工伤的情形都离不开工作原因这一核心要素，而工作时间、工作场所则不是每种情形都必须满足的。因此相较于吴文莲案，在王长淮案中法院对于"串岗"不影响工伤的认定并不是超乎人们的想象。换句话说，法官所作出的解释合乎常理，更何况在王长淮案件中，其是受单位领导的指派而作出的行为，更加应当认定为工伤。类似的案件中，受伤职工在工作时间内受领导指派从事非本职工作范围内的本单位工作，在固定上班地点外受到伤害的，亦被认定为工伤。② 这样的裁判结果有利于拓宽工伤认定的范围标准，保护劳动者的权益，也有利于统一裁判尺度，使得工伤认定的标准更清晰。

（三）拓宽了行政诉讼判决类型

在本案件中有一点非常关键，就是盱眙县法院判决"责令被告盱眙县劳保局在六十日内重新作出认定原告王长淮为工伤的具体行政行为"。严格来讲，这一判决既不是单纯的判决履行，也不是判决重作行政行为，而是直接以命令的形式判决行政机关作出特定的行政行为。而根据1989年《行政诉讼法》第五十四条之规定，法院可以判决行政机关重新作出行政行为，但并没有规定法院可以指示行政机关作出特定的行政行为。显然在该案中，法院明确判决盱眙县劳动与社会保障局重新作出认定原告为工伤的做法突破了《行政诉讼》法中对于判决类型的具体规定，可以视为一种新的判决类型。

---

① 国务院法制办公室政法劳动社会保障法制司、劳动和社会保障部法制司、医疗保险司：《工伤保险条例释义》，中国法制出版社2003年版，第26页。

② 参见重庆市荣昌县人民法院〔2013〕荣法行初字第00006号行政判决书；重庆市第五中级人民法院〔2013〕渝五中法行终字第00237号行政判决书。

《行政诉讼法》在起草阶段，为强调行政审判"维护行政机关依法行使职权"，并没有坚持依诉择判、诉判同一的基本诉讼原则。但这种过分放大行政案件与民事案件不同的做法，相当程度上阻碍了对行政相对人合法权益进行有效救济。最高人民法院也认识到这个问题，在《若干解释》中又对《行政诉讼法》的判决种类加以补充，形成了一审判决的 6 种主判决和 1 种辅助判决的局面，分别对应的诉的种类为撤销之诉、确认之诉、变更之诉、赔偿之诉、履行之诉等。① 但司法解释的修补，并不能弥补诉讼法的本质缺陷，诉讼种类不丰富致使行政诉讼不能完全有效地解决行政争议，相对人权益无法通过相应的诉讼种类进行充分的权利救济是不争的事实。

具体到本案而言，原告诉请法院依法判令被告重新作出认定原告为工伤的具体行政行为，从诉的类型上来讲，这是一种给付之诉。行政诉讼修法之前，并没有给付判决这一种类。法院最多只能在判决撤销工伤认定书的基础上，责令重作并限定期限。换言之，倘若法院支持原告请求，则会造成判决虽然实质上解决了争议，但形式上却是违法的。倘若法院判决撤销并在一定期限内责令重作，则会造成行政机关重复认定，原告重复诉讼、权益得不到及时保障的局面，既浪费行政资源，又给当事人增加讼累，也不利于争议的实质解决。

这是一个两难的问题。司法机关只能监督行政机关，而不能代行政机关作决定是我国行政诉讼的立法宗旨之一。本案中，法院发挥了能动性，本着案结事了和救济劳动者权益的目的，直接判决被告必须认定原告为工伤，不得不说是对《行政诉讼法》的一种突破。穷尽法律资源，可以推出法院做法是合法的，甚至是一种更高的审判智慧。旧版《行政诉讼法》第五十五条规定："人民法院判决被告重新作出具体行政行为的，被告不得以同一的事实和理由作出与原具体行政行为基本相同的具体行政行为。"本案中，被告的裁量余地经过法院审查之后，已经缩减为零。换言之，依据旧版《行政诉讼法》第五十五条以及《工伤保险条例》的程序，被告即使重新作出行政行为，且只能作出认定原告所负之伤属于工伤，换言之，如果行政机关不作出这样的认定，就是违反法律规定，且是不合理的行为。因此，法院责令被告认定原告为工伤，在某种程度上，也属于依法判决，并且是一种非常有效的处理结果，有利于相对人的权利保护。

---

① 马怀德：《完善〈行政诉讼法〉与行政诉讼类型化》，载《江苏社会科学》2010年第 5 期。

四、待探讨的问题

（一）"工作场所"概念有待进一步解释

原告在换岗时因事故受伤能否认定为工伤是本案中的唯一焦点。原被告及法院对工作时间、工作原因都没有争议，本案只需识别换岗是否属于"工作场所"。诚如上文所述，盱眙县法院在论证本案焦点时运用了文义解释、目的解释和当然解释的方法，纵观全案，笔者认为还可以再使用体系解释和历史解释方法，补强法院的论证。

《工伤保险条例》第一条就开宗明义："为了保障因工作遭受事故伤害或者患职业病的职工获得医疗救治和经济补偿，促进工伤预防和职业康复，分散用人单位的工伤风险，制定本条例。"《工伤认定办法》第一条也规定："为规范工伤认定程序，依法进行工伤认定，维护当事人的合法权益，根据《工伤保险条例》的有关规定，制定本办法。"从体系解释角度来看，两部规范的第一条均表明了规范制定的目的是保护劳动者的权益，从历史解释角度来看，当时我国的市场经济处于起步阶段，维护职工合法权益、保障因工作造成伤害的劳动者能够获得医疗救治和经济补偿是保持社会稳定和经济持续发展的源动力，这一立法背景不能忽略。因此，劳动和社会保障行政机关在适用《工伤保险条例》《工伤认定办法》时，应当遵循体系解释和历史解释的结论，作出合理的判断，如机械地理解《工伤保险条例》第十四条第（一）项规定的工作场所和工作原因，显然不可行。

（二）责令重作行政行为的正当性有所欠缺

正如上文所述，在本案中，法院作出了一个突破《行政诉讼》法中对于判决类型的具体规定的判决，法院直接以命令的形式责令行政机关在具体的时间内作出特定的行政行为，这样的做法是否有法律的依据？尽管笔者在上文理论背景中已经介绍了我国可借鉴英国的做法，适用重作判决时考虑的附加必要指示，对重作的内容加以指导和限制，以期更加高效、快捷地解决行政争议。法院完全有资格也有能力对行政机关的重作行为进行指导和限制，但是这样的指示和限制的依据在哪里？

法院缺少对责令重作特定行政行为的正当性论证，其实就在此案审理的过程中，最高院于2009年6月26日发布了《关于当前形势下做好行政审判工作的若干意见》（以下简称《若干意见》），其中第九部分标题为"丰富和创新行政诉讼裁判方式，快速有效化解纠纷"，强调"要注意争议的实质性解决，促进案结事了。对于行政裁决和行政确认案件，可以在查清事实的基础上直接就行政主体对原民事性质的事项所作出的裁决或确认依法作出判决，以减少当事人的诉累。撤销具体行政行为责令重新作出具体行政行为的判决以及责令行政机关履行法定职责的判决，要尽可能明确具体，具有可执行性；不宜在判决书或判决主文表述的内容，可以通过司法建议加以明确"。这也是对判决方式的新发展，为《行政诉讼法》的修改积累了宝贵的实践经验。虽不能确定本案的审理是受到了该《若干意见》的影响，也无证据证明法院参照了该《若干意见》进行了判案，但无疑《若干意见》的指导精神与盱眙县法院作出的判决内容不谋而合。

　　另外，从裁判时机成熟原则的角度来看，法院的该判决也是合理的。裁判时机成熟原则的适用条件是，如果法院责令行政机关作出原告申请的职权行为，那么必须确保作出此行政行为的所有事实和法律上的前提皆已具备。① 本案中，法院的做法是对原告诉请的回应，也是对此原则的利用。当然，并不能确定法院是否有该层面的考量，但这不失为论证该判决合理与合法的一个角度。

五、结语

　　在结束上述评析过程后，笔者对于此案还有一些特殊的感悟。笔者发现最后的判决结果是一审就生效了，败诉的一方没有提出二审，这说明原被告双方都接受了法院的判决。很明显，在工伤认定类行政纠纷案件中，法院的司法态度是更倾向于保护受伤职工的，也许是法院的这一通常立场，促使本案中被告盱眙县劳动与社会保障局没有上诉，但笔者认为更多的还是基于社会对法院这一立场的赞同与支持。风险社会下，每个人都面临着各种各样的风险，在产业工人进行生产时，如果时刻担忧着自身的安全与健康，恐怕是很不利于社会稳定与经济发展的。另外，我国的工会远没有美国工会那样"财大气粗"，职工的人身利益和财产利益更多的还是依赖司法的最终保护，因此对于职工利益的更多保护应该是中国社会的共识，也应当是司法有所作为的领域。

---

① 参见石佑启：《在我国行政诉讼中确立"成熟原则"的思考》，载《行政法学研究》2004 年第 1 期。

鼎盛食品有限公司诉苏州工商局
行政处罚案（2012）*

胡　超

一、案件回顾

（一）基本案情

鼎盛公司系一家专业从事生产、加工（焙）烘烤制品并销售公司自产产品等的外商独资企业。其分别于 2003 年 1 月、2006 年 9 月、2008 年 10 月及 2010 年 2 月注册取得第 3003766 号、第 4155628 号"艾维尔 IWill"文字及图商标、第 5063450 号"爱维尔"文字商标以及第 6289718 号"爱维尔 Iwill"文字及图商标，核定使用商品均为第 30 类"蛋糕、面包、月饼等"。鼎盛公司在其产品包装和加盟店招牌等处均全面持续使用上述商标以及"IWill 爱维尔"组合标识。近年来，爱维尔品牌逐步为广大消费者所认知，在特定区域烘焙市场及相关公众中具有较高的影响力和知名度。

2009 年 6 月 23 日，鼎盛公司与浙江健利包装有限公司签订订购合同，约定由浙江健利包装有限公司为鼎盛公司制作标有涉案标识的礼盒、手拎袋、单

---

　　*　本案全称"苏州鼎盛食品有限公司诉江苏省苏州市工商行政管理局工商行政处罚案"，载于《最高人民法院公报》2013 年第 10 期。本案裁判要旨是："判断商品上的标识是否属于商标性使用时，必须根据该标识的具体使用方式，看其是否具有识别商品或服务来源之功能；侵犯注册商标专用权意义上商标近似应当是混淆性近似，是否造成市场混淆是判断商标近似的重要因素之一。其中，是否造成市场混淆，通常情况下，不仅包括现实的混淆，也包括混淆的可能性；工商行政机关依法对行政相对人的商标侵权行为实施行政处罚时，应遵循过罚相当原则，综合考虑处罚相对人的主观过错程度、违法行为的情节、性质、后果及危害程度等因素行使自由裁量权。工商行政机关如果未考虑上述应当考虑的因素，违背过罚相当原则，导致行政处罚结果显失公正的，人民法院有权依法判决变更。"

粒包等包装产品。2009年8月，鼎盛公司开始生产月饼，并将其当年度所生产的月饼划分为"秋爽"、"美满"、"星月"、"和谐"以及涉案的"乐活"等总计23个类别，同时制作相应的广告宣传目录册。2009年9月初，鼎盛公司将上述月饼投放市场，主要通过鼎盛公司在苏州大市范围内的63家爱维尔直营店、加盟店销售、直接向公司订货及临时聘请外来人员以销售礼品券的方式进行销售。鼎盛公司在涉案"乐活"款月饼的手拎袋、内衬及月饼单粒包装盒外侧左下角显著位置均标注标识，手拎袋两侧同时标注有生产商鼎盛公司名称、电话、厂址等信息。

东华公司经国家商标局核准于2009年7月14日取得第5345911号注册商标，核定使用商品为第30类"糕点；方便米饭；麦片；冰淇淋"，目前尚未在产品上使用该商标。

2009年9月8日，苏州工商局接到举报称鼎盛公司生产销售的"乐活LOHAS"等月饼有商标侵权嫌疑，故展开相应调查。工商局查明鼎盛公司在当年生产销售的23款月饼中有一款月饼使用"乐活LOHAS"商标，根据当事人的销售记录，截至2009年9月20日止，"乐活LOHAS"月饼已销售10200盒，标价119元/盒，计货值为1213800元。苏州工商局于2010年3月4日及2010年4月12日两次就该行政处罚一案举行听证。2010年6月11日，苏州工商局作出苏工商案字〔2010〕第00053号行政处罚决定，认定鼎盛公司的行为属于商标法第五十二条第（一）项所规定的侵犯注册商标专用权的行为，依据商标法第五十三条以及商标法实施条例第五十二条的规定，对鼎盛公司作出了责令停止侵权行为并罚款人民币50万元的行政处罚决定。该具体行政行为作出后，鼎盛公司不服并于2010年6月29日向苏州市人民政府申请行政复议。苏州市人民政府经审理后认为苏州工商局的处罚决定认定事实清楚，证据确凿，程序合法，内容适当，故于2010年8月27日作出〔2010〕苏行复第148号行政复议决定书，决定维持苏州工商局作出的苏工商案字〔2010〕第00053号工商处罚决定。鼎盛公司对此仍不服，遂向法院提起行政诉讼。

（二）争议焦点

本案有3个争议焦点，分别是：（1）鼎盛公司使用"乐活LOHAS"是不是一种商标性使用行为；（2）鼎盛公司使用"乐活LOHAS"的行为是否侵犯了东华公司的商标专用权；（3）苏州工商局多次听证是否违反行政处罚法的相关规定。

（三）法院裁判

一审苏州市中级人民法院认为，鼎盛公司使用"乐活 LOHAS"是一种商标性使用行为，侵犯了东华公司的商标专用权，"苏州工商局作出的苏工商案字〔2010〕第 00053 号行政处罚决定认定事实基本清楚，适用法律正确，鼎盛公司要求撤销该处罚决定的诉讼请求缺乏事实和法律依据，不予支持"。判决驳回了鼎盛公司的诉讼请求。其判决理由如下：

> 所谓商标，是适用于一定商品或者服务项目上，用于将自然人、法人或者其他组织的商品和服务区别开来的可视性标志。因此，标志是否实际具有区分商品或者服务来源的功能是该标志是否能被认定为法律意义上的商标的主要考量因素。本案中，鼎盛公司在产品外包装显著标注标识，该标识中既包含了鼎盛公司自有商标"Iwill 爱维尔"也包含了"乐活 LOHAS"部分，从整个标识的结构分布及色彩使用来看，"Iwill 爱维尔"与斜向排列的"乐活"两字处于标识的上半部分，字体颜色为红色，"LOHAS"英文字母处于标识的下半部分，字体颜色则为黑色。鼎盛公司认为其系将"乐活 LOHAS"标志作为商品系列名称使用并且是对该词语本意的使用，但是一方面所谓商品名称，应当是为国家或者某一行业中所共用的，能够反映一类商品与另一类商品之间根本区别的称谓。而本案中的"乐活 LOHAS"标志显然不能直接指向某一种特定的商品或者用于标识特定商品的名称和特征。另一方面，正如鼎盛公司所陈述的，"乐活"一词本身具有特定的含义，其在于描述一种健康、可持续的生活方式，该释义与月饼之间也不具有直接的对应或者连接关系，消费者在提到"乐活"时是不可能直接联想到系一款月饼的名称。至于鼎盛公司陈述其意在表达"我愿意健康生活"也仅系其主观意愿而已，消费者在识别时一般不会引申至该内在含义，而是仅仅将其作为商品的标识进行识别。事实上，这种将"乐活 LOHAS"与"Iwill 爱维尔"结合在一起标注的行为往往更容易强化消费者对于"乐活 LOHAS"与爱维尔品牌之间具有特定联系的印象，导致消费者一看到"乐活 LOHAS"标志就会自然联想到爱维尔产品，"乐活 LOHAS"标志在客观上已经起到了区别商品来源的作用。因此，鼎盛公司诉请认为其对于"乐活 LOHAS"的标注属于商品名称或者对词语本意的使用并无事实和法律依据，依法认定其使用"乐活 LOHAS"的行为已构成商标意义上的使用。

依据商标法第五十二条第（一）项规定，未经商标注册人的许可，在同一种商品或者类似商品上使用与其注册商标相同或者近似的商标的，属于侵犯注册商标专用权的行为。本案中，首先，尽管东华公司注册商标系将"乐活"与"LOHAS"进行纵向排列，鼎盛公司所使用的标志中将"乐活"两字斜向分布，将"LOHAS"排列于其下方，排列方式略有不同，但其中所涉及的文字及英文字母的字形、读音和含义均相同，两者构成近似。其次，东华公司注册商标核定使用商品与鼎盛公司实际标注涉案标志的商品同属第30类糕点类食物，两者属于类似商品。因此，鼎盛公司使用涉案标志应属于未经商标注册人许可在类似商品上使用与注册商标近似的商标的行为。本案是否构成商标侵权的争议主要在于应否考虑混淆。对此，一审法院认为，商标法第五十二条第（一）项本身并未规定混淆，然而在司法实践中，对于在类似商品上使用近似商标的行为，通常需要考虑混淆。本案中，爱维尔品牌在特定区域范围内具有相对较强的知名度，鼎盛公司在该区域大量使用涉案标志会使相关公众在"乐活LOHAS"与"IWill爱维尔"之间建立起某种关联，从而客观导致东华公司与其注册的商标的联系被割裂，使注册商标不能发挥甚至失去其基本的识别功能，东华公司寄予该商标谋求市场声誉，拓展企业发展空间，塑造良好企业品牌的价值必然受到抑制。故鼎盛公司使用"乐活LOHAS"的行为依法构成对东华公司注册商标专用权的侵害，苏州工商局对鼎盛公司作出侵权认定符合法律规定。

对于鼎盛公司认为"乐活LOHAS"是社会通用词语，故其属于合理使用的问题。一审法院认为，首先，"乐活"一词本身属于西方传来词汇范畴，尽管该词在近年来社会广泛倡导健康生活的情况下使用频率逐步增多，但鉴于2008年教育部所发布的《中国语言生活状况报告（2006）》中始将"乐活族"作为新词语予以公布，可见"乐活"一词在中国区域内的传播尚未达至人所皆知及至可作为通用词语使用的程度。加之英文"LOHAS"一词显然应当属于相关公众较为陌生的词语，两者组合即具有一定的显著性，国家商标局于2009年7月核准注册该商标的行为本身亦确认了该标识的显著性。另外，对于鼎盛公司认为其在该注册商标核准之前即进行了相应的包装设计和委托生产并以此抗辩商标侵权的主张，一审法院认为，这些证据均不能证明其对于"乐活LOHAS"一词享有任何独占的在先民事权利或者民事权益，并且不足以对抗东华公司对"乐活LOHAS"注册商标享有的专用权。鼎盛公司认为其对于该词汇的使用属于合理使用，并且该词汇显著性已弱化无事实和法律依据。

至于鼎盛公司诉讼中提及的苏州工商局多次听证违反行政处罚法的相关规定，行政程序存在瑕疵的问题。一审法院认为，听证制度设立的宗旨在于充分保障当事人陈述权和申辩权的行使，从而防止行政机关随意执法。而正是基于上述考量，一旦拟作出行政处罚的案件在认定事实或者实体处理上出现变更，行政机关应当及时告知当事人并赋予其充分的陈述和申辩权利。本案中苏州工商局在涉案行政处罚过程中根据认定事实和实体判断出现变更的实际情况而再次组织听证的行为并不违反相关法律的禁止性规定，相反应属于符合立法原意，充分保障当事人权益的行为。故鼎盛公司据此主张行政处罚程序瑕疵并无法律依据。

一审判决后，鼎盛公司提起上诉。江苏省高级人民法院认为"一审判决认定事实清楚，审判程序合法，但适用法律错误，应予改判。依照《中华人民共和国商标法》第五十二条第（一）项、第五十三条，《中华人民共和国行政处罚法》第四条第二款，《中华人民共和国行政诉讼法》第五十四条第（四）项、第六十一条第（二）项的规定，判决如下：（1）撤销江苏省苏州市中级人民法院〔2011〕苏中知行初字第0001号行政判决；（2）变更2010年6月11日江苏省苏州工商行政管理局作出的苏工商案字〔2010〕第00053号行政处罚决定'①责令停止侵权行为，②罚款人民币50万元为责令停止侵权行为'"。理由如下：

1. 鼎盛公司使用标识系商标性使用

商标是商品生产经营者或服务提供者为使自己的商品或服务区别于他人而使用的一种标识，其应当具有显著性和区别的功能。在判断商品上的标识是否属于商标性使用时，必须根据该标识的具体使用方式，看其是否具有识别商品或服务来源之功能。

本案中，鼎盛公司在2009年中秋月饼的推销活动中，将其生产销售的月饼划分为"秋爽"、"美满"、"星月"、"和谐"以及涉案的"乐活"等总计23个款式，虽然鼎盛公司认为"乐活LOHAS"只是作为其月饼款式中一款的商品名称使用，但根据其在月饼包装上的标注情况，本院认为，涉案标识的使用方式属于商标性使用，理由是：首先，鼎盛公司并未在其月饼包装上规范且以显著方式突出使用自己的"爱维尔"系列注册商标；其次，在标识中，"乐活LOHAS"与"Iwill爱维尔"连用，融为一体，鼎盛公司并未突出其自有商标"Iwill 爱维尔"，相反却突出了"乐活 LOHAS"，标识性效果明显。因此，从涉案标识的实际使用情况来看，无法看出"乐活 LOHAS"的使用方式属于其注册商标或"Iwill 爱维尔"商标项下的一种款式名称，"乐活 LOHAS"与"Iwill 爱维尔"连用后作为一个整体标识，起到了区别商品来源的功能，属于商标性使用。

2. 鼎盛公司使用的标识与东华公司的注册商标构成近似，其行为侵害了东华公司注册商标专用权

我国商标法第五十二条第（一）项规定，未经商标注册人的许可，在同一种商品或者类似商品上使用与其注册商标相同或近似的商标，属于侵犯注册商标专用权的行为。本案中，鼎盛公司使用诉争标识的商品月饼与东华公司注册商标核定使用的糕点等商品属于类似商品，且两商标并不相同，对此各方当事人并无争议，因此，判断鼎盛公司的行为是否构成商标侵权的关键在于，鼎盛公司使用的标识与东华公司的注册商标是否构成近似。

虽然我国商标法对商标近似的判断未作具体规定，但在司法实践中，一般认为商标近似是指被控侵权的商标与注册商标相比较，其文字的字形、读音、含义或者图形的构图及颜色，或者其各要素组合后的整体结构相似，或者其立体形状、颜色组合近似，易使相关公众对商品的来源产生误认或者认为其来源与注册商标的商品有特定的联系。也即，侵犯注册商标专用权意义上商标近似应当是混淆性近似，是否造成市场混淆是判断商标近似的重要因素之一。其中，是否造成市场混淆，通常情况下，不仅包括现实的混淆，也包括混淆的可能性。在具体判断商标是否近似时，应当掌握的原则：一是以相关公众的一般注意力为标准；二是既要对商标进行整体比对，又要对商标的主要部分进行比对，且比对应当在比对对象隔离的状态下分别进行；三是应当考虑请求保护注册商标的显著性和知名度。本案中，鼎盛公司使用的标识与东华公司的注册商标相比，应当认定构成近似商标。理由是：

首先，从整体对比来看，鼎盛公司使用的标识中，"乐活 LOHAS"在整体结构中较为突出，占主要部分，且该部分的中英文字的字形、读音及含义与东华公司注册商标完全相同，其构成要素非常接近，易使相关公众对商品的来源产生误认。

其次，从"乐活 LOHAS"注册商标的显著性和知名度考虑，两商标易造成市场相关公众的混淆和误认：

其一，"乐活族"一词虽然被《中国语言生活状况报告（2006）》所收录，但作为2006年度才出现的新词语，只能说明该词语在2006年这一时段因一定使用频率及流行度而被收录，并不代表该词语在当时已经达到通用词语的程度，更不能以该词语在本案进入诉讼阶段后的流行度来反推在2009年"乐活LOHAS"商标被核准注册时，已经成为社会通用词语。目前，"乐活LOHAS"作为注册商标并未被撤销，也说明"乐活"一词虽具有一定含义，但该词语在核准注册时因尚未达到通用词语的程度，具有一定的显著性。因此，应认定标识起到的是商标标识性作用，而非是对商品进行的一种描述，一般消费者看到标识时，并不会将其理解为"我愿意健康生活"这一含义。鼎盛公司认为"乐活LOHAS"作为社会通用词语，其是根据该词的本意使用，属于合理使用的主张不能成立，本院不予支持。

其二，"乐活LOHAS"商标于2009年7月核准注册。虽然在苏州工商局2009年9月查处、2010年6月作出行政处罚决定时，"乐活LOHAS"注册商标因尚未实际使用而不存在市场知名度，且在本案二审诉讼期间该注册商标仍未使用，但本院认为，由于东华公司的"乐活LOHAS"商标刚被核准注册，鼎盛公司的使用行为即被工商行政机关予以查处，因此，本案对是否会造成两者混淆的侵权判断应当以行政机关查处的时间为判断基准。在没有证据证明东华公司注册"乐活LOHAS"商标的行为存在恶意抢注的主观故意时，需要为尚未使用注册商标的商标权人预留一定的保护空间，此时关于混淆的判断，应当更多地考虑混淆的可能性，而非是否产生了实际混淆。在司法实践中，近似商标侵权判定以实际混淆作为判断标准的，通常需要有被控侵权商标经长期善意使用，两个商标已形成善意共存状态等特殊历史因素存在，而本案中不存在上述特殊历史因素。虽然鼎盛公司在涉案商标核准注册之前即已使用"乐活LOHAS"字样进行相应包装设计和委托生产，但由于该使用时间很短暂，不足一个月，并未形成两商标因长期使用而善意共存的状况。如果一味以涉案注册商标未实际使用，不会造成实际混淆作为侵权判断标准，则有可能对商标注册制度造成不应有的冲击，不利于注册商标专用权的保护。

3. 苏州工商局作出的行政处罚显失公正

行政处罚显失公正一般是指行政处罚虽然在形式上不违法，但处罚结果明显不公正，损害了公民、法人或者其他组织的合法权益。我国行政处罚法第四条第二款规定，实施行政处罚必须以事实为依据，与违法行为的事实、性质、情节以及社会危害程度相当。因此，行政主体在实施行政处罚时，应当遵循该条规定的"过罚相当原则"。如果行政机关作出的行政处罚明显违背"过罚相当原则"，使行政处罚结果与违法程度极不相适应，则应当认定属于行政处罚显失公正。

我国商标法第五十三条规定，工商行政管理部门在处理侵犯注册商标专用权纠纷时，认定侵权行为成立的，责令立即停止侵权行为，并可处以罚款。对该条款的正确理解应当是工商行政机关对商标侵权行为作出行政处罚时，在责令立即停止侵权行为的同时，可以对是否并处罚款作出选择。因此，工商行政机关在行使该自由裁量权时，应当根据行政处罚法第四条第二款确立的"过罚相当原则"，综合考虑处罚相对人的主观过错程度、违法行为的情节、性质、后果及危害程度等因素，决定是否对相对人并处罚款。本案中，鼎盛公司使用的标识与东华公司的注册商标构成近似商标，其行为构成商标侵权，苏州工商局作为查处侵犯注册商标专用权行为的行政机关，有权依据我国商标法对其违法行为予以查处并作出处罚，但其在责令鼎盛公司停止侵权行为的同时并处 50 万元罚款，并未考虑以下应当考虑的因素：

第一，在"乐活 LOHAS"注册商标核准之前，鼎盛公司就进行了相应的包装设计并委托生产，鼎盛公司不存在攀附东华公司注册商标声誉的主观恶意。

第二，"乐活 LOHAS"商标于 2009 年 7 月核准注册，苏州工商局对鼎盛公司的侵权行为于 2009 年 9 月查处、2010 年 6 月作出行政处罚决定。因鼎盛公司的侵权时间非常短暂，且涉案注册商标尚未实际使用，故鼎盛公司的侵权行为对商标权人东华公司并未造成实际的损害后果。

第三，从标识的使用情况来看，鼎盛公司仅是在 2009 年中秋月饼的促销活动中使用该标识，且作为该年度中秋 23 款系列月饼中的一款，鼎盛公司并未对使用该标识的月饼进行专门、广泛、大量的宣传，其对商品的销售模式也仅限于其专卖店销售或直接推销。加之"乐活 LOHAS"注册商标因未使用不存在市场知名度，尚未造成市场中相关公众实际的混淆和误认，故其侵权行为和情节显著轻微。

基于以上因素，苏州工商局在对鼎盛公司进行行政处罚时，责令其停止侵权行为即足以达到保护注册商标专用权以及保障消费者和相关公众利益的行政执法目的，但苏州工商局未考虑鼎盛公司上述主观上无过错，侵权性质、行为和情节显著轻微，尚未造成实际危害后果等因素，同时对鼎盛公司并处 50 万元罚款，使行政处罚的结果与违法行为的社会危害程度之间明显不适当，其行政处罚缺乏妥当性和必要性，应当认定属于显失公正的行政处罚。

此外，鼎盛公司在二审庭审中提及苏州工商局多次听证违反行政处罚法的相关规定，属于程序违法。对此，本院认为，我国行政处罚法规定了听证程序，但对听证的次数没有作出明确规定，因此苏州工商局多次听证并未违反相关法律的禁止性规定，鼎盛公司认为苏州工商局存在程序违法的理由于法无据，本院不予支持。

二、案件背景

（一）现实背景

1. 商标侵权案件数量快速增长，侵权形式日趋复杂和多样化

随着我国经济由传统产业向创新主导型产业的转型，以及受 WTO 相关规则的约束，我国越来越重视知识产权的保护。2008 年国务院印发了《国家知识产权战略纲要》，其中指出"实施国家知识产权战略，大力提升知识产权创造、运用、保护和管理能力，有利于增强我国自主创新能力，建设创新型国家；有利于完善社会主义市场经济体制，规范市场秩序和建立诚信社会；有利于增强我国企业市场竞争力和提高国家核心竞争力；有利于扩大对外开放，实现互利共赢。必须把知识产权战略作为国家重要战略，切实加强知识产权工作"。与此同时，企业的知识产权意识也有了明显提高。具体到商标领域，根据国家工商总局的统计，截至 2012 年年底，我国商标累计申请量已达 1136 万件，累计注册量已达 765.6 万件，有效注册商标已达 640 万件，均居世界第一。① 商标越来越多的同时，商标侵权案件也呈现快速增长之势。2012 年，全国地方人民法院共新收商标民事一审案件 19815 件，比上年增长 52.53%；

---

① 参见《中国商标战略年度发展报告（2012）》，中国工商出版社 2013 年版，第 6 页。

新收商标行政一审案件 2150 件，比上年增长 21.68%。① 涉及复杂技术事实认定和法律适用的新类型疑难复杂案件大量涌现，给法院审判带来了挑战。

2. 在对行政裁量权的监督上，人民法院态度保守

随着现代国家行政职能的扩张，行政权力不断膨胀，作为行政权重要类型的行政裁量权也越来越多。我国也不例外。行政裁量权的存在不可避免，因为法律不可能事先对所有事项作出明确、具体的规定。行政裁量权运用得当，将有助于实现法定目标，追求实质正义，但这种手段的运用也可以为恶。因此，控制行政裁量权的行使便成了法治的基本要求。司法机关从外部对行政裁量权的行使进行监督是一种十分重要的控制手段。1989 年《行政诉讼法》中规定，针对行政机关"滥用职权"和"行政处罚显失公正"的情形，人民法院可以分别予以撤销和变更。但遗憾的是，司法实践中人民法院十分谨慎，鲜少运用这两种手段控制行政裁量权的行使。从 1991 年到 2012 年，《中国审判要览》中收录的行政案件（包括一、二审案件）共 1189 件，其中涉及滥用职权的案件仅 77 件，涉及显失公正的仅 57 件。从 1992 年到 2012 年，《人民法院案例选》中收录的行政案件（包括一、二审案件）共 568 件。其中涉及滥用职权的案件共 25 件，而涉及显失公正的案件仅 14 件。② 依据 2012 年的司法统计报告，2012 年全国法院审理行政一审案件结案 128625 件，作出变更判决的有 114 件，变更判决的占比为 0.089%。③ 法院态度之所以如此保守，一方面囿于其面对行政机关时的弱势地位，另一方面也受到了法律并未明确规定"滥用职权"和"显失公正"判断标准的影响。

（二）制度背景

1. "商标侵权"相关规定

该案发生时，适用的是 1982 年通过、经 2001 年第二次修正后的《商标法》。当时的《商标法》第五十二条规定："有下列行为之一的，均属侵犯注册商标专用权：(1) 未经商标注册人的许可，在同一种商品或者类似商品上

---

① 参见最高人民法院：《2012 年中国法院知识产权司法保护状况》，载中华人民共和国最高人民法院官网，http://www.chinacourt.org/article/detail/2013/04/id/949841.shtml，2016 年 12 月 11 日访问。

② 参见李哲范：《论行政裁量权的司法控制——〈行政诉讼法〉第 5 条、第 54 条之解读》，载《法制与社会发展》2012 年第 6 期。

③ 参见《最高人民法院公报》2013 年第 4 期。

使用与其注册商标相同或者近似的商标的……"第五十三条规定："有本法第五十二条所列侵犯注册商标专用权行为之一，引起纠纷的，由当事人协商解决；不愿协商或者协商不成的，商标注册人或者利害关系人可以向人民法院起诉，也可以请求工商行政管理部门处理。工商行政管理部门处理时，认定侵权行为成立的，责令立即停止侵权行为，没收、销毁侵权商品和专门用于制造侵权商品、伪造注册商标标识的工具，并可处以罚款。"《商标法实施条例》第四十九条规定："注册商标中含有的本商品的通用名称、图形、型号，或者直接表示商品的质量、主要原料、功能、用途、重量、数量及其他特点，或者含有地名，注册商标专用权人无权禁止他人正当使用。"《最高人民法院关于审理商标民事纠纷案件适用法律若干问题的解释》第十条规定："人民法院依据商标法第五十二条第（一）项的规定，认定商标相同或者近似按照以下原则进行：（一）以相关公众的一般注意力为标准；（二）既要进行对商标的整体比对，又要进行对商标主要部分的比对，比对应当在比对对象隔离的状态下分别进行；（三）判断商标是否近似，应当考虑请求保护注册商标的显著性和知名度。"

梳理这些条款，可以发现两个问题：首先，这些规定中并没有提及"混淆"问题。混淆到底是不是商标侵权的构成要件？如果是的话，只需造成混淆的可能，还是必须造成实际混淆才能构成商标侵权？对此相关规定并没有给出明确回答。司法实践中，人民法院在判断是否构成商标侵权时，通常考虑"混淆可能性"。其次，按照以上规定，尤其是《最高人民法院关于审理商标民事纠纷案件适用法律若干问题的解释》第十条中"判断商标是否近似，应当考虑请求保护注册商标的显著性和知名度"的规定，在判断是否侵犯未使用注册商标专用权时会陷入这样一个困境：未使用注册商标因权利人尚未投入使用，肯定不具有知名度，这一特征会不会使得未使用注册商标处于弱势地位呢？

2. "控制行政处罚自由裁量权"相关规定

《行政处罚法》第四条第二款规定："设定和实施行政处罚必须以事实为依据，与违法行为的事实、性质、情节以及社会危害程度相当。"1989年《行政诉讼法》第五十四条规定："人民法院经过审理，根据不同情况，分别作出以下判决：……（四）行政处罚显失公正的，可以判决变更。"这是我国现行法律体系中为数不多的可以用来限制行政处罚自由裁量权的规范，分别对应了立法机关和司法机关对行政处罚自由裁量权的控制。同时，近年来，行政机关自身在规范行政处罚自由裁量权的行使上也有了不少新的实践。例如，浙江省金华市公安局于 2004 年 2 月推出了《关于推行行政处罚自由裁量基准制度的意见》，开启了裁量基准制度构建的热潮。与本案相关的是，国家工商总局于 2008 年出台了《关于工商行政管理机关正确行使行政处罚自由裁量权的指导意见》（以下简称《意见》）。《意见》规定，工商行政管理机关在行使处罚裁量权时，应当遵循以下基本原则：（1）公平公正原则。工商行政管理机关行使处罚裁量权时，应当平等对待每一个被处罚的当事人，不得以案件事实以外的因素差别对待当事人。对违法事实、性质、情节、社会危害程度等因素基本相同的违法当事人实施行政处罚时，适用的法律依据、处罚种类和幅度应当基本一致。（2）过罚相当原则。工商行政管理机关行使处罚裁量权时，必须以事实为依据，与违法行为的事实、性质、情节以及社会危害程度等相当。禁止处罚畸轻畸重、重责轻罚、轻责重罚。（3）处罚与教育相结合原则。工商行政管理机关在行使处罚裁量权时，既要制裁违法行为，又要教育当事人自觉遵守法律。行政处罚应当符合法律目的，所采取的措施和手段应当必要、适当。（4）程序正当原则。工商行政管理机关在行使处罚裁量权时，必须遵循法定的程序，充分听取当事人的意见，依法保障当事人的知情权、参与权和救济权。（5）综合裁量原则。工商行政管理机关在行使处罚裁量权时，要综合、全面考虑案件的主体、客体、主观、客观及社会危害性等具体情况进行裁量，不能偏执一端，片面考虑某一情节对当事人进行行政处罚。

可见，在行政处罚自由裁量权的立法控制和司法控制上，我国早已有了相关规定；在行政机关的自我控制方面，以裁量基准制度为代表的各种实践也正如火如荼地开展。但是，现有的行政处罚自由裁量权控制体系仍存在许多问题。首先，立法控制规范缺失，仅靠《行政处罚法》第四条第二款的"过罚相当"原则不足以有效控制行政处罚裁量权的行使。立法控制的不足，很大程度上是由立法的特性决定的：立法不可能实现预测所有可能出现的问题，进而事无巨细地规定行政权行使的所有事项。行政裁量权之所以出现，也正是因为这一点。其次，虽然《行政诉讼法》赋予了法院对显失公正的行政处罚作出变更判决的权力，但立法和司法解释均未明确规定显失公正的构成要件，导致实践中法院对作变更判决态度消极。最后，就行政机关的自我控制而言，不管是具体的裁量基准还是抽象的基本原则，其设定均是在行政系统内部完成的，通常表现为行政机关的决定、实施办法、执法指南、指导意见、手册等规范性文件的形式，其制定实施程序远没有行政法规或规章那么严格，如何保证其合法性与合理性就成了一个棘手的问题。另外，这些内部规定通常不会出现在最终的行政处罚决定书中，因此，其能否得到有效执行也值得怀疑。

（三）理论背景

1. 在商标侵权的判定上，学界多主张考虑"混淆可能性"

2013 年《商标法》的重大修改之一就是加入了"容易导致混淆"的表述，其第五十七条规定："下列行为之一的，均属侵犯注册商标专用权：（一）未经商标注册人的许可，在同一种商品上使用与其注册商标相同的商标的；（二）未经商标注册人的许可，在同一种商品上使用与其注册商标近似的商标，或者在类似商品上使用与其注册商标相同或者近似的商标，容易导致混淆的……"本案发生于 2013 年商标法修改之前，当时的商标法并没有关于"混淆"的表述。但当时的理论界多认为在认定商标是否构成近似时，应当考虑"混淆可能性"。① 仅外形相似尚不足以构成近似商标，只有外形相似且具备混淆可能性时，才可认定为近似商标。具有"混淆可能性"是"商标近似"的构成要件之一。另外，关于未使用注册商标，学界的研究焦点是"注册商标三年不使用撤销制度"，而较少关注其侵权构成要件。②

2. 在如何控制行政裁量权的行使上，学界众说纷纭

关于控制行政裁量权的方式，学界认为主要有三种。第一种是裁量基准，即对裁量权的行使范围、手段、条件等加以细化。周佑勇教授认为对行政裁量权的控制应以裁量基准制度为核心，"一方面，它可以弥补基于模糊的立法授权而导致裁量权的过宽，限缩裁量权行使的空间，具有将立法控制具体化的功能，另一方面它作为沟通普遍性法律与个案裁量之间的一个桥梁，比立法授权更贴近社会生活和事实真相。"③ 第二种方式是，用法律原则控制行政裁量权

---

① 参见彭学龙：《论"混淆可能性"——兼评〈中华人民共和国商标法修改草稿〉（征求意见稿）》，载《法律科学（西北政法大学学报）》2008 年第 1 期；邓宏光：《论商标侵权的判断标准——兼论〈中华人民共和国商标法〉第 52 条的修改》，载《法商研究》2010 年第 1 期。

② 通过中国知网，以"未使用注册商标"作为全文关键词进行搜索，浏览搜索结果即可看出。

③ 周佑勇：《裁量基准的正当性问题研究》，载《中国法学》2007 年第 6 期。

的行使。① 例如，有学者认为，行使行政裁量权应当遵循正当合理原则，具体包括遵循目的适当原则、正当考虑原则、合法预期原则、比例原则、遵循先例原则、积极裁量原则、期待可能性原则以及程序裁量正当原则等。② 第三种方式是，以程序限制行政裁量权。例如，王锡锌教授将行政自由裁量权的控制归纳为了四种模式，分别是"通过规则的命令控制模式、通过原则的指导控制模式、通过程序的竞争控制模式、通过监督的审查控制模式"③，并指出，我国应采用"以程序的竞争性控制为核心，其他控制模式为辅助的复合式控制模式"。④

三、案件贡献

（一）统一了未使用注册商标侵权案件的判断标准

此案并不是关于侵犯未使用注册商标专用权的第一案，此前已发生过多起此类案件。但是，尽管这些案件案情大致相同，但法院作出的裁判却并不一致。有的案件最终并未被认定为商标侵权，如"河北省高院在内蒙古小肥羊餐饮连锁有限公司诉河北汇特小肥羊餐饮连锁有限公司、周文清不正当竞争及注册商标侵权纠纷上诉案"的二审判决中认为，"小肥羊餐饮公司在注册了'小肥羊'商标后从未使用过，不存在消费者混淆的问题，故汇特公司不构成

---

① 对这一问题论述最充分的当属关保英教授，但因其论文发表于本案判决作出之后，不宜放在正文案件背景部分，故在此对关保英教授的观点作一介绍。关保英教授在其发表于《法律科学（西北政法大学学报）》2013 年第 3 期的《行政自由裁量基准质疑》一文中指出，裁量基准"将裁量行为变为羁束行为，将外部行为内部化，将行政个案处置抽象化，将行政权利变为行政义务。基于此，对行政自由裁量权的控制还是应当回归到法律原则中来。传统的自由裁量权控制原则如比例原则、重大事实的误认无效原则、正当目的原则和平等原则等都是有用的。在此基础上我们亦可以建构一些具有我国特色的裁量原则"。但就这些原则分别在何种情形下适用，原则之间会不会产生冲突等问题，关保英教授并未继续作深入研究，只是给出了应当引进"原则之间应当具有一定的排他性"的规则的初步构想。

② 参见李登喜：《论行政裁量行使的原则》，载《河北法学》2011 年第 7 期。

③ 王锡锌：《自由裁量权基准：技术的创新还是误用》，载《法学研究》2008 年第 5 期。

④ 王锡锌：《自由裁量权基准：技术的创新还是误用》，载《法学研究》2008 年第 5 期。

对'小肥羊'注册商标的侵权"。① 在"陈永祥与成都统一企业食品有限公司商标侵权纠纷案"中，重庆市高院认为"就知名度而言，陈永祥未提供充分证据证明其在于统一企业发生纠纷前确已将'老坛子'商标实际进行商业性使用，并且通过使用获得了一定的市场认同"，② 最终认定被告不构成侵权。最高人民法院在"山东泰和世纪投资有限公司、济南红河饮料制剂经营部诉云南城投置业股份有限公司侵犯商标权纠纷案"的再审判决中指出，"由于被申请人的商标尚未实际发挥识别作用，消费者也不会将'红河红'啤酒与被申请人相联系"。③ 而有的案件则最终被认定为了商标侵权，如"北京中农科技技术开发公司诉中国农业生产资料集团公司商标侵权纠纷案"，而且在该案中，原告甚至已经连续三年未使用涉案注册商标，依当时的《商标法》第四十四条，理应由商标局责令限期改正或者撤销，但北京市海淀区人民法院认为，"原告商标现未被相关管理部门废止，仍应受到法律保护"。④

虽然都是最终作了商标侵权认定，但与北京中农科技技术开发公司案相比，鼎盛公司案在对商标构成侵权的论证上更为充分，因而也就提供了更加细致的判断标准。《最高人民法院关于审理商标民事纠纷案件适用法律若干问题的解释》（2002）第十条规定："认定商标相同或者近似按照以下原则进行：（一）以相关公众的一般注意力为标准；（二）既要进行对商标的整体比对，又要进行对商标主要部分的比对，比对应当在比对对象隔离的状态下分别进行；（三）判断商标是否近似，应当考虑请求保护注册商标的显著性和知名度。"但是，鼎盛公司案带来的启示是：当涉案商标为未使用注册商标时，应尊重注册人期待通过注册商标获得相关利益的权利，为尚未使用注册商标的商标权人预留一定的保护空间，不能简单地以"商标未投入使用，因而不会造成消费者混淆"为由作出结论。

（二）使用比例原则作为行政行为合理性的判断标准

比例原则发端于德国，其下包括适当性、必要性和平衡性三个子原则，是评价裁量行政行为合理与否的三个步骤。所谓适当性，即采取的行政措施应当有助于或能够实现法的目的；所谓必要性，即在可实现法律目的的诸措施中，

---

① 参见河北省高级人民法院〔2004〕冀民三终字第42号判决书。
② 参见重庆市高级人民法院〔2005〕渝高法民终字第193号判决书。
③ 参见最高人民法院〔2008〕民提字第52号判决书。
④ 参见北京市海淀区人民法院〔2004〕海民初字第8212号判决书。

行政机关所采取的措施应对利害关系人权益侵害最小；所谓平衡性，即行政措施所谋求的公共利益不得小于给利害关系人所造成的损害。①

具体到本案，二审法院在论证苏州市工商局的行政处罚决定显失公正时指出，"工商行政机关依法对行政相对人的商标侵权行为实施行政处罚时，应遵循过罚相当原则行使自由裁量权，即在保证行政管理目标实现的同时，兼顾保护行政相对人的合法权益，行政处罚以达到行政执法目的和目标为限，并尽可能使相对人的权益遭受最小的损害"。② 其中 "在保证行政管理目标实现的同时，兼顾保护行政相对人的合法权益，行政处罚以达到行政执法目的和目标为限，并尽可能使相对人的权益遭受最小的损害"③ 的表述无疑是对比例原则的运用。需要指出的是，本案并不是法院首次运用比例原则判断行政行为的合理性。早在 2000 年 "黑龙江汇丰实业发展有限公司诉黑龙江哈尔滨市规划局行政处罚纠纷案" 的二审判决中，最高人民法院就使用了比例原则，认定哈尔滨市规划局的行政处罚决定显失公正。最高人民法院指出，"规划局所作的处罚决定应针对影响的程度，责令汇丰公司采取相应的改正措施，既要保证行政管理目标的实现，又要兼顾保护相对人的权益，应以达到行政执法目的和目标为限，尽可能使相对人的权益遭受最小的侵害。而上诉人所作的处罚决定中，拆除的面积明显大于遮挡的面积，不必要地增加了被上诉人的损失，给被上诉人造成了过度的不利影响"。④

本案虽然不是法院对比例原则的首次运用，但在当前对行政自由裁量权控制不足的背景下，本案二审法院运用比例原则否定了行政机关行政处罚决定的合理性，进而作出变更判决，有助于充分发挥司法权对行政裁量权的控制作用。

（三）肯定了行政处罚中 "多次听证" 的合法可能性

我国《行政处罚法》规定了听证程序，但并未明确规定听证次数有无限制。在本案中，苏州市工商局进行了两次听证，这是否违反了《行政处罚法》的规定成为双方争议焦点之一。法院最终认定苏州市工商局多次听证的行为合法。理由是，"听证制度设立的宗旨在于充分保障当事人陈述权和申辩权的行

---

① 杨登峰：《从合理原则走向统一的比例原则》，载《中国法学》2016 年第 3 期。
② 江苏省高级人民法院〔2011〕苏知行终字第 0004 号判决书。
③ 江苏省高级人民法院〔2011〕苏知行终字第 0004 号判决书。
④ 参见最高人民法院〔1999〕行终字第 10 号判决书。

使，从而防止行政机关随意执法。而正是基于上述考量，一旦拟作出行政处罚的案件在认定事实或者实体处理上出现变更，行政机关应当及时告知当事人并赋予其充分的陈述和申辩权利。本案中苏州工商局在涉案行政处罚过程中根据认定事实和实体判断出现变更的实际情况而再次组织听证的行为并不违反相关法律的禁止性规定，相反应属于符合立法原意，充分保障当事人权益的行为。"①

在行政处罚过程中设置听证程序是意图"通过听证制度的运转，给予行政相对人就与行政处罚行为有关的事实发表意见的机会，有利于维护行政处罚的合理与公正"。② 因此，在行政处罚法并未明确限定听证次数的情况下，只要不是基于无端刁难或故意拖延，而是旨在保障当事人的陈述权与申辩权，行政机关组织多次听证就具有程序合法性。本案法院从听证制度设立目的出发，肯定了苏州市工商局多次组织听证行为的合法性，为今后法院解决类似问题提供了参考。

四、案后相关法制发展

全国人大常委会分别于2013年和2014年对《商标法》和《行政诉讼法》进行了修订，其中对本案所涉及的商标侵权认定、工商机关罚款权力、变更判决的适用条件都作了较大幅度的修改。厘清这些修改对本案所产生的影响，能帮助我们更加准确地看待本案在当前的参考价值。

（一）《商标法》修改对本案的影响

首先，新《商标法》第五十七条规定："下列行为之一的，均属侵犯注册商标专用权：（一）未经商标注册人的许可，在同一种商品上使用与其注册商标相同的商标的；（二）未经商标注册人的许可，在同一种商品上使用与其注册商标近似的商标，或者在类似商品上使用与其注册商标相同或者近似的商标，容易导致混淆的……"与旧法相比，新法加入了"容易导致混淆的"的表述，这一改变使得"要不要考虑混淆"不再成为问题。现在的主要问题是混淆与近似的关系问题，在本案中，法院将混淆作为近似的构成要件，认为"不混淆则不近似"，混淆只是在认定是否构成商标近似时的一个考虑因素，

① 参见江苏省高级人民法院〔2011〕苏知行终字第0004号判决书。
② 肖金明著：《行政处罚制度研究》，山东大学出版社2004年版，第205页。

位阶较低，而新法实施后，混淆不再从属于近似，而成了与近似并列的一个概念，都是商标侵权的构成要件。混淆与近似的关系由"不混淆则不近似"变为了"近似也可能不混淆"。因此，法院现在面对此类案件时，应调整论证思路，遵循新《商标法》所确立的商标侵权构成要件。

其次，原《商标法》第五十三条"责令立即停止侵权并可处以罚款"条款被修改，新《商标法》第六十条第二款规定："工商行政管理部门处理时，认定侵权行为成立的，责令立即停止侵权行为，没收、销毁侵权商品和主要用于制造侵权商品、伪造注册商标标识的工具，违法经营额五万元以上的，可以处违法经营额五倍以下的罚款，没有违法经营额或者违法经营额不足五万元的，可以处二十五万元以下的罚款。对五年内实施两次以上商标侵权行为或者有其他严重情节的，应当从重处罚。销售不知道是侵犯注册商标专用权的商品，能证明该商品是自己合法取得并说明提供者的，由工商行政管理部门责令停止销售。"可见，按照新法的规定，工商行政管理部门失去了就"是否处以罚款"自由裁量的权力。因此，法院日后将不会再次遇到本案法院所面对的问题。

（二）《行政诉讼法》修改对本案的影响

经过 2014 年的修改，原《行政诉讼法》中第五十四条第四款"行政处罚显失公正的，可以判决变更"变为了新法中的第七十七条，该条第一款规定："行政处罚明显不当，或者其他行政行为涉及对款额的确定、认定确有错误的，人民法院可以判决变更。"变更行政处罚的情形由"显失公正"变成了"明显不当"，这一改变仅是一种同义转换，还是明显不当具有了新的内涵？这是现在重新审视本案时无法绕开的问题。

五、结语

尽管相关法律的修改影响了本案判决在一些具体问题上的参考价值，但在行政裁量权控制规范缺失，人民法院普遍"不敢"、"不愿"使用变更判决的现实背景下，本案法院大胆运用比例原则否定了行政机关行政处罚决定的合理性，并依据行政诉讼法的规定作出了变更判决，值得肯定。此外，本案在促进未使用注册商标的法律保护和听证程序的完善上也具有十分重要的参考价值。

陈爱华诉南京江宁区住建局
不履行职责案（2013）*

张鹏举

一、案件回顾

（一）基本案情

南京市江宁区双龙大道 833 号南方花园 A 组团 23—201 室房屋的所有权人为曹振林。2011 年 5 月 23 日，曹振林亲笔书写遗嘱，将该房产及一间 8 平方米的储藏室以及名下所有存款、住房中所有用品无条件赠给原告陈爱华。2011 年 6 月 22 日曹振林在医院去世。2011 年 7 月 22 日，原告经南京市公证处公证，声明接受全部遗赠。2011 年 8 月 3 日，原告携带遗嘱、房产证、公证书等材料前往被告南京市江宁区住房和城乡建设局（以下简称区住建局）下设的房地产交易中心办理过户登记手续时被拒绝。2011 年 10 月 10 日，原告陈爱华向被告提出书面申请，要求被告依法为其办理房屋所有权移转登记。被告于 2011 年 10 月 27 日书面回复，以"遗嘱未经公证，又无'遗嘱继承公证书'"为由不予办理。

（二）争议焦点

原告认为，被告强制公证的做法与我国现行的《继承法》《物权法》《公

---

* 本案全称"陈爱华诉南京市江宁区住房和城乡建设局不履行房屋登记法定职责案"，载于《最高人民法院公报》2014 年第 8 期。《公报》就本案撰写的裁判要旨是："国家对不动产实行统一登记制度。统一登记的范围、登记机构和登记办法，由法律、行政法规规定。司法部、建设部《关于房产登记管理中加强公证的联合通知》不属于法律、行政法规、地方性法规、规章的范畴，且与《物权法》、《继承法》、《房屋登记办法》等有关法律法规相抵触，不能成为房屋登记主管部门不履行房屋登记法定职责的依据。"

证法》等多部法律相抵触，故向南京市江宁区人民法院提起行政诉讼，要求法院确认被告拒为原告办理房屋所有权转移登记的行为违法，责令被告就该涉案房屋为原告办理房屋所有权转移登记。

被告区住建局辩称，根据司法部、建设部《关于房产登记管理中加强公证的联合通知》（以下简称《联合通知》）第二条规定："遗嘱人为处分房产而设立的遗嘱，应当办理公证。遗嘱人死亡后，遗嘱受益人须持公证机关出具的'遗嘱公证书'，和'遗嘱继承权公证书'或'接受遗赠公证书'，以及房产所有权证、契证到房地产管理机关办理房产所有权转移登记手续。"本案原告仅依据曹振林所立书面遗嘱为依据提出房屋所有权转移登记申请，该遗嘱并未经过公证，且原告也未提供该遗嘱分割协议，故不符合《联合通知》的规定，不应为其办理房屋所有权转移登记。因此，不予办理的行政行为事实清楚、程序合法、适用法律正确，请求法院依法驳回原告的诉讼请求。①

本案争议焦点为：（1）司法部、建设部《联合通知》可否作为行政行为合法性的判断依据；（2）被告不予办理的决定是否合法。

（三）法院裁判

南京市江宁区人民法院审理之后，判决撤销被告区住建局于2011年10月27日作出的《关于陈爱华办理过户登记申请的回复》，责令被告区住建局在本判决书发生法律效力后30日内履行对原告陈爱华办理该涉案房屋所有权转移登记的法定职责。② 裁判思路如下：

首先，江宁区人民法院确定作为部委发布的规范性文件之《联合通知》不能作为审理依据。根据《行政诉讼法》第五十二条、第五十三条之规定："人民法院审理行政案件，以法律和行政法规、地方性法规为依据。地方性法规适用于本行政区域内发生的行政案件。""人民法院审理行政案件，参照国务院部委、根据法律和国务院的行政法规、决定、命令制定、发布的规章以及省、自治区、直辖市和省、自治区直辖市人民政府所在地的市和经国务院批准的较大的市的人民政府根据法律和国务院的行政法规制定、发布的

---

① 参见江苏省南京市江宁区人民法院〔2013〕江宁行初字第49号行政判决书；江苏省南京市中级人民法院〔2013〕宁行终字第56号行政裁定书。

② 参见江苏省南京市江宁区人民法院〔2013〕江宁行初字第49号行政判决书。

规章。"《联合通知》作为两部委制定的规范性文件不属于法律规定的审理依据。

其次，《联合通知》关于强制公证的规定与《物权法》《继承法》等法律依据不符。《物权法》第十条规定："国家对不动产实行统一登记制度。统一登记的范围、登记机构和登记办法，由法律、行政法规规定。"根据《继承法》第十六条第三款之规定："公民可以立遗嘱将个人财产赠给国家、集体或者法定继承人以外的人。"以及第十七条第二款之规定："自书遗嘱由遗嘱人亲笔书写，签名，注明年、月、日。"另《房屋登记办法》第三十二条规定："发生下列情形之一的，当事人应当在有关法律文件生效或者事实发生后申请房屋所有权转移登记……（三）赠与……"且《房屋登记办法》并无规定，要求遗嘱受益人须持公证机关出具的遗嘱公证书才能办理房屋转移登记。①

综上，《联合通知》不属于法律、行政法规、地方性法规、规章的范畴，且与《物权法》《继承法》《房屋登记办法》等有关法律法规相抵触。故本案中，被告依据《联合通知》的规定对该涉案房屋不予办理房屋所有权转移登记的具体行政行为违法。②

区住建局不服一审判决，向南京市中级人民法院提起上诉。审理过程中，上诉人区住建局同意为被上诉人陈爱华办理涉案房屋登记手续并申请撤回上诉，南京市中级人民法院于2013年10月8日裁定准予上诉人区住建局撤回上诉。

二、案件背景

（一）现实背景

1. 行政机关依"文件"执法现象普遍存在

规范性文件又称行政规定，指"各级人民政府及其工作部门依据法律、

---

① 此案例先后被《江苏省高级人民法院公报》和《最高人民法院公报》选登。前者将裁判理由修改为"与有有关法律精神不符"，最高院将其修改为"行政机关行使行政职能时必须符合法律规定，行使法律赋予的行政权力，其不能在有关法律法规规定之外创设新的权力来限制或剥夺行政相对人的合法权利"。参见江苏省高级人民法院编：《江苏省高级人民法院公报》2014年第1辑；《最高人民法院公报》2014年第8期。
② 参见江苏省南京市江宁区人民法院（2013）江宁行初字第49号行政判决书。

法规、规章或者上级行政机关的有关规定，基于其行政职权的范围，针对不特定的行政相对人作出的，并可反复适用的行政规则"。① 其具体形式包括规定、办法、规则、实施细则、决定、命令等。② 规范性文件不是正式的法律渊源，在没有上位法明确授权的情况下不能为行政相对人增设义务，减损权益，不得与法律、法规、行政规章相抵触。

鉴于我国法律法规的不完善和立法"宜粗不宜细"的原则，行政机关在社会管理中不得不依据规定更为详细具体的规范性文件。这些规范性文件在促进经济发展、规范社会管理方面发挥了巨大作用，但相当一部分规定存在非法增加行政相对人义务、损害其合法权益的情况。现实中，甚至存在要求农民收割玉米需要先办理"砍伐证"、政府各部门分配喝酒指标的规范性文件。③ 办证过程手续繁、收费高、周期长、效率低的现象，不仅造成行政管理成本的增加和社会资源的浪费，也对政府形象、公信力造成了巨大的损害。为群众解绊，为企业松绑成为社会共识。

本案中的《联合通知》即是其中典型，司法部、建设部通过一纸"红头文件"，使得公证程序成为行政相对人办理房屋登记的拦路虎。④ 这种明显的违法程序，作为登记机关的操作惯例持续二十多年，说明规范性文件监督机制的运行并不理想。

2. 对规范性文件的司法审查不力

行政审判中，人民法院对规范性文件的识别、适用状况参差不齐。最高法院通过《执行解释》《行政案件纪要》《裁判文书引用规定》创设了法院对于规范性文件的司法审查权。⑤ 但是由于《行政案件纪要》仅是法院系统内部文件，不是司法解释，不属于正式法律渊源，因此缺乏效力上的确定性。囿于没有法律明文支持、现实体制及审查能力，实践中法院对规范性文件审查

---

① 胡建淼著：《行政法学》，法律出版社2010年版，第188页。

② 参见《规章制定程序条例》第6条；《湖南省规章规范性文件备案审查办法》第2条第2款；《江苏省规范性文件制定和备案规定》第8条。

③ 参见章渔：《面对问题红头文件，人大代表怎么办》，载《人民政坛》2012年第11期。

④ 《联合通知》已经于2016年7月5日被正式废止，参见司法部关于废止《司法部、建设部关于房产登记管理中加强公证的联合通知》的通知（司发通〔2016〕63号）。

⑤ 详见于下文制度背景部分。

的意识不高、力度不大，有回避审查的倾向，不加审查而径行适用的现象也多有存在。① 截至本案，最高法院公布的 14 个涉及规范性文件司法审查的公报案例，共有 20 个规范性文件需要法院进行审查，但法院只对 5 个案例中的 6 个规范性文件较为规范地适用了上述审查程序，相当多的情况下是未经审查就予以适用。② 最高人民法院遴选的公报案例尚且不能规范适用，遑论其余。

具体到对《联合通知》的审查，这里检索到的审结于本案宣判之前的 9 个案例中，法院在裁判文书中不经说明就认定《联合通知》有效的就有 5 个，

---

① 参见王延庆：《行政诉讼中对其他规范性文件的审查》，载《人民司法》2011 年第 9 期；郭百顺：《抽象行政行为司法审查之实然状况与应然构造》，载《行政法学研究》2012 年第 3 期。

② 这 14 个案例分别是吉德仁等诉盐城市政府行政决定案，载《最高人民法院公报》2003 年第 4 期；中国银行江西分行诉南昌市房管局违法办理抵押登记案，载《最高人民法院公报》2004 年第 2 期；中海雅园管委会诉海淀区房管局不履行法定职责案，载《最高人民法院公报》2004 年第 5 期；丰浩江等人诉广东省东莞市规划局房屋拆迁行政裁决纠纷案，载《最高人民法院公报》2004 年第 7 期；黄金成等 25 人诉成都市武侯区房管局划分物业管理区域行政纠纷案，载《最高人民法院公报》2005 年第 6 期；益民公司诉周口市政府等行政行为违法案，载《最高人民法院公报》2005 年第 8 期；邵仲国诉黄浦区安监局安全生产行政处罚决定案，载《最高人民法院公报》2006 年第 8 期；北京国玉大酒店诉北京市朝阳区劳保局工伤认定行政纠纷案，载《最高人民法院公报》2008 年第 9 期；祁县华誉纤维厂诉祁县人民政府行政赔偿案，载《最高人民法院公报》2011 年第 4 期；北京希优照明设备有限公司不服上海市商务委员会行政决定案，载《最高人民法院公报》2011 年第 7 期；甘露不服暨南大学开除学籍案，载《最高人民法院公报》2012 年第 7 期；无锡美通公司诉无锡市质监局高新区分局质监行政处罚案，载《最高人民法院公报》2013 年第 7 期；上海珂帝食品包装公司不服上海市人社局责令补缴外来从业人员综合保险费案，载《最高人民法院公报》2013 年第 11 期；本文评析的陈爱华案，载《最高人民法院公报》2014 年第 8 期。以上符合审查规范的 6 个案例分别是"益民公司案"；"邵仲国案"；"甘露案"；"上海珂帝食品包装公司案"；"陈爱华案"。具体分析可参见余军、张文：《行政规范性文件司法审查权的实效性考察》，载《法学研究》2016 年第 2 期。

法院通过审查从而排除适用的只有 4 个。① 在"惠东县房产管理局与张伟峰不履行法定职责纠纷上诉案"中,第三人为申请办理涉案房屋过户登记提交了卖房委托书,惠东县房产管理局在没有委托有关机构对其进行涉外公证的情况下,为申请人办理了过户手续。法院依据《联合通知》的规定,认定被告所作行政行为违反了法定程序。② 而在"沈阳市皇姑区房产局与雷光不履行职责纠纷上诉案"中,法院认为《联合通知》规定的强制公证程序与效力更高的《继承法》之规定不相符,从而排除适用《联合通知》。③

(二) 制度背景

1. 规范性文件的法律监督机制

对规范性文件的立法监督和行政监督,法律规定了备案审查、清理、行政复议 3 种方式。对不适当的规范性文件,《立法法》和《监督法》赋予了立法

---

① 检索平台为北大法宝网和中国裁判文书网。这 9 个案例分别为保靖县人民政府等与代六强土地资源行政管理纠纷上诉案,参见湖南省湘西土家族苗族自治州中级人民法院〔2004〕州行终字第 6 号行政判决书;魏煌生、魏尧生不服宁化县人民政府颁发房屋所有权证案,参见福建省宁化县人民法院〔2005〕宁行初字第 6 号行政判决书;毛素蓉与宁波市住房和城乡建设委员会行政登记案,参见宁波市江东区人民法院〔2012〕甬东行初字第 33 号行政判决书;杨伏英等与卢建华等房产继承转移登记纠纷上诉案,参见江西省赣州市中级人民法院〔2012〕赣行终字第 13 号行政判决书;郭威与驻马店市住房管理中心等房屋行政登记纠纷案,参见河南省驻马店市中级人民法院〔2011〕驻法行终字第 131 号行政判决书;惠东县房产管理局与张伟锋不履行法定职责纠纷上诉案,参见广东省惠州市中级人民法院〔2002〕惠中法行终字第 07 号行政判决书;沈阳市皇姑区房产局与雷光不履行职责纠纷上诉案,参见辽宁省沈阳市中级人民法院〔2005〕沈行终字第 143 号行政判决书;张金明诉西安市住房保障和房屋管理局行政不作为案,参见西安市莲湖区人民法院〔2011〕莲行初字第 106 号行政判决书;千某某诉郑州市住房保障和房地产管理局不履行法定责任案,参见河南省郑州市高新技术产业开发区人民法院〔2012〕开行初字第 58 号行政判决书。前 5 个案例中,法院直接将《联合通知》作为审理依据,后 4 个案例中,法院则持否定态度。有学者在北大法宝网检索到了 18 个案例(有部分案例审结时间晚于陈爱华案审结时间),而法院认可《联合通知》效力的有 14 个,占 78%。参见杨伟东:《继承受遗赠强制公证的合法性和未来走向——以陈爱华诉南京市江宁区住房和城乡建设局不履行房屋登记法定职责案为分析基点》,载《法律适用》2015 年第 4 期。

② 参见广东省惠州市中级人民法院〔2002〕惠中法行终字第 7 号行政判决书。

③ 参见辽宁省沈阳市中级人民法院〔2005〕沈行终字第 143 号行政判决书。

机关"只撤不改"和行政机关"或撤或改"的权限。① 清理是指行政机关根据法律、法规、规章和上级行政机关规范性文件或者经济社会发展的需要，定期对规范性文件进行审查，重新确定其效力的活动。② 复议监督指复议机关对原机关作出行政行为所依据的规范性文件可以进行审查，如果复议机关有权处理，则依法处理；若无权处理，转交有权机关处理。③ 实践中，双重备案审查机制不仅削弱了人大的权威，也造成备案审查机制虚置化。有观点认为这种做法"行政色彩"过于浓厚，片面注重层次，忽视了"权威"与"效率"，④ 造成立而不备、备而不审、审而不决的常态化。清理制度耗时较长、程序繁杂，并不能解决全部问题，部分违反上位法规定、不符合新法的规范性文件仍然存在。⑤复议监督没有发挥自我纠错的功能，"迟延性"审查和"闭门式"审查很难使监督落到实处，导致该制度形同虚设。⑥

立法和行政之外，司法也对规范性文件有一定的监督作用。《行政诉讼法》规定审理行政案件"依据法律、法规，参照规章"，并没有涉及规范性文件。为维护法制统一、促进依法行政，最高人民法院通过司法解释、司法文件逐步确立了法院对规范性文件的有限的审查权。2000年最高人民法院发布的《关于执行〈中华人民共和国行政诉讼法〉若干问题的解释》（以下简称《执行解释》）第六十二条第二款规定："人民法院审理行政案件，可以在裁判文书中引用合法有效的规章及其他规范性文件。"这是对"参照规章"的解释，即法院在裁判文书中要引用规章，首先要判断规章是否合法，合法有效的才能予以引用。但《执行解释》将"规章"扩展至"规章及其

---

① 《立法法》第九十九条；《各级人民代表大会常务委员会监督法》第二十九条、第三十条。

② 参见《国务院关于加强法治政府建设的意见》（国发〔2010〕33号）。

③ 参见《行政复议法》第九条、第二十六条。

④ 参见莫纪宏：《规范性文件备案制度的合法性研究》，载《北京联合大学学报》2012年第7期。

⑤ 规范性文件的清理以两年为周期，难以有效率地救济行政相对人权益。参见《国务院关于加强法治政府建设的意见》（国发〔2010〕33号）。值得说明的是，在最新《法治政府建设实施纲要（2015—2020年）》中，清理工作仍是重点。按照中共中央、国务院的部署，2017年年底才能完成清理工作。参见《法治政府建设实施纲要（2015—2020年）》。

⑥ 参见张淑芳：《规范性文件行政复议制度》，载《法学研究》2002年第4期；余凌云：《论行政复议法的修改》，载《清华法学》2013年第4期。

他规范性文件",已然超越了法律条文本身的含义。2004年最高人民法院发布的《关于印发〈关于审理行政案件适用法律规范问题的座谈会纪要〉的通知》（以下简称《行政案件纪要》）中，坐实了法院对规范性文件的审查权，即"人民法院可以在裁判理由中对具体应用解释和其他规范性文件是否合法、有效、合理或适当进行评述"。①这是对《执行解释》第六条第二款中简单的"合法、有效"标准的超越。由此，最高法院确立了规范性文件审查的三个步骤：第一，规范性文件只有在作为具体行政行为的直接依据时，才能附带审查；第二，规范性文件的审查标准是"合法、有效并合理、适当"；第三，裁判文书说理部分可以对规范性文件的审查情况予以评述。2009年最高法院公布的《裁判文书引用规定》重申了这一点，规定法院根据审理案件的需要，对规范性文件审查后，认定为合法有效的，可以作为裁判说理的依据。②

2. "拒绝履行"之判决方式

"判与诉是相对应的，判决是对诉讼请求的回应。"③ 对于行政机关拒不履行职责的行政行为如何进行裁判，法律的规定并不明确。修改前的《行政诉讼法》第五十四条规定了4种一审裁判方式，分别为：（1）具体行政行为证据确凿，适用法律、法规正确，符合法定程序的，判决维持。（2）具体行政行为有下列情形之一的，判决撤销或者部分撤销，并可以判决被告重新作出具体行政行为：①主要证据不足的；②适用法律、法规错误的；③违反法定程序的；④超越职权的；⑤滥用职权的。（3）被告不履行或者拖延履行法定职责的，判决其在一定期限内履行。（4）行政处罚显失公正的，可以判决变更。其中第2项和第3项规定了撤销判决和履行判决，具体到本案的拒绝行为，两种判决方式似乎都可以适用。如果法院认为拒绝履行是积极的作为，则会依照第五十四条第二项作出撤销判决并责令重作；如果认为拒绝履行是不作为，则会依据第五十四条第三项作出履行判决。《执行解释》第六十条对判决方式又作了补充，规定重作判决可以限定期限，履行判

---

① 最高人民法院《关于印发〈关于审理行政案件适用法律规范问题的座谈会纪要〉的通知》（法〔2004〕96号）第一部分：关于行政案件的审判依据。

② 参见最高人民法院《关于裁判文书引用法律、法规等规范性法律文件的规定》（法释〔2009〕年14号）第6条。

③ 马怀德主编：《行政诉讼原理》，法律出版社2003年版，第430页。

决应当限定期限。①

如果认为拒绝行为也是行使法定职责的结果，是一种积极的行政行为，不是不作为，则适用撤销并责令重作判决。责令重作有一定裁量空间，属于程序性判决，履行职责是实体性判决。人民法院不能代替行政机关作决定，不能作实体性判决。② 如果认为拒绝履行是不充分乃至错误的履行，是实质意义的不作为，则适用限期履行判决。③ 2004 年最高法院发布了《关于规范行政案件案由的通知》，将"不履行特定行政职责"作为不作为案由的构成要素之一。由此似乎能够推出"拒绝履行"属于《行政的诉讼法》第五十四条第三项中的"不履行"，最高人民法院发布的多个涉及不作为的公报案例也有此倾向。④

就本案的涉及行政确认来说，最高人民法院的一系列司法政策似乎在弥合上述分歧。比如，"对于行政裁决和行政确认案件，可以在查清事实的基础上直接就行政主体对原民事性质的事项所作出的裁决或确认依法作出判决，以减少当事人的诉累。撤销具体行政行为责令重新作出具体行政行为的判决以及责令行政机关履行法定职责的判决，要尽可能明确具体，具有可执行性。"⑤ 又如，要"注重行政争议的实质解决"、"促进案结事了"。⑥ 司法政策似乎暗示在法院通过实体性裁判改造责令重作判决。但这些规定仅是对已有判决方式的细微改造，就行政争议的实质解决而言，完善判决类型才是

---

① 《执行解释》第六十条："人民法院判决被告重新作出具体行政行为，如不及时重新作出具体行政行为，将会给国家利益、公共利益或者当事人利益造成损失的，可以限定重新作出具体行政行为的期限。人民法院判决被告履行法定职责，应当指定履行的期限，因情况特殊难于确定期限的除外。"关于该条的适用可参见甘文：《行政诉讼法司法解释之评论——理由、观点与问题》，中国法制出版社 2000 年版，第 171~172 页。

② 参见章剑生：《行政诉讼履行法定职责判决论》，载《中国法学》2011 年第 1 期。

③ 参见马怀德主编：《司法改革与行政诉讼制度的完善——〈行政诉讼法〉修改建议稿及理由说明书》，中国政法大学出版社 2004 年版，第 341~342 页。叶必丰：《行政法与行政诉讼法》，武汉大学出版社 2008 年版，第 429 页；胡建淼主编：《行政诉讼法学》，高等教育出版社 2003 年版，第 215 页。

④ 参见章志远：《司法判决中的行政不作为》，载《法学研究》2010 年第 5 期。

⑤ 参见最高人民法院印发《关于当前形势下做好行政审判工作的若干意见》（法发〔2009〕38 号）。

⑥ 参见章志远：《我国司法政策变迁与行政诉讼法学的新课题》，载《浙江学刊》2009 年第 5 期。

根本举措。

3. 自愿公证原则

《物权法》出台之前,关于申请不动产登记所需材料的规定较为分散,但法律、法规、规章、规范性文件等都有具体要求。不过,除了《联合通知》外,其他法律、法规和规章对房屋登记没有规定公证事项。① 建设部的相关文件还特别强调"清理审批中没有必要提供的各种证件,原则上取消与权属登记机关法规责任不直接相关的收件审核"。② 从公证视角来看,1982 年出台的《公证暂行条例》和 2005 年出台的《公证法》都以自愿公证为原则,《公证法》第十一条更是明文规定,应当公证的事项只能由法律、行政法规规定。

2007 年颁行的《物权法》第十条规定:"国家对不动产实行统一登记制度。统一登记的范围、登记机构和登记办法,由法律、行政法规规定。"工作人员在立法时就考虑到了公证问题,即"如果办理登记前必须经过公证,不仅不便民,还会增加群众负担。因此,不宜规定不动产登记前必须经过公证"。③ 建设部于 2008 年出台的《房屋登记办法》中关于申请材料的规定,也没有明确要求公证材料。④ 2013 年,建立统一的不动产登记制度被提上议

---

① 参见国务院印发《城市私有房屋管理条例》第七条;建设部印发《城市房屋权属登记管理办法》第十七条第二款;《城乡建设环境保护部关于印发〈城镇房屋所有权登记暂行办法〉的通知》(〔87〕城住字第 242 号)。

② 参见建设部印发《关于简化房地产交易与房屋权属登记程序的指导意见》(建住房〔2000〕201 号)。

③ 参见《全国人大法律委员会关于〈中华人民共和国物权法(草案)〉修改情况的汇报》,载中国人大网:http://www.npc.gov.cn/npc/xinwen/lfgz/flca/2005-10/28/content_342510.htm,2016 年 11 月 17 日访问。

④ 《房屋登记办法》第三十三条规定:申请房屋所有权转移登记,应当提交下列材料:(一)登记申请书;(二)申请人身份证明;(三)房屋所有权证书或者房地产权证书;(四)证明房屋所有权发生转移的材料;(五)其他必要材料。前款第(四)项材料,可以是买卖合同、互换合同、赠与合同、受遗赠证明、继承证明、分割协议、合并协议、人民法院或者仲裁委员会生效的法律文书,或者其他证明房屋所有权发生转移的材料。其中第(五)项的其他必要材料并不包括公证书,可参见住建部政策法规司等编:《房屋登记办法释义》,人民出版社 2008 年版,第 135~141 页。

事日程，其主要精神是减轻群众负担、简化办事程序。① 《不动产登记条例》的起草工作随之展开。面对强制公证程序和随之而来的巨额公证费用，废除强制公证的呼声越来越高。② 本案发生于《不动产登记条例》起草阶段，这些都为江宁区法院对行政机关的强制公证程序依法说"不"，提供了较好的社会氛围。

（三）理论背景

1. 规范性文件的司法审查标准

司法实践中很多行政争议是由"红头文件"引起的，将部分抽象行政行为纳入司法审查范围的呼声很高。但法院作为权利救济机关，并不承担对行政机关行使层级监督的职责。③ 为了加强行政审判的力度，进而从根本上解决行政行为违法的问题，最高法院在有限空间内确立了对规范性文件的附带审查权。不过，关于审查标准却没有明确的规定。

比较法上，毛雷尔认为法规命令合法需符合4个要件，分别是授权根据、形式要件、实体合法要件、裁量要件。胡芬则从相反角度界定，即"一个法律规范是违法的，并因此也是自始无效的，如果它——由无管辖权的机关颁布；——有程序瑕疵；——缺乏必要的授权基础，或该基础不适用或本身就是违法的；——违反了其他高位阶的法律"。④

---

① 值得说明的是2014年出台的《不动产登记暂行条例》，其中第十六条列举了申请人应当提交的材料，并没有将公证书列入其中。2015年出台的《不动产登记暂行条例实施细则》第十四条中关于因继承、受遗赠取得不动产，当事人申请登记的规定是"也可以提交经公证的材料或者生效的法律文书"。《联合通知》也于2016年7月5日被正式废止，参见司法部《关于废止〈司法部、建设部关于房产登记管理中加强公证的联合通知〉的通知》（司发通〔2016〕63号）。

② 参见王晨：《房价暴涨引发对12年前旧规质疑：继承房产强制公证 高收费是否合理》，载《中国青年报》2010年10月22日第10版；王昀：《按"标的"的公证收费不合理：委员建议应予取消，让公证服务真正体现公益性》，载《联合时报》2013年3月22日第001版。

③ 参见全国人大常委会法制工作委员会行政法室编：《行政诉讼法立法背景与观点全集》，法律出版社2015年版，第52页、第288页。

④ ［德］弗里德赫尔穆·胡芬著：《行政诉讼法》，莫光华译，法律出版社2003年版，第474页。

我国对规范性文件的审查以合法性审查为原则,① 但就具体标准并未形成共识。理论界大多数观点认为司法审查应当从规范性文件的制定主体、发布程序、具体内容等方面入手。② 有观点认为应当将比例原则引入审查,进而实现权利对权力的制约作用。③ 也有观点认为"合法、有效、适当"才是对规范性文件进行司法审查的标准。④ 具体标准的细化,审视已有的法律资源,立法监督中的备案审查规则和国务院制定的规范性文件清理原则似乎可以为司法审查所借鉴。最高人民法院在《行政案件纪要》中列举的下位法不符合上位法的常见情形,似乎也能够为司法审查提供指引。

2. 程序法定原则

《联合通知》增设的强制公证程序,不仅为行政相对人办证增加了阻碍,还涉及程序法定原则。行政法定原则是行政法的基本原则,程序法定原则是行政法定原则在程序领域的集中体现,指行政程序必须依法设定,行政主体及其相对人必须依法遵守。传统法治是组织法控权,现代法治更注重程序法控权。⑤ 程序法定之"法",应当是法律、行政法规、规章、自治条例、单行条例,规范性文件不是正式的行政法渊源,不能包含在内。⑥ 行政程序合法、适当是行政行为的有效要件之一,《行政诉讼法》也将"违反法定程序"作为撤销判决的情形之一。程序法定原则在监督行政行为、提高行政效率、维护行政相对人程序权益等方面有重要作用。只有行政程序法定,行政相对人才能形成

---

① 参见胡锦光:《论我国抽象行政行为的司法审查》,载《中国人民大学学报》2005年第5期。

② 参见姜明安主编:《行政法与行政诉讼法》,北京大学出版社1999年版,第174页;郭百顺:《抽象行政行为司法审查之实然状况与应然构造》,载《行政法学研究》2012年第3期。

③ 参见潘爱国:《论我国司法机关法规审查标准之重构》,载《北方法学》2011年第2期。

④ 参见江必新:《完善行政诉讼制度的若干思考》,载《中国法学》2013年第1期。

⑤ 程序控权有利于充分调动行政相对人参与国家管理、改进政府内部运作机制,提高行政效率;有利于事前、事中纠错,尽量避免给行政相对人和社会公众造成不可挽回的损失。参见姜明安主编:《行政程序研究》,北京大学出版社2006年版,第1~7页。

⑥ 程序法定之"法"的相关讨论,参见应松年、杨小君著:《法定程序实证研究——从司法审查角度的分析》,国家行政学院出版社2005年版,第37~65页;胡建淼著:《行政法学》,法律出版社2010年版,第427~431页;章剑生:《对违反法定程序的司法审查——以最高人民法院公布的典型案例(1985—2008)为例》,载《法学研究》2009年第2期。

稳定预期，行政机关才能将程序内含的公证价值转化为现实。①

程序法定原则和正当程序原则是行政程序的两大原则，如何适用，理论界尚未形成共识。有观点认为，法定程序由法律明文规定，是法的形式标准；正当程序则是内容实质标准。如果有法定程序则遵循程序法定原则，如果无法定程序，则适用正当程序规则。② 有观点认为，应当将法定程序作扩大解释，使之包容正当程序原则，从而与《行政诉讼法》的规定相协调。③ 与之相反的观点则认为，《全面推进依法行政实施纲要》既然已经将"程序正当"作为依法行政的基本要素之一，就应当将法定程序纳入程序正当之中，进而将其作为行政程序领域的基本原则。④

3. 行政判决类型化改造

《行政诉讼法》强调"维护行政机关依法行使职权"，立法没有坚持依诉择判、诉判同一的基本诉讼原则。"行政机关不履行或者拖延履行法定职责的，法院可以判决其在一定期间履行，而不是代替行政机关作出决定。"⑤ 诉讼种类不丰富致使行政诉讼不能有效解决行政争议，相对人权益也无法通过相应的诉讼种类进行救济。德国法提供了一个理想样本，即从"无漏洞且有效的权利保护出发"，对于侵犯公民权利的每一种国家权力行为，都必须有一个适当的诉讼种类可供利用。⑥ 虽然《执行解释》对判决类型有所完善，但仍不能满足行政救济的功能。

对于本案中的行政机关拒绝履行法定职责，德、美、英、荷等国都是从实质意义上将其理解为行政不作为，通过课予义务判决进行救济。我国学界在完善行政判决种类方面的研究，主要集中在增加判决种类，特别是给付判决和课

---

① 参见周安平：《行政程序法的价值、原则与目标模式》，载《比较法研究》2004年第2期。

② 参见章剑生：《对违反法定程序的司法审查——以最高人民法院公布的典型案件（1985—2008）为例》，载《法学研究》2009年第2期。

③ 参见甘文：《WTO与司法审查的标准》，载《法学研究》2001年第4期。

④ 参见江必新：《行政程序正当性的司法审查》，载《中国社会科学》2012年第7期；何海波：《司法判决中的正当程序原则》，载《法学研究》2009年第1期；周佑勇：《行政法的正当程序原则》，载《中国社会科学》2004年第4期。

⑤ 顾昂然：《行政诉讼法起草情况和主要精神》，载最高人民法院《行政诉讼法》培训班编：《行政诉讼法专题讲座》，人民法院出版社1989年版，第31页。

⑥ 参见［德］弗里德赫尔穆·胡芬著：《行政诉讼法》，莫光华译，法律出版社2003年版，第211页。

予义务判决。① 也有观点认为原有判决类型的规定过于原则和粗疏，因此主张扩大责令履行的范围，对于行政机关应当履行而没有履行义务且没有裁量权情况时，法院的重作判决应当更为清晰和确定。② 针对行政机关不尊重法院判决的现象，有观点建议增加自为判决作为撤销后重作判决的替代方式，赋予法院代替行政机关作出行政行为、救济行政相对人的权能。③

三、案件的突破和创新

（一）明晰审查标准

江宁区人民法院对《联合通知》准确适用了最高人民法院确立的对规范性文件的附带性审查规则，并明确了"与上位法相抵触"的审查标准。规范之间的抵触标准可分为原则抵触和规则抵触，前者指下位法的规定内容与上位法的指导思想、基本原则、基本精神不一致，后者指下位法的具体规定与上位法不一致。④ 就本案而言，《联合通知》关于强制公证的规定，已然与《继承法》《物权法》等自愿公证的基本原则相背离，同时也与《房屋登记办法》中规定的登记必备材料不一致，也是规则抵触的表现。这种利用规范性文件增设上位法规定的适用条件的做法，极大损害了行政相对人的合法权益，也破坏了我国法制的统一。江宁区人民法院在审查《联合通知》时，敏锐地意识到了这一点，也在裁判文书中予以明确说明。《联合通知》违法增设的公证程序，成为了登记机关二十多年以来的操作惯例。针对强制公证引起的行政诉讼，司法对行政相对人的救济率也并不高。本案中，江宁区人民法院的裁判说理部分恪守了司法审查有限原则，在"强行政弱司法"的体制之下，有效发挥了司法机关在监督行政行为、明确法律适用方面，具有良好的示范效应。本案裁判

---

① 参见马怀德主编：《行政诉讼原理》，法律出版社2003年版，第131~138页；梁凤云：《关于〈行政诉讼法〉修改中完善判决方式的若干建议》，载《法律适用》2005年第8期；莫于川等：《我国〈行政诉讼法〉的修改路向、修改要点和修改方案——关于修改〈行政诉讼法〉的中国人民大学专家建议稿》，载《河南财经政法大学学报》2012年第3期。

② 参见杨伟东：《行政诉讼一审判决的完善》，载《广东社会科学》2013年第1期。

③ 参见薛刚凌：《行政判决制度研究》，载《河南省政法管理干部学院学报》2003年第2期。

④ 参见胡建淼：《法律规范之间抵触标准研究》，载《中国法学》2016年第3期。

所确立的"与上位法相抵触"标准，一定程度上可以弥补制定法无审查标准之规定的缺憾，同时也与立法监督中备案审查标准相一致。尽管新《行政诉讼法》对规范性文件的附带审查有了更为完善的规定，但本案在审查标准方面，并未丧失典型案例的影响。

（二）重申程序法定原则

程序法定原则要求，如果法律规范已经规定了相应的行政程序，行政机关不能随意增加或减少相关程序，进而增加行政相对人义务或减损其权益。房屋登记是一种行政确认，即原告向行政机关提出办理房屋过户手续的申请，行政机关对于法律事实和法律关系依法进行认定。此种程序为原告设置程序义务，给被告行政机关赋予程序权利，属于义务性程序。因此，必须纳入程序法定的范围。① 《物权法》《公证法》《继承法》都没有强制公证的规定。《房屋登记办法》第三十三条明文规定的申请房屋登记应当提交的各项材料中，也没有公证书。《联合通知》虽然规定了应当提交公证书，但是《联合通知》属于规范性文件，并不是正式的法律渊源，不属于程序法定原则之"法"的范畴。因此，强制公证违反了程序法定原则。

具体到本案裁判，江宁区法院认为被告依据《联合通知》所增设的行政程序，与《物权法》《继承法》《房屋登记办法》等上位法自愿公证的规定相抵触，由此确定被告不予办理登记的行政行为违法。江苏高级人民法院和最高人民法院在各自的公报案例中，也都强调了规范性文件之规定不能违反立法宗旨、不得与法律具体规定抵触的精神。这重申了程序法定原则，彰显了法定程序在保护行政相对人合法权益方面的价值。

（三）丰富行政判决类型

有观点认为本案的判决方式存在瑕疵，即应当作出责令重作判决，而不是履行法定职责判决。② 其基本论据是行政登记行为是一种行政许可，是一种裁量行为。因此，本案应当类推适用《最高人民法院关于审理行政许可案件若干问题的规定》第十一条之规定，即"人民法院审理不予行政许可决定案件，认为原告请求准予许可的理由成立，且被告没有裁量余地的，可以在判决理由

---

① 参见杨登峰：《行政法定原则及其法定范围》，载《中国法学》2014 年第 3 期。

② 参见阎巍：《从"陈爱华案"反思我国规范性文件的规制与监督》，载《法律适用》2015 年第 4 期。

写明，并判决撤销不予许可决定，责令被告重新作出决定"。因为法院应当尊重行政机关的首次判断权，不能模糊司法与行政界限。但本书认为本案判决不但没有瑕疵，而且为我国行政诉讼判决类型化作出了一定贡献。

根据行政法的一般原理，可知本案中的登记行为是行政确认，而不是行政许可。行政许可和行政确认有本质区别，前者是对未来行为权利的赋予，后者是对业已存在状态的评判。同时，本案审理中，已经查明原告具备办理条件，登记机关已经没有裁量余地。因此，本案不宜类推适用上述司法解释。拒绝履行和不作为的实际效果相同，拒绝履行就是不履行，只有作出课予义务的实体性判决，才能更好回应原告的诉求。"化解行政争议"是审判职能的要求之一，相关司法政策也有具体引导。因此，本案所作的判决并无瑕疵。

本案审理过程中，所有的证据已经过质证，对于事实问题双方也无异议，即使责令重作，行政机关已经没有裁量余地，只能为原告办理登记。江宁区人民法院撤销了行政机关作出的不予登记的行政行为，并判决其在一定期限内为原告登记，是"裁判时机成熟"理论的应用。① 原告请求法院判决被告履行相应职责，法院在判决中予以回应，符合诉判同一原则，同时减轻了当事人穿梭于法院与行政机关的"讼累"。江宁区人民法院所作的实体性判决丰富了行政诉讼判决类型，是对行政诉讼法的一种发展。

四、待探讨的问题

（一）构建司法审查标准

本案对《联合通知》的附带审查，集中于制定内容和法律精神。《江苏省高级人民法院公报》选录此案后将审查标准宽泛化，指出《联合通知》中强制公证的规定与《物权法》《继承法》等有关法律法规精神不符。② 《最高人民法院公报》在裁判理由部分将审查标准又予以细化和收缩，指出《联合通知》的"内容不得与《物权法》《继承法》《房屋登记办法》等法律法规相抵

① "裁判时机成熟"理论：当所有事实和法律上的要件均已具备，法院可以直接作出包含具体内容的课予义务判决。单需具备两个条件，事实已经查明和羁束性决定，或者虽然是裁量性决定，但是已经没有裁量余地。参见［德］弗里德赫尔穆·胡芬著：《行政诉讼法》，莫光华译，法律出版社2003年版，第443页。
② 参见《江苏省高级人民法院公报》2014年第1辑。

触。行政机关行使行政职能时必须符合法律规定，行使法律赋予的行政权力，其不能在有关法律法规规定之外创设新的权力来限制或剥夺行政相对人的合法权利。行政机构以此为由干涉行政相对人的合法权利，要求其履行非依法赋予的责任义务，法院不予支持"。① "超越职权"是从制定主体方面的判断，"同上位法抵触"、"为行政相对人增设义务"则是从制定内容方面判断。但面对种类繁杂的规范性文件，有必要构建一套完整审查标准。综合比较法以及国内学界观点，笔者认为从有效性、主体、内容、程序四个方面审查规范性文件最能体现立法精神。

首先，审查规范性文件的效力状况。根据法的一般原理，经过有效期限自动失效的规范性文件、已经被废止的规范性文件以及经由有权机关宣告无效或撤销的规范性文件不得作为行政行为的依据。其次，审查规范性文件的制定主体。如果行政机关超出法定权限制定规范性文件，则会导致文件整体违法。法院无需审查其他要件，可直接判断其不合法。再次，审查规范性文件的制定内容。如果规范性文件的制定内容违反了上位法的规定或者没有法律、法规依据减损公民、法人和其他组织合法权益或者增加其义务则不合法。违反上位法规定的主要表现形式已在《行政案件纪要》详细列举，法院可参照其规定。

关于规范性文件的制定程序的审查问题，学界有肯定说、否定说、折中说。② 本书认为在司法审查有限原则之下，适度审查为宜。中央和地方对规范性文件的制定程序都已有了详细规定，大致为规划、起草、征求意见、审查、通过、公开、备案。我国并无《行政程序法》和通行的规范性文件制定程序，加之行政主导的规范性文件尚在清理之中、司法审查资源有限性等原因，程序审查程度不宜过深。根据"未经公布则不生效"的原则，未向社会公开的规范性文件不得作为行政行为的依据。③ 公开以外的程序是否应当审查需要在具体的审判实践和后继的相关规定中得以验证。

（二）运用司法建议制度

最高人民法院在 2012 年发布的《关于加强司法建议工作的意见》，强

---

① 参见《最高人民法院公报》2014 年第 8 期。
② 参见程琥：《新〈行政诉讼法〉中规范性文件附带审查制度研究》，载《法律适用》2015 年第 7 期；王红卫、廖希飞：《行政诉讼中规范性文件附带审查制度研究》，载《行政法学研究》2015 年第 6 期；章剑生：《论行政诉讼中规范性文件的合法性审查》，载《福建行政学院学报》2016 年第 3 期。
③ 参见《湖北省行政规范性文件管理办法》第九条。

调人民法院要能动司法，对审判执行工作中发现有关单位普遍存在的工作疏漏、制度缺失和隐患风险等问题，应当及时提出司法建议。江苏省高级人民法院在 2009 年发布的《江苏省高级人民法院关于保增长保民生保稳定的司法应对措施》中也有类似规定，"积极延伸司法审判职能，对审判工作中发现的苗头性、普遍性问题，及时向相关部门提出有针对性的司法建议，努力为案件审理创造有利条件，为企业和社会稳定提供有益的建议"。同时，江苏各级法院司法建议制度的具体实践。① 法院就本案中的《联合通知》向有权机关提出司法建议，进而推动早日废除强制公证这一违法程序，是最为理想的路径。

"强行政、弱司法"之下，江宁区法院能够抵挡三级行政机关的压力，作出不予登记违法的判决，实属不易。期待江宁区人民法院在没有法律规定情况下，向有权机关提出司法建议，进而推动其审查国务院两个部门联合制定的《联合通知》之合法性，并不现实。即使新《行政诉讼法》已经有了相关规定，对规范性文件的监督，仍然主要靠行政机关自己操作。法院能做的也仅仅是恪守法律规定，灵活运用判决方式，最大限度保障行政相对人的合法权益。

新《行政诉讼法》增设了法院对规范性文件的处理建议权，使得审查结果能够超出个案影响，从根本上减少违法行政行为。根据《适用解释》的规定，对于不合法的行政规范性文件，人民法院不作为认定行政行为合法性的依据，并在裁判理由中予以阐明。同时应当向制定机关提出处理建议，并可以向制定机关的同级人民政府或上一级行政机关抄送。② 针对可能出现的反复审查问题，笔者认为通过在中国裁判文书网和中国政府法制信息网刊载具体信息方式予以公开，③ 从而建立和备案监督、清理制度、复议制度相衔接的规范性文件联动查询平台。这样不仅能够统一法院裁判尺度，保障行政相对人的合法权益，而且可以强化行政机关的清理效果，促进法治政府建设。

---

① 参见公丕祥：《江苏省高级人民法院工作报告——2013 年 1 月 21 日在江苏省第十二届人民代表大会第一次会议上》，载江苏人大网 http：//www.jsfy.gov.cn/huizzl/rdh/rdh/201/1201hywj/201303/t20130301_70669.html，2016 年 12 月 20 日访问。

② 参见最高人民法院《关于适用〈中华人民共和国行政诉讼法〉若干问题的解释》第二十一条。

③ 有学者认为可以通过法院内部查询系统或政府信息公开解决。参见程琥：《新〈行政诉讼法〉中规范性文件附带审查制度研究》，载《法律适用》2015 年第 7 期。

美通公司诉无锡质监局质监
行政处罚案（2013）*

张　慧

一、案件回顾

（一）基本案情

2010 年 12 月 30 日、2011 年 1 月 13 日，被告新区质监局执法人员对原告美通公司进行检查。检查中发现，该公司的生产车间内正在生产肉制品（上浆肉丝、上浆鸡小块）。仓库内堆放有已包装的速冻调理生肉制品成品。因涉嫌未经许可从事食品生产经营活动，新区质监局于 2013 年 1 月 13 日对库存成品采取了查封措施，并开具了责令改正通知书，要求该公司制定新的产品标准。美通公司按要求制定了新产品标准草案。后美通公司于 2013 年 1 月 18 日、19 日擅自转移了部分被查封的成品合计 21675kg，货值金额 511820.1 元。2013 年 1 月 20 日，被转移的查封产品全部追回并重新进行了查封。

原告美通公司已取得肉制品（酱卤肉制品）、方便食品（其他方便食品）、豆制品（非发酵性豆制品）二个单元成品的食品生产许可证，但其于 2010 年

---

* 本案全称为"无锡美通食品科技有限公司诉无锡质量技术监督局高新技术产业开发区分局质监行政处罚案"，载《最高人民法院公报》2013 年第 7 期。本案裁判摘要是："我国对食品生产管理实行目录式许可制度，企业应当在食品生产许可的品种范围内从事食品生产活动，不得超出许可的品种范围生产食品。依照《食品安全法》的规定，企业超出许可范围生产食品的，属于未经许可从事食品生产经营活动，除没收违法所得、违法生产经营的食品和用于违法生产经营的工具、设备、原料等物品外，货值金额一万元以上的，并处货值金额五倍以上十倍以下罚款。"

10 月开始生产的新产品速冻调理生肉制品不包含在已获证产品范围内。美通公司自 2010 年 10 月 15 日开始至 2011 年 1 月 13 日共生产速冻保鲜调理食品 91365kg，货值金额 1999693.8 元。

2011 年 4 月 21 日，被告新区质监局作出了锡新质监罚告字〔2011〕第 18 号《行政处罚告知书》。5 月 19 日，新区质监局作出了锡新质监罚字〔2011〕第 19 号行政处罚决定书。原告美通公司不服，6 月 2 日向无锡市人民政府申请行政复议。9 月 7 日，无锡市人民政府作出〔2011〕锡行复第 103 号行政复议决定书，维持了该处罚决定书。

美通公司不服被告新区质监局作出锡新质监罚字〔2011〕第 19 号行政处罚决定书（以下简称处罚决定书），向江苏省无锡高新技术产业开发区人民法院提起诉讼。

（二）争议焦点

本案争议焦点是：在本案的行政处罚中，应当适用《食品安全法》还是适用《食品生产加工企业质量安全监督管理实施细则》（以下简称《实施细则》）和《工业产品生产许可证管理条例》（以下简称《条例》）？

（三）法院裁判

一审无锡高新技术产业开发区人民法院维持被告新区质监局作出的锡新质监罚字〔2011〕第 19 号行政处罚决定书。裁判理由如下：

> 根据《食品安全法》，国家对食品生产经营实行许可制度。企业从事食品生产经营活动，应当依法取得食品生产许可。未经许可从事食品生产经营活动，要承担相应的法律责任。
>
> 在本案中，原告美通公司虽然获得了肉制品（酱卤肉制品）、方便食品（其他方便食品）、豆制品（非发酵性豆制品）三个单元成品的食品生产许可，但其于 2010 年 10 月份开始生产的速冻保鲜调理食品在产品定义、配料、生产工艺上均与这三个单元成品不同，不属于这三个许可范围之内，属未经许可从事食品生产，违反了《食品安全法》第二十九条第一款的规定；原告在被告新区质监局对其产品进行查封后，擅自转移部分被查封的产品，违反了《产品质量法》第六十三条的规定，上述违法行为理应被追究责任；被告作为对食品生产负有监管职责的行政机关依法给

予其相应的行政处罚于法有据。

对于原告美通公司认为对其未经许可从事食品生产的行为查处应适用《条例》和《实施细则》而非《食品安全法》的意见，法院认为从法律层级上来看，后者较高；从制定的时间来看，后者较晚，因此，根据法律的适用原则，被告新区质监局选择《食品安全法》作为处罚依据是正确的；对于原告认为其只存在生产行为不存在经营行为，被告认定事实有误的意见，法院认为食品生产行为已由法律将其纳入质量监管范围，只要原告有违法的食品生产行为，即应受到查处；对于原告认为被告在其生产前期未予以制止，导致原告继续生产，受到严重的行政处罚，被告存在执法程序错误的意见，法院认为被告从立案、调查取证、采取行政强制措施、处罚告知到处罚决定等一系列行政程序合乎法律规定，并无不当。

一审判决后，美通公司提起上诉，无锡市中级人民法院认为一审法院审理在程序和法律适用上并无不当，遂裁定驳回上诉，维持原判。其判决理由如下①：

根据《食品安全法》及相关法律规定，县级以上质量监督部门负有对辖区内从事食品生产经营的企业进行监管职责。被上诉人新区质监局有权对辖区内从事食品生产的上诉人美通公司进行监督检查。新区质监局在检查中发现美通公司无证生产速冻调理生肉制品，向其下达责令改正通知书并查封相关货物，符合法律规定。新区质监局在进一步查实美通公司无证生产速冻调理生肉制品相关事实的情况下，依法向其送达了《行政处罚告知书》，在美通公司未按时要求听证的情形下，新区质监局依法作出《行政处罚决定书》，依据美通公司无证生产的货值金额等相关事实，对美通公司的无证生产食品行为和擅自转移查封财产的行为进行了处罚。新区质监局的行政处罚行为认定事实清楚、程序合法。

（1）关于对上诉人美通公司处罚的法律适用问题。《食品安全法》是由全国人大常委会制定的法律，并于2009年6月1日施行，较之之前由国务院制定的《条例》及国家质量监督检验检疫总局制定的部门

① 参见江苏省无锡市中级人民法院〔2012〕锡行终字22号判决书（2012年4月11日）。

规章《实施细则》，具有更高阶位的法律效力。并且，国家质量监督检验检疫总局关于贯彻实施《中华人民共和国食品安全法》若干问题的意见（国质检发〔2009〕365号）亦明确：《国务院关于加强食品等产品安全监督管理的特别规定》、《条例》、《中华人民共和国认证认可条例》是国务院行政法规。按照上位法优于下位法的规定为准，对同一事项食品安全法有规定的，应当以食品安全法的规定为准。因此，美通公司的违法行为符合《食品安全法》规定的处罚情形，应适用上位法《食品安全法》的规定。

（2）关于美通公司的行为是否符合从事"生产经营活动"要件的问题。国家质量监督检验检疫总局《食品生产许可管理办法》第三十条规定："企业应当在食品生产许可的品种范围内从事食品生产活动，不得超出许可的品种范围生产食品。"第三十五条则规定对于违反本法第三十条的按照《食品安全法》第八十四条规定处罚。《食品安全法》第八十四条规定的条件为"违反本法规定，未经许可从事食品生产经营活动，或者未经许可生产食品添加剂的"。因此，《食品生产许可管理办法》明确将企业的生产行为纳入生产经营范围，本案中美通公司的生产行为即属于生产经营活动。被上诉人新区质监局处罚决定对于美通公司的行为定性并无不当。

（3）关于新区质监局在检查时是否应责令美通公司停止生产问题。法院认为，根据行政处罚法规定，责令企业停产停业是一种后果比较严重的处罚种类，行政机关必须在查明相关事实并且经过听证程序后，认为符合处罚条件的才能作出处罚决定。本案中，新区质监局在最终对美通公司作出处罚决定之前，无职权责令美通公司停止生产。而新区质监局在查处过程中作出责令改正通知书并采取查封措施的行为，已警示美通公司在生产过程存在违法嫌疑。

（4）关于行政处罚决定对产品价值认定是否有误的问题。法院认为，行政主管部门有权依法对实际已经发生的违法行为进行处罚。本案中，新区质监局在2011年1月13日查实，美通公司自2010年10月15日开始至2011年1月13日共生产速冻保鲜调理食品91365kg，货值金额1999693.8元，因此，新区质监局据此货值数额作出处罚决定并无不当。美通公司提出新区质监局只能依据第一次即2010年12月30日查实的货值数额进行处罚的上诉理由，于法无据。

二、案件背景

（一）现实背景

1. 食品生产管控越发严格

我国的食品安全事件频发，食品安全受到了广泛的关注。为保障人民群众的身体健康和生命安全、提高我国食品生产的国际竞争力以及促进食品生产的长期可持续发展，我国确立了食品生产许可制度。早期的工业产品许可证管理制度，以行政法规的形式出现在 1984 年的《工业产品生产许可证试行条例》（以下简称《试行条例》）中。在《试行条例》的实行过程中，曾出现过多头管理、重复取证，"发证慢、查处软"，发证和查处相脱节等问题。这种情形要求对食品生产管理进行改革。从 2003 年起，我国颁布了一系列的法律、法规、规章和规范性文件来保障食品准入市场的安全，并由此确立了企业市场准入制度、食品质量安全准入制度、食品生产经营许可等制度来规制食品生产经营主体以及食品质量技术监督管理部门。食品安全领域一系列法律、法规、规章的出台，制度不断健全，对食品安全的相关主体提出了严格的要求。严格的食品生产许可制度的实施意在从食品的源头实行有效的监管，同时也要求执法部门必须对食品生产行业进行严格监管，避免不安全食品流向社会。①

长期以来，我国有关于食品安全的内容都散见于《食品卫生法》《产品质量法》《食品生产加工企业质量安全监督管理实施细则》（以下简称《实施细则》）和《工业产品生产许可证管理条例》（以下简称《条例》）等法律法规当中。零散规定的后果是食品安全执法管辖权的交叉，这间接导致食品安全保障成为行政执法机关推脱责任的借口，而没有有效扼制食品安全事故的发生。2008 年三鹿奶粉三聚氰胺事件发生，国务院颁布《关于加强食品等产品安全监督管理的特别规定》就加强对食品等产品安全监督管理作了详细规定，并且明确生产经营者、监督管理部门和地方人民政府的责任，同时这也加快了《食品安全法》的出台。《食品安全法》的颁布实施不仅将

---

① 何向东：《超出许可范围从事食品生产的可处罚性分析》，载《人民司法》2012 年第 16 期。

零散的规定整合到国家法律的层面，也巩固吸收了 2003 年 7 月 18 日公布施行的《食品生产加工企业质量安全监督管理办法》当中确立的食品生产许可证制度，确立了食品安全风险监测和风险评估制度、食品安全标准制度、食品生产经营行为的基本准则、索证索票制度、不安全食品召回制度、食品安全信息发布等制度，严抓食品安全违法行为，为食品安全提供了有力的法律保障。

在无锡美通案当中，法院仅将《食品安全法》而没有将《实施细则》和《条例》作为判决依据，也和《食品安全法》的立法背景以及食品生产许可制度的确立背景息息相关。而从经法院审理查明的相关事实来看，原告美通公司已经取得肉制品（酱卤肉制品）、方便食品（其他方便食品）、豆制品（非发酵性豆制品）三个单元成品的食品生产许可证，但是其于 2010 年 10 月开始生产的新产品速冻调理生肉制品并不包含在已经获得许可证的食品范围当中，这种超出食品许可生产范围违法生产食品的行为是与我国法律、法规、规章等建构起来的食品生产许可制度相违背的，不问所生产的食品是否符合检验标准，也不问其是否具备生产条件与生产能力。①

2. 新旧法的冲突日益显现

我国多元多级的立法体制导致了法律渊源的多元多级性，其结果是法律冲突问题比较严重，行政法中的法律冲突尤其严重。当同一事实有两个以上的法律规则可以适用而适用结果相互冲突时，法官必须选择最为适当的一个法律规则予以适用。这是由法律作为评价基准的属性所决定的。② 因此法官对冲突法律的选择适用是司法判断权的基本内涵。法官在拥有了选择适用的权力之后，如何选择适用便构成了理论和实践当中要解决的问题，在本案判决之前有两个案例对法官如何选择适用法律规范进行了解释，同时也构成了本案重要的现实背景：一是 1999 年的惠宝公司诉酒泉市质量技术监督局行政处罚案（以下简称"惠宝公司案"），另一个是 2003 年的"河南种子案"。同样是面对法律冲突问题，两个法院采取了不同的处理方式，从而导致了截然不同的结局。

在"惠宝公司案"中，二审法院认为"《中华人民共和国产品质量法》并未赋予产品质量监督管理部门对维修者的行政处罚权；技术监督局实施处罚所

①　何向东：《超出许可范围从事食品生产的可处罚性分析》，载《人民司法》2012 年第 16 期。

②　杨登峰著：《新旧法的适用原理与规则》，法律出版社 2008 年版，第 228 页。

依据的《甘肃省产品质量监督管理条例》第十三条、第三十条有关产品质量监督管理部门对维修者实施行政处罚的规定，有悖于《中华人民共和国行政处罚法》第十一条第二款'法律、行政法规对违法行为已经作出行政处罚规定，地方性法规需要作出具体规定的，必须在法律、行政法规规定的给予行政处罚的行为、种类和幅度的范围内规定'的规定，不能作为实施处罚的依据"①。以上裁判理由对下位法与上位法相冲突的情形进行了评述。该案最终经甘肃省高级人民法院提审，提审法院对于二审法院判决中提到的"酒泉地区中级人民法院（1998）酒行终字第 06 号行政判决虽然认定事实清楚，但在判案理由部分以《甘肃省产品质量监督管理条例》第十三条、第三十条中有关维修质量的规定违背《行政处罚法》的规定为由，直接对地方性法规的效力加以评判是错误的"行为予以纠正，判决撤销原终审判决。②

"河南种子案"同样是在判决文书中作出否定地方性法规效力的判决。就法律适用问题，该案判决写道："《种子法》实施后，玉米种子的价格已由市场调节，《河南省农作物种子管理条例》作为法律位阶较低的地方性法规，其与《种子法》相抵触的条（款）自然无效。"③ 以上判决引起了剧烈反响。当时作为承办法官的河南省洛阳市中级人民法院的李慧娟被免去助理审判员的资格，原因是河南省人大常委会认为其判决文书当中对《河南省农作物种子管理条例》的"自然无效"的判断实质属于违法审查，超越了法官的权力范围。从裁判应当说理的角度来说，如果法官在上下位法相抵触的情形下进行规范之间的取舍，必须阐明其中的原因和依据。但是如上所述，各地的司法环境差异较大，以"河南种子案"为代表的法官因评述上位法与下位法的效力而受到责难，或者因担心受到责难而不敢评述，导致在说理过程当中不充分。

法官如何选择适用法律，也是争论的问题之一，综合实践当中法院就上下位法冲突时选择适用法律的做法，代表性的主要有三种：一是以 2003 年河南种子案为代表的宣布与上位法抵触的下位法无效，而选择适用上位法，其他的两种做法则是依据《立法法》第 90 条的规定而选择的做法；二是中止对案件

① 参见甘肃省高级人民法院〔1999〕甘行监字第 29 号行政判决书。
② 参见甘肃省高级人民法院〔1999〕甘行监字第 29 号行政判决书。
③ 参见洛阳市中级人民法院〔2003〕洛民初字第 26 号民事判决书。转引自何海波等：《法治的脚步声 中国行政法大事记 1978—2014》，中国政法大学出版社 2015 年版，第 203~204 页。

的审理，呈报最高人民法院，由最高人民法院向全国人大常委会提出审查的要求，由常务委员会工作机构分送有关的专门委员会进行审查、提出意见；三是中止对案件的审理，法院直接以其他机关的名义向全国人大常委会提出审查的要求，由常委会工作机构分送有关的专门委员会进行审查、提出意见。司法实践的不统一不利于法治国家的建设，因此亟待建立统一的标准来规范上下位法冲突问题。

3. 司法机关选择适用法律的原则逐渐形成

《立法法》（2000）第八十三条的规定："同一机关制定的法律、行政法规、地方性法规、自治条例和单行条例、规章，特别规定与一般规定不一致的，适用特别规定；新的规定与旧的规定不一致的，适用新的规定。"根据以上规定，可以直接得出的法律冲突适用规则为"特别法优于一般法"、"新法优于旧法"。特别法优于一般法，是针对同一机关制定的法规范文件之间的冲突规则，且在司法裁判案例中法院适用较多。新法优于旧法，同样是针对同一机关制定的法规范文件之间的冲突规则，也经常得到法院适用，甚至在不太明显冲突的法律之间亦曾适用。在"张正玉诉刘开广侵权纠纷案"中，法院认为"虽然我国房地产法律、法规规定了共有房地产未经其他共有人书面同意的，不得转让。但这些规定与后来颁布实施的《中华人民共和国合同法》的'鼓励交易'原则相冲突，直接破坏了诚实信用原则和交易安全原则，也与《中华人民共和国婚姻法》及最高人民法院《关于适用〈中华人民共和国婚姻法〉若干问题的意见（一）》的司法解释不一致，而且该规定及其效力位阶上要低于由全国人民代表大会制定的上述《合同法》及《婚姻法》，根据新法优于旧法及上位法优于下位法的法理原则，该规定并不适用于本案，原告的主张不能对抗本案作为善意第三人的被告"。①

《立法法》第八十七条第二项规定"法律、行政法规、地方性法规、自治条例和单行条例、规章有下列情形之一的，由有关机关依照本法第八十八条规定的权限予以改变或者撤销：……（二）下位法违反上位法规定的……"该条款即规定了"上位法优于下位法"的法律规范冲突适用规则。这一适用规则在法院实际适用较多，但是由于我国《宪法》《立法法》并没有明文指出该适用规则，实践当中仅凭"下位法与上位法相抵触，优先适用上位法"为裁判说理依据的情形也很少，具体表现在最高人民法院在《关于审理行政案件适用法律规范问题的座谈会纪要》中总结了11种"下位法不符合上位法"的

---

① 参见山东省枣庄市薛城区人民法院〔2007〕薛民初字第2587号民事判决书。

情形。在我国人民法院的一系列判决中也体现了这一规则。例如，1997 年"焦作矿务局特制精粉厂诉焦作市工商行政管理局马村分局行政处罚案"①，1998 年"惠宝公司诉酒泉地区技术监督局案"②，1998 年"河南桑长福诉沁阳市工商行政管理局行政处罚案"③，2006 年"诸暨市华彩涂料厂与诸暨市质量技术监督局行政处罚案"④，2009 年"上海恺顺物流有限公司与浙江省平湖市公路稽征所行政强制案"⑤，2011 年"田绍兵与杭州市劳动和社会保障局工伤认定案"⑥。在这些案件中，法院均援引了"上位法优于下位法"的原则作

① 参见河南省焦作市中级人民法院〔1997〕焦行初字第 10 号判决书，一审判决："不同的法律规范对同一行为分别规定了不同的处理法则时，在处理适用法律时，应遵循从高从新的法制原则。《中华人民共和国产品质量法》和《中华人民共和国反不正当竞争法》已对原告的行为规定了调整规范，被告仍适用《投机倒把行政处罚暂行条例》予以处理，属于适用法律错误，应予撤销。"二审维持原判。

② 参见酒泉地区中级人民法院〔1998〕酒行终字第 06 号判决书，判决认为："《中华人民共和国产品质量法》并未赋予产品质量监督管理部门对维修者的行政处罚权，上诉人对被上诉人实施行政处罚所依据的《甘肃省产品质量监督管理条例》第 13 条、第 30 条有关产品质量监督管理部门对维修者的行政处罚的决定有悖于《中华人民共和国行政处罚法》第 11 条第 2 款的规定'法律、行政法规对违法行为已经作出行政处罚规定的，地方性法规需要作出具体规定的，必须在法律、行政法规规定的给予行政处罚的行为、种类和幅度范围内规定'的规定，不能作为行政处罚的依据。"

③ 参见沁阳市人民法院〔1997〕沁行初字第 107 号行政判决书，判决认为："被告依据《河南省产品质量监督管理条例》第 26 条对原告处以没收产品的行政处罚，超出了《中华人民共和国产品质量法》第 38 条规定的行政处罚范围，违反了《中华人民共和国行政处罚法》第 11 条第 2 款的规定，本院不予支持。"洛阳中院撤销该判决。

④ 参见浙江省绍兴市中级人民法院〔2006〕绍中行终字第 24 号行政判决书，一审判决认为："《小型和常压热水锅炉安全监察规定》属部门规章，而《特种设备安全监察条例》属行政法规，根据上位法优于下位法的原则，诸暨市华彩涂料厂擅自安装锅炉的行为，应当适用《特种设备安全监察条例》。"二审维持判决。

⑤ 参见浙江省嘉兴市中级人民法院〔2009〕浙嘉行终字第 5 号行政判决书："上述国务院办公厅和交通部的通知均是规范性文件，而《浙江省公路养路费征收管理条例》是经浙江省人大常委会通过的地方性法规，在本案中应优先适用。因此，被诉具体行政行为适用法规正确。"

⑥ 参见浙江省杭州市上城区人民法院〔2010〕杭上行初字第 87 号行政判决书："《浙江省企业职工工伤保险实施办法》系国务院《工伤保险条例》发布前，由浙江省相关职能部门制定的规范性文件，该办法第八条第（四）项与《工伤保险条例》相关规定不一致，根据立法法规定的上位法优于下位法，后法优于前法的法律适用规则，本案应适用《工伤保险条例》。"

为选择适用法律的依据。由上可见，"上位法优于下位法"原则在行政机关的行政执法工作和司法机关的行政审判工作当中得到普遍认可。而美通案直接涉及上下位法冲突的情形，明确在冲突时如何适用法律便成为本案作出行政行为是否合法的依据。

另外一种属地优先规则是针对同一位阶法律的冲突规则，在司法适用中并不多见。《最高人民法院关于道路运输市场管理的地方性法规与部门规章规定不一致的法律适用问题的答复》认定的就是地方性法规与部门规章之间的冲突。它指出："在国家尚未制定道路运输市场管理的法律或者行政法规之前，人民法院在审理有关道路运输市场管理的行政案件时，可以优先选择适用本省根据本地具体情况和实际需要制定的有关道路运输市场管理的地方性法规。"属地优先规则并非《宪法》《立法法》所明确规定的冲突规则。《立法法》第八十六条第一款第二项一方面规定地方性法规与部门规章的冲突属于法院报请裁决的酌定情形，即"不能确定如何适用时"才报请国务院提出意见；另一方面，又规定了地方性法规与部门规章冲突的具体裁决机制，即国务院认为应当适用地方性法规的，应当适用地方性法规，认为应当适用部门规章的，应当提请全国人大常委会裁决。最高人民法院在作出这一批复之前，于2003年5月21日征询了全国人大常委会法工委（而非国务院）的意见。全国人大常委会法工委结合《行政诉讼法》中地方性法规的"依据"地位和部门规章的"参照"地位以及《立法法》第八十六条第一款第二项的规定，指出法院认为应当适用地方性法规的，适用地方性法规。①

（二）制度背景

1. 行政处罚中的法律优先原则

《行政处罚法》第八条规定了行政处罚的种类，第九条至第十二条则详细地规定了行政处罚的设定权和规定权的相关问题。

法律可以设定各种行政处罚。限制人身自由的行政处罚，只能由法律设定。行政法规可以设定除限制人身自由以外的行政处罚。法律对违法行为已经作出行政处罚规定，行政法规需要作出具体规定的，必须在法律规定的给予行政处罚的行为、种类和幅度的范围内规定。地方性法规可以设定除限制人身自

---

① 参见全国人大常委会法制工作委员会编：《法律询问答复（2000—2005）》，中国民主法制出版社2006年版，第82页。

由、吊销企业营业执照以外的行政处罚。法律、行政法规对违法行为已经作出行政处罚规定，地方性法规需要作出具体规定的，必须在法律、行政法规规定的给予行政处罚的行为、种类和幅度的范围内规定。国务院部、委员会制定的规章可以在法律、行政法规规定的给予行政处罚的行为、种类和幅度的范围内作出具体规定。尚未制定法律、行政法规的，前款规定的国务院部、委员会制定的规章对违反行政管理秩序的行为，可以设定警告或者一定数量罚款的行政处罚。罚款的限额由国务院规定。国务院可以授权具有行政处罚权的直属机构依照本条第一款、第二款的规定，规定行政处罚。在《行政处罚法》的相关规定当中，上位法已经规定的内容，下位法不得与之相抵触。行政处罚领域遵循法律优先设定的原则。

在本案中，《食品安全法》第八十四条关于未经许可生产食品的行为的法律责任的规定为："违反本法规定，未经许可从事食品生产经营活动，或者未经许可生产食品添加剂的，由有关主管部门按照各自职责分工，没收违法所得、违法生产经营的食品、食品添加剂和用于违法生产经营的工具、设备、原料等物品；违法生产经营的食品、食品添加剂货值金额不足一万元的，并处二千元以上五万元以下罚款；货值金额一万元以上的，并处货值金额五倍以上十倍以下罚款。"根据《条例》第四十五条规定："企业未依照本条例规定申请取得生产许可证而擅自生产列入目录产品的，由工业产品生产许可证主管部门责令停止生产，没收违法生产的产品，处违法生产产品货值金额等值以上3倍以下的罚款；有违法所得的，没收违法所得；构成犯罪的，依法追究刑事责任。"《实施细则》第七十九条第一项规定："食品生产加工企业有下列情况之一的，责令其停止生产销售，没收违法生产销售的产品，并处违法生产销售产品（包括已售出和未售出的产品，下同）货值金额等值以上3倍以下的罚款；有违法所得的，没收违法所得；构成犯罪的，依法追究刑事责任。（一）未取得食品生产许可证而擅自生产加工已实行生产许可证管理的食品的……"根据法律优先原则的规定，法律高于一切行政立法，《条例》《实施细则》的规定都超出了《食品安全法》规定的罚款的幅度，违反了行政处罚优先设定的原则。

2. "上位法优于下位法"原则的应用标准

我国立法并没有确定"上位法优于下位法"原则，但在实践适用中却经常出现该原则，这一原则适用的程度以及如何选择适用该原则，不但直接关系着法律位阶制度在司法实践中的正确贯彻和应用，还间接关系着"新法优于旧法"规则和"特别法优于一般法"原则的解释和适用。① 从我国法律适用的情况来看，行政机关内部的指导性文件以及最高人民法院的复函，以及会议纪要还有各级法院的判决都不同程度地援引了"上位法优于下位法"的原则。

2007 年江苏省食品药品监管局关于印发《江苏省食品药品监督管理系统行政处罚自由裁量权适用指导意见》第九条第一项规定："对同一违法行为违反不同法律规范的，在适用法律、法规、规章时应当遵循下列原则：（一）上位法优于下位法……"2009 年《国家质量监督检验检疫总局关于贯彻实施〈中华人民共和国食品安全法〉若干问题的意见》（国质检法〔2009〕365 号）规定："《国务院关于加强食品等产品安全监督管理的特别规定》、《中华人民共和国工业产品生产许可证管理条例》、《中华人民共和国认证认可条例》是国务院行政法规。按照上位法优于下位法的原则，对同一事项食品安全法有规定的，应当以食品安全法的规定为准；食品安全法没有规定而上述行政法规有规定的，应当依照《国务院关于加强食品等产品安全监督管理的特别规定》、《中华人民共和国工业产品生产许可证管理条例》、《中华人民共和国认证认可条例》执行。"根据行政机关作出具体行政行为的内部指导性文件的相关规定，行政机关也依据"上位法优于下位法"的原则选择适用相互冲突的法律规范。

确认"上位法优于下位法"规则的最高人民法院的复函主要有：1993 年3 月 11 日最高人民法院《关于人民法院审理行政案件对地方性法规的规定与法律和行政法规不一致的应当执行法律和行政法规的规定的复函》（法函〔1993〕16 号）②，1999 年 8 月 16 日最高人民法院行政庭《对〈关于审理公证行政案件中适用法规问题的请示〉的答复》（〔1999〕行他字 4 号）③，2001

① 杨登峰著：《新旧法的适用原理与规则》，法律出版社 2008 年版，第 229 页。
② 最高人民法院《关于人民法院审理行政案件对地方性法规的规定与法律和行政法规不一致的应当执行法律和行政法规的规定的复函》（法函〔1993〕16 号）："一、《中华人民共和国渔业法》第三十条规定，'未按本法规定取得捕捞许可证擅自进行捕捞的，没收渔获物和违法所得，可以并处罚款；情节严重的，并可以没收渔具'。这一条未规定可以没收渔船。《福建省实施〈中华人民共和国渔业法〉办法》第三十四条规定，未取得捕捞许可证擅自进行捕捞或者伪造捕捞许可证进行捕捞，情节严重的，可以没收渔船。这是与渔业法的规定不一致的，人民法院审理行政案件，对地方性法规的规定与法律和行政法规的规定不一致的，应当执行法律和行政法规的规定。"
③ 最高人民法院行政庭《对〈关于审理公证行政案件中适用法规问题的请示〉的答复》（〔1999〕行他字 4 号）："《中华人民共和国公证暂行条例》是行政法规，《上海市公证条例》是地方性法规。两者规定不一致时，人民法院应当选择适用前者。"

年2月1日《最高人民法院关于对人民法院审理公路交通行政案件如何适用法律问题的答复》（〔1999〕行他字第29号）①，2003年6月22日，最高人民法院《对〈关于秦大树不服重庆市涪陵区林业局行政处罚争议再审一案如何适用法的请示〉的答复》（〔2001〕行他字第7号）②，2003年4月29日，最高人民法院针对河南省高级人民法院《关于〈河南省盐业管理条例〉第三十条第一款与国务院〈食盐专营办法〉第二十五条规定是否一致问题的请示》（〔2000〕4号），作出了《对人民法院在审理盐业行政案件如何适用国务院〈食盐专营办法〉第25条规定与〈河南省食盐管理条例〉第30条第1款规定问题的答复》（法行〔2000〕36号）。③这些复函均确定，在个案当中可适用"上位法优于下位法"的原则。

最高人民法院的会议纪要确认"上位法优于下位法"规则。1993年5月6日最高人民法院发布的《全国经济审判工作座谈会纪要》（法发〔1993〕8

---

① 《最高人民法院关于对人民法院审理公路交通行政案件如何适用法律问题的答复》（〔1999〕行他字第29号）："人民法院审理公路交通行政案件涉及地方性法规对交通部门暂扣运输车辆的规定与《中华人民共和国公路法》有关规定不一致的，应当适用《中华人民共和国公路法》的有关规定。"

② 最高人民法院《对〈关于秦大树不服重庆市涪陵区林业局行政处罚争议再审一案如何适用法的请示〉的答复》（〔2001〕行他字第7号）："根据《中华人民共和国行政处罚法》第十一条第二款关于'法律、行政法规对违法行为已经作出行政处罚规定，地方性法规需要作出具体规定的，必须在法律、行政法规规定的给予行政处罚的行为、种类和幅度的范围内规定'的规定，《重庆市林业行政处罚条例》第二十二条第一款第（一）项关于没收无规定林产品运输证的林产品的规定，超出了《中华人民共和国森林法》规定的没收的范围。人民法院在审理有关行政案件时，应当适用上位法的规定。"

③ 《对人民法院在审理盐业行政案件如何适用国务院〈食盐专营办法〉第25条规定与〈河南省食盐管理条例〉第30条第1款规定问题的答复》（法行〔2000〕36号）："根据《中华人民共和国行政处罚法》第十一条第二款关于'法律、行政法规对违法行为经作出行政处罚规定，地方性法规需要作出具体规定的，必须在法律、行政法规定的给予行政处罚的行为、种类和幅度的范围内规定'的规定，《河南省盐业管理条例》第三十条第一款关于对承运人罚款基准为'盐产品价值'及对货主与承运人罚款幅度为'1倍以上3倍以下'的规定，与国务院《食盐专营办法》第二十五条规定不一致。人民法院在审理有关行政案件时，应根据《中华人民共和国立法法》第六十四条第二款、第七十九条第二款规定的精神进行选择适用。"

号);① 1998 年 7 月 20 日最高人民法院发布的《关于全国部分法院知识产权审判工作座谈会纪要》（法〔1998〕65 号);② 2004 年 5 月 18 日最高人民法院关于印发《关于审理行政案件适用法律规范问题的座谈会纪要》（以下简称《座谈会纪要》）的通知。③

---

① 最高人民法院发布的《全国经济审判工作座谈会纪要》（法发〔1993〕8 号）："法律的效力高于行政法规，行政法规的效力高于地方性法规。行政法规的规定与法律有抵触的，应当适用法律的规定，地方性法规的规定与行政法规的规定抵触的，适用行政法规的规定。"

② 最高人民法院发布的《关于全国部分法院知识产权审判工作座谈会纪要》（法〔1998〕65 号）："法律优于行政法规，即有法律依法律；无法律依行政法规；无行政法规的，依照有关法律规定的法律原则处理。"

③ 最高人民法院关于印发《关于审理行政案件适用法律规范问题的座谈会纪要》第二部分关于法律规范冲突的适用规则中系统地提到其适用的一般规则："调整同一对象的两个或者两个以上的法律规范因规定不同的法律后果而产生冲突的，一般情况下应当按照立法法规定的上位法优于下位法、后法优于前法以及特别法优于一般法等法律适用规则，判断和选择所应适用的法律规范。冲突规范所涉及的事项比较重大、有关机关对是否存在冲突有不同意见、应当优先适用的法律规范的合法有效性尚有疑问或者按照法律适用规则不能确定如何适用时，依据立法法规定的程序逐级送请有权机关裁决。（一）下位法不符合上位法的判断和适用，下位法的规定不符合上位法的，人民法院原则上应当适用上位法。当前许多具体行政行为是依据下位法作出的，并未援引和适用上位法。在这种情况下，为维护法制统一，人民法院审查具体行政行为的合法性时，应当对下位法是否符合上位法一并进行判断。经判断下位法与上位法相抵触的，应当依据上位法认定被诉具体行政行为的合法性。从审判实践看，下位法不符合上位法的常见情形有：下位法缩小上位法规定的权利主体范围，或者违反上位法立法目的扩大上位法规定的权利主体范围；下位法限制或者剥夺上位法规定的权利，或者违反上位法立法目的扩大上位法规定的权利范围；下位法扩大行政主体或其职权范围；下位法延长上位法规定的履行法定职责期限；下位法以参照、准用等方式扩大或者限缩上位法规定的义务或者义务主体的范围、性质或者条件；下位法增设或者限缩违反上位法规定的适用条件；下位法扩大或者限缩上位法规定的给予行政处罚的行为、种类和幅度的范围；下位法改变上位法已规定的违法行为的性质；下位法超出上位法规定的强制措施的适用范围、种类和方式，以及增设或者限缩其适用条件；法规、规章或者其他规范文件设定不符合行政许可法规定的行政许可，或者增设违反上位法的行政许可条件；其他相抵触的情形。

法律、行政法规或者地方性法规修改后，其实施性规定未被明文废止的，人民法院在适用时应当区分下列情形；实施性规定与修改后的法律、行政法规或者地方性法规相抵触的，不予适用；因法律、行政法规或者地方性法规的修改，相应的实施性规定丧失依据而不能单独施行的，不予适用；实施性规定与修改后的法律、行政法规或者地方性法规不相抵触的，可以适用。"

（三） 理论背景

1. 法律优先原则强调了位阶效力

法律优先原则作为依法行政的重要组成部分，在德、日等国家及我国台湾地区获得了学理与实务的高度认同，被誉为"法治的精髓和灵魂"。① "法律优先"这一词最早由德国的行政法鼻祖奥托·迈耶提出，他认为"以法律形式出现的国家意志依法优先于所有其他形式表达的国家意志；法律只能以法律的形式才能废止，而法律却能废止所有与之冲突的意志表达，或使之根本不起作用。这就是我们所说的法律优先"。② 这一原则逐渐被学界所采纳，但是在德国、日本和台湾学者的观点当中，法律优先的含义是十分广泛的。如德国学者哈特穆特·毛雷尔在《行政法学总论》当中提出"优先原则无限制和无条件地适用于一切行政领域"。③ 法律优先这个概念引入中国后，我国的行政法学界对该概念的定义进行了探讨。于安教授认为"法律优先原则，直观的意义是法律对行政权处于优先的地位；实质的意义是行政应受既存法律的约束，行政机关不能采取与法律相抵触的行政措施。行政机关对于既存法律必须遵守，不得违反"。④ 应松年教授认为"法律优先原则的基本含义在于：行政活动均不得与法律相抵触或相违背，应受现行法律的约束"。⑤ 周佑勇教授提出"法律优先原则的基本涵义是指法律对于行政立法即行政法规和规章的优越地位。从这个角度而言，法律优先实质上强调的是法律的位阶体系。"⑥ 根据上述对法律优先原则概念的表述来看，国内大部分学者几乎形成了这样的观点：即法律优先原则就是指法律在位阶、地位以及效力上都优先于行政立法。有学者对其含义这样分析：行政机关的任何行为"禁止偏离法律"⑦；"下位阶之行政法规与规章必须与上位阶之法律相符合。"⑧ 这里强调的是全国人大及其常委会制定的法律的地位高于行政立法的地位，究其原因首先在于民主性较

---

① 周佑勇：《行政法中的法律优先原则研究》，载《中国法学》2005 年第 3 期。

② ［德］奥托·迈耶著：《德国行政法》，刘飞译，商务印书馆 2002 年版，第 70 页。

③ ［德］哈特穆特·毛雷尔著：《行政法学总论》，高家伟译，法律出版社 2002 年版，第 99 页。

④ 于安：《德国的依法行政原则及其宪法基础》，载《法学》1998 年第 11 期。

⑤ 应松年主编：《依法行政读本》，人民出版社 2001 年版，第 62 页。

⑥ 周佑勇：《行政法中的优先原则研究》，载《中国法学》2005 年第 3 期。

⑦ 陈敏著：《行政法学总论》，台湾三民书局 1999 年版，第 137 页。

⑧ 参见周佑勇：《行政法中的法律优先原则研究》，载《中国法学》2005 年第 3 期。

高，其次在于立法程序更加规范、复杂。

2. 法律冲突适用规则的理论争议

行政诉讼的法律适用冲突，是指人民法院在审判行政案件的过程中，发现对同一法律事实或关系，有两个或两个以上的法律文件作出了并不相同的规定，法院适用不同的法律规定就会产生不同的裁判结果。① 法律规范冲突大致可以分为积极冲突和消极冲突两类。积极冲突指的是两种规范之间的冲突，其判断标准为"不一致"② 和"超出"上位法的"范围"。而消极冲突指的是缺乏法律依据的情形，具体指称地方政府规章应以法律、法规为依据的制定情形。而法律规范冲突适用规则解决的则是人民法院审查行政行为的合法性时，在法律冲突的情况下，如何选择法律作为判决依据的规则。根据《宪法》《立法法》的规定，直接确定的法律规范冲突适用规则为"特别法优于一般法"、"新法优于旧法"。而"上位法优于下位法"原则的适用则是理论界与实务界热论的问题，对于实务界，上下位法处于不同的位阶，也就是说制定机关存在差异性，在法院据以援引的法律规范冲突时，往往会受到制定机关施加的压力而举步维艰。

而对理论界来说，需要讨论的问题是，在上位法冲突时，法院是否有法律选择适用的权利。根据《立法法》的规定，对法律规范的审查权是由《立法法》明文规定的有关机关，而法院并不在法律规定范围内，在选择适用"上位法优于下位法"原则时，无疑是对法律规范的审查，实践当中法院对该原则的适用直接导致了法院创设了司法审查的权力，这一权力的创设又直接导致法院违宪，如此反复陷入恶性循环当中。

3. 法院审查上下位法冲突的本质

在法律规范冲突的情形下，依据法律、参照法规依赖法律规范冲突适用规则的指引确定案件的法律事实，明确当事人的权利义务关系是法官在审判当中的职责。法院在适用上下位法的法律冲突规则时，采取的方式往往针对了地方法律法规的合法性问题，其并不是简单地援引这一技术性规范，还涉及法院对法律法规进行审查这一隐含权力以及法院在司法系统地位的改变。

在特别法与一般法冲突或者新旧法冲突时，法院可以根据《立法法》（2000 年）第八十三条的规定运用法律规范冲突规则选择适用最终的法律规范，但是在上下位法冲突时，《立法法》（2000 年）第八十七条规定能够解决

---

① 孟鸿志主编：《行政法与行政诉讼法学》，科学出版社 2009 年版，第 308~309 页。

② 参见杨小君：《行政法律规范的冲突》，载《国家行政学院学报》2006 年第 3 期。

上下位法冲突的主体为有关机关，按照《宪法》的相关规定，有关机关指的是第八十八条规定的相关主体，否认了法院直接使用上下位法冲突规则对抵触上位法的下位法进行筛选的权力，但是在多国实践当中法院有司法审查的权力，我国的《宪法》以及其他规范性法律文件当中却没有明文规定，这种情况下需要明确的是"如果行政立法可以免受司法审查，行政法治就是一句空话"。① 法院如何适用相互冲突的法律规范是一个颇为重要的问题。它不仅影响人民代表大会制度的正常运转，而且影响法院的宪法地位和功能定位。在中国，法院的地位有其特别之处：一方面，我国《宪法》第一百二十六条规定"人民法院依据法律独立行使审判权，不受行政机关、社会团体和个人的干涉"，《宪法》将其定位为独立的"国家审判机关"；另一方面，又规定法官由同级人民代表大会及其常务委员会选举产生，并对其负责。作为司法机关的法院，身处多层次的法律体系之中，而不同层级的规范性法律文件又由不同层级的人大制定，一旦其间发生冲突，法院的尴尬地位毕露无疑：若适用上位法，则会触动下位法甚至开罪于制定该法的人大；若适用下位法，则与其"国家审判机关"的宪法地位、维护法制统一的职责不相适应。在此进退维谷之际，法院何以安身立命，值得深思。

面对上下位法的法律冲突，法院行使的权限有多大，理论界对此意见不一。有学者认为，法院拒绝适用下位法而选择适用上位法涉及司法审查的权利，而在我国现行的政治体制下，法院没有司法审查权，也没有选择适用权，而仅仅有对规范冲突进行怀疑并报请有关部门裁决的权力；② 有学者则认为，虽然拒绝适用下位法涉及司法审查，但是法院拥有这样的权力，这种权力是一种与立法机关的改变和撤销的权利相并行的立法监督权。③ 但多数学者认为，法院对法律冲突时拒绝适用下位法而以上位法为依据的权力是选择适用的权力。④

最高人民法院对《关于秦大树不服重庆市涪陵区林业局行政处罚争议再审一案如何适用法律的请示》的答复指出："我国法院的司法审查权是有限的，只审查具体行政行为的合法性，对权力机关制定的地方性法规没有审查

---

① 周佑勇：《行政法中的优先原则研究》，载《中国法学》2005年第3期。
② 参见胡锦光著：《中国宪法问题研究》，新华出版社1998年版，第98~101页。
③ 王磊：《法的冲突与选择——以种子案为例》，参见"北大论坛"论文集编委会编：《北大论坛法学论文集：第三届"北大论坛"论文选》，北京大学出版社2005年版，第77~88页。
④ 参见王磊：《法官对法律适用的选择权》，载《法学》2004年第4期。

权。如果认为具体行政行为所依据的地方性法规的规定不合理，则只能依法提出修改法规的司法建议，并不能因此而认定该具体行政行为不合法，进而撤销该具体行政行为。"① 1989 年《行政诉讼法》的规定，我国法院在行政诉讼当中应当"依据"法律、法规，"参照"规章，"参照"的规定意味着法官有自由选择规章的权利，但是在实践中，法院甚至不能在裁判文书中对拒绝适用的规章或者无效的规章进行评述。因此，这种权力并不是完全意义上的司法审查权，毋宁称为一种判断权②（或称"选择适用权"）。

三、案件的突破和创新

（一） 将法律优先原则作为解决法律冲突的依据

根据法律优先原则在我国的适用来看，法律优先原则首先是判断法律与行政立法之间的关系的原则；其次，在法律冲突的时候，运用法高于行政原则，"根据"原则，以及"不抵触"原则可以有效地选择适用冲突的法律规范。

在本案当中，《食品安全法》《条例》《实施细则》均对未经许可从事食品生产经营的行为作出了处罚决定，但是在幅度上规定的不一致。《食品安全法》规定有关主管部门对于未经许可从事食品生产经营活动，除没收违法所得、违法生产经营的食品、食品添加剂和用于违法生产经营的工具、设备、原料等物品外，对货值金额 1 万元以上的，并处货值金额 5 倍以上 10 倍以下罚款。而《条例》和《实施细则》均对这种行为规定了违法货值等值以上 3 倍以下罚款的处罚规定。无锡市两级法院在适用法律方面，均选择了作为法律的《食品安全法》作为案件的判决依据，如上文所述，在没有立法规定的指导下，法院在判决中直接援引"上位法优于下位法"并对下位法作出适当评述的行为往往会导致法院因越权而被追责的情形，所以在判决文书当中的表述往往省略，本案的一审法院从法律位阶以及时间效力方面作出判决，二审法院则直接援用"上位法优于下位法"的原则作为判决的说理依据，准确地运用了法律优先原则的应有之义，作出了最终的判决，具有示范意义，并为后期的法

---

① 国务院法制办公室编：《行政法律法规规章司法解释大全》，中国法制出版社 2011 年版，第 81 页。

② 江必新、梁凤云著：《行政诉讼法理论与实务（下）》，北京大学出版社 2009 年版，第 1068 页。

院判决起到了一定意义上的指导作用。

从裁判文书网上以"上位法优于下位法"为关键词进行搜索，且法院在判决中援引该原则选择适用相互冲突的法律规范而筛选出的判决文书中，2006年、2009年、2011年每年1篇，2013年18篇，2014年42篇，2015年78篇，2016年75篇。美通案于2012年4月11日审结，刊载于《江苏省高级人民法院公报》（案例78号），又于2013年3月31日刊载于《最高人民法院公报》第7期，根据该原则在裁判文书中所呈现的数据来看，在公报公布之后，各级法院在审理案件的过程中直接运用"上位法优于下位法"原则选择适用法律规范的情形相比往年激增，这也体现了本案作为公报案例重要的示范意义。

（二）对法律冲突的适用原则进行了大胆的探索

从本案作为公报案例前法院作出的判决书中来看，法官拒绝适用的法律规范大多为部门规章、规范性文件等，且在判决书原文当中少有出现该原则作为说理依据的情形。而美通案的二审法院则在判决书中明确使用了"上位法优于下位法"的原则，拒绝适用了作为行政法规的《条例》和作为部门规章的《实施细则》，其法律位阶较以前又有提升，更加巩固了法院在司法审查上的选择适用权作为其权力应有之义的地位。

我国1989年《行政诉讼法》第五十二条、第五十三条规定了法院在审理行政案件时适用法律规范的规则，"依据"法律、行政法规，"参照"规章。"依据"和"参照"的不同规定，也就表明了法院在法律适用上的不同选择，在规章与法律、行政法规相冲突时，法院可以根据"参照"的规定，对规章的效力进行评价，并选择适用，因为规章是部门行政机关或地方行政机关制定的，对于人民法院的审判活动不发生必然拘束力①；在行政法规与法律相冲突时，"依据"的规定是否可以使得法官对其效力进行评述并且选择适用法律规范？本案当中法院所拒绝适用的不再是地方性法规、规章、规范性文件等，而是行政法规，并且在判决当中援用了"上位法优于下位法"的原则选择适用作为上位法的《食品安全法》，有效地解决了法律冲突的选择适用问题，为行政处罚的正当性提供了依据。

该案突破了法官战战兢兢不敢私自就法律冲突的适用规则妄下定论的现状，为后期的法院判决提供了重要的借鉴意义，也对上下位法冲突时法院的适用原则进行了大胆的探索。

---

① 姜明安著：《行政诉讼法》，法律出版社2007年版，第253页。

四、待探讨的问题

从本案的制度背景来看，既然法院可以利用"上位法优于下位法"原则拒绝适用的法律规范的范围十分宽广，甚至包括法律、法规、规章和规范性文件，那么是否在司法实践当中"上位法优于下位法"原则能够解决所有的上下位法冲突的情形（包括规章与法规、法律、宪法之间的冲突，地方性法规、行政法规与法律、宪法之间的冲突，法律与宪法之间的冲突）？从目前的立法以及实践当中看，并没有对此形成共识。为此我们必须进一步探讨司法实践当中形成的"上位法优于下位法"原则的适用前提。

有人认为，上下位法之间的冲突属于异位阶的法律规范冲突的情形，根据下位法是否为变通法，又可以分为变通性异位阶法律规范冲突和非变通性异位阶法律规范冲突。变通性的法律规范冲突是法律授权的一种冲突形式，上下位法的规定自然是不一致的。对于异位阶法律规范冲突，根据《立法法》以及相关法律的规定存在两种不同的法律冲突处理方式，一种是《立法法》第八十一条、八十三条规定的"变通法优于非变通法"、"新法优于旧法"、"特别法优于一般法"以及地方实践确定的"本地法优于外地法"、"行为地法优于户籍地法"的处理方式；另外一种则是《立法法》第五章规定的"备案审查"与"裁决"制度。两种处理方式的迥异，也引发了学者对异位阶法律规范冲突的类型的再分类进行探索：第一种处理方式对应的是彼此相容的法律规范冲突，包括"区际法律冲突"、"种属法律冲突"、"新旧法律冲突"、"变通法与被变通法冲突"，彼此相容的法律规范冲突的产生原因主要有以下几种：一是因为中国的地区法治发展程度不同而作出的适应地区发展规律和程度的法律规范而产生的差异；二是法律关系的一般与特殊造成的不同制度选择；三是法律立、改、废过程当中规范清理不及时造成的结果，这种法律冲突是立法实践当中不可避免的，也是法治发展当中必须经历的一个环节，具有合法性，另外其之所以能够并存重点在于其适用的效力空间是不同的。具体而言，区际冲突的法律规范，其地域效力范围是不同的；新旧冲突的法律规范，各自的时间效力范围是不同的；种属冲突的法律规范，特别法的对事效力虽在形式上属于一般法对事效力范围的一部分，但由于特别法的存在，排除了一般法对该特别事项所具有的效力；变通法与非变通法冲突中，变通法的地域效力虽然属于被变通法地域效力范围的一部分，但实际上变通法在其地域效力范围内排除了被变通法所具有的效力。① 第二种处理方式则对应的是彼此排斥的法律规范冲突，包括"部门规章之间的冲突"、"部门规章与地方政府规章之间的冲突"、"地方性法规与部门规章之间的冲突"、"较大市的地方性法规与省政府规章之间的冲突"（2000 年《立法法》规定的内容，2015 年《立法法》将其修正为"市的地方性法规与省政府规章之间的冲突"）、"上下位法之间的冲突"②。根据《立法法》第五章第八十六条规定地方性法规与部门规章冲突时由国务院、全国人大常委会裁决，第八十七条规定了上下位法冲突、规章之间的冲突由权力机关予以改变或者撤销，第九十条规定行政法规、地方性法规、自治条例和单行条例同宪法或法律相抵触的，由全国人大常委会进行审查。在出现这种彼此排斥的法律规范冲突的情形时，法官是不能自己作出选择适用的决定的，而是置于"裁决"制度或者"备案审查"制度之下由权力机关作出最终决定。在彼此排斥的法律规范冲突情形中，它们的形成没有任何根据，违背法律发展的内在规律，一定程度上可以说是违法的，尤其是上位法与下位法冲突。③ 这些冲突规范的效力空间是重合的或者是相互交叉的，其适用存在紊乱的情形，而且这种紊乱具有天生的违法性，即这种相互冲突的法律规范之间不可能并存，当选择适用其中的一个法律规范时，也就否定了另外一个法律规范的效力。从这个角度来说在选择适用相互排斥的法律规范冲突时则涉及法的合法性审查的问题，这属于司法审查的内容，根据上文对法官在适用法律时权力的边界的表述当中得出我国法官在判决当中援引法律时享有的是一种判断权、选择适用的权力，而不是严格意义上司法审查、违宪审查权，且我国并没有在立法当中确定"下位法与上位法相抵触，优先适用上位法"的原则，本案当中法院的判决思路为：作为上位法的《食品安全法》是法律，作为下位法的《条例》为行政法规、《实施细则》为部门规章，上位法优于下位法，所以选择法律作为本案的处罚依据是正确的，根据以上分析，本案判决在推理上存在不衔接的嫌疑。

因此要明确"上位法优于下位法"原则的适用前提，就要求我们必须弄清楚以上两种类型的法律冲突的分类依据，对于彼此排斥的法律冲突，法院之

---

① 参见杨登峰：《下位法尾大不掉问题的解决机制——新上位法优于下位法规则之论》，载《政治与法律》2014 年第 9 期。

② 参见杨登峰：《下位法尾大不掉问题的解决机制——新上位法优于下位法规则之论》，载《政治与法律》2014 年第 9 期。

③ 参见杨登峰：《下位法尾大不掉问题的解决机制——新上位法优于下位法规则之论》，载《政治与法律》2014 年第 9 期。

所以没有选择适用的权力而交由有关权力机关裁决或者审查，是因为其不能并存相互排斥。实践当中法官能够选择适用的法律规范则是能够并存，各自存在效力空间的法律规范。本案涉及的是上下位法的冲突问题，是否所有的"上下位法之间的冲突"问题都应纳入相互排斥的法律规范的范围，而进入"裁决"或者"审查"程序？实则不然，在司法实践当中，具体情形还应具体对待，在上下位法冲突的情况下，又存在两种情形，一种是"新上位法与旧下位法相冲突"，另一种是"旧上位法与新下位法相冲突"，根据《立法法》以及行政部门法的相关规定，上位法优先设定，即上位法已经设定的，下位法只能在上位法规定的范围内进行规定，不能超出上位法的情形、种类、幅度和范围。旧上位法已经就某一事项作出规定，新下位法规定的内容必须"根据"旧上位法，否则新下位法则被认定为违法，所以"旧上位法与新下位法相冲突"的情形是法律所禁止的，也即违背法治的发展方向的，应该接受备案审查等制度的检验。而"新上位法与旧下位法相冲突"的情形是立法实践当中不可避免的，在实践当中"新上位法与旧下位法相冲突"的原因主要有以下两种：一种是因为上位法修法的缘故，导致旧下位法未来得及清理而形成的冲突。另一种则是在尚未制定上位法时，先由下位法主体制定法律规范试用，待时机成熟后制定了新的上位法而形成的冲突。这两种冲突的情形都是不可避免的，因为在法律的制定、修改和废止的过程需要一定的时间，所以在这段时间内必然存在两种相互冲突的法律规范并存的情形。这种情形是法律所允许的，因为二者的效力空间是不同的，旧下位法仅在新上位法生效之前发挥其效力，各自效力范围的排斥性，也就给了法官判断的前提，并且能够根据效力范围的差异准确地选择适用上位法作为判决依据。按照上文的表述，从严格的意义上来说"上位法与下位法相抵触，优先适用上位法"原则的规范表述应当是"新上位法与旧下位法相抵触，优先适用新上位法"，该原则应落入法官选择适用权的依据当中。

如果上述意见正确，则可以看出，本案判决的论理是比较简单的，对于问题的阐述有待进一步深化。

五、结语

美通公司案通过司法机关援引学理上的"上位法于下位法"原则并将其作为判决的说理依据，为司法的一个创新。但是公报案例并非指导性案例。最高人民法院有关负责人曾表示，"案例指导制度正式确立前，通过公报刊发案例是人民法院案例工作的重要载体形式。"① 在"黄木兴一般借款合同纠纷申请再审案"当中，法院判决明确指出："黄木兴援引的本院公报案例并非是本院根据《关于案例指导工作的规定》发布的指导性案例，其主张本案应参照该案例处理没有依据。"② 所以，公报案例在实践当中没有参照作用。但是《公报》案例不同于法律宣传的一般案例，也有别于科研机构、教学机构所使用的教学案件，它是"经最高人民法院审判委员会讨论、决定的适用法律问题的典型案件予以公布，供下级法院审判类似案件时参考"。③ 从这个意义上来说，美通案的指导意义不在于能够为判决直接援引，而在于为司法判决当中普遍遇到的上下位法冲突的情形提供一个确定的解决标准，无须下级法院向最高人民法院再通过提请回复的形式来适用该原则。虽然理论界仍然对这种创设权力的司法判决存在不同意见，但我们必须明确的是，本案不仅仅是法律优先原则或者是"法律位阶"理论的机械运用，而且从司法实践上突破了原有的判决，扩大了"上位法优于下位法"原则的适用情形，为学者的研究提供了素材。

---

① 资料来源于《最高法清理编纂公报刊发案例作为指导性案例发布》，载法制网 http://www.legaldaily.com.cn/Court/content/2015-04/24/content_6057394.htm，2016 年 12 月 12 日访问。

② 参见最高人民法院〔2014〕民申字第 441 号民事裁定书。

③ 《人民法院五年改革纲要》（1999—2003）第十四条："2004 年起经最高人民法院审判委员会讨论、决定的适用法律问题的，供下级法院审判类似案件时参考。"

陆红霞诉南通市发改委
政府信息公开案（2015）*

郝培轩

一、案件回顾

（一）基本案情

2013 年 11 月 26 日，陆红霞向南通市发改委申请公开"长平路西延绿化工程的立项批文"。同年 11 月 28 日，南通市发改委作出答复并提供了通发改投资〔2010〕67 号《市发改委关于长平路西延工程的批复》。陆红霞认为南通市发改委答复不准确，没有针对性，因为其申请的是"长平路西延绿化工程"，而被申请单位公开的是"长平路西延工程"，虽然是两字之差，但是公开的内容却完全不同，请求法院撤销南通市发改委作出的通发改委信复〔2013〕14 号《政府信息公开申请答复书》并责令重新作出答复。南通市发改委认为其关于信息公开的答复适用依据正确、程序合法、内容适当、符合法律规定，而陆红霞及其家人存在明显的滥用政府信息公开申请权的行为，违背

* 本案全称"陆红霞诉南通市发展和改革委员会政府信息公开案"，载《最高人民法院公报》2015 年第 11 期。参见江苏省南通市港闸区人民法院〔2015〕港行初字第 00021 号行政裁定书；江苏省南通市中级人民法院〔2015〕通中行终字第 00131 号行政裁定书。公报案例的裁判摘要为："知情权是公民的一项法定权利。公民必须在现行法律框架内申请获取政府信息，并符合法律规定的条件、程序和方式，符合立法宗旨，能够实现立法目的。如果公民提起政府信息公开申请违背了《政府信息公开条例》的立法本意且不具有善意，就会构成知情权的滥用。当事人反复多次提起琐碎的、轻率的、相同的或者类似的诉讼请求，或者明知无正当理由而反复提起诉讼，人民法院应对其起诉严格依法审查，对于缺乏诉的利益、目的不当、有悖诚信的起诉行为，因违背了诉权行使的必要性，丧失了权利行使的正当性，应认定构成滥用诉权行为。"

了《政府信息公开条例》的目的和宗旨，其行为不具有正当性，请求法院驳回陆红霞的诉讼请求。法院审理过程中依职权调查取证，据不完全统计，在2013年至2015年1月期间，原告陆红霞及其父亲陆富国、伯母张兰三人以生活需要为由，分别向南通市人民政府等行政机关提起至少94次政府信息公开申请，要求公开南通市人民政府财政预算报告等信息，其中包括多项内容相同的信息。原告陆红霞及其父亲陆富国、伯母张兰在收到行政机关作出的相关《政府信息公开申请答复》后，分别向江苏省人民政府等行政机关提出至少39次行政复议，其后又以答复"没有发文机关标志"等理由向南通市中级人民法院等司法机关提出至少36次政府信息公开之诉。

（二）争议焦点

本案的争议焦点是：原告陆红霞的诉讼行为是否具有正当性，其诉讼请求是否应当予以支持？

（三）法院裁判

南通市港闸区法院以陆红霞提起的诉讼缺乏诉的利益、目的不当、有悖诚信、不具备正当性为由于2015年2月27日裁定驳回原告诉讼请求。同时，一审法院还指出："在现行法律规范尚未对滥用获取政府信息权、滥用诉权行为进行明确规制的情形下，本院根据审判权的应有之义，结合立法精神，决定对原告陆红霞的起诉不作实体审理。为了兼顾维护法律的严肃性、有效利用公共资源和保障原告陆红霞依法获取政府信息、提起诉讼的权利，对于原告陆红霞今后再次向行政机关申请类似的政府信息公开、向人民法院提起类似的行政诉讼，均应依据《条例》的现有规定进行严格审查，原告陆红霞须举证说明其申请和诉讼是为了满足自身生产、生活、科研等特殊需要，否则将承担不利后果。"

就上述判决，一审法院作了如下分析：

> 获取政府信息和提起诉讼是法律赋予公民的权利。为了保障公民知情权的实现，行政机关应当主动公开政府信息，以提高政府工作的透明度。《中华人民共和国政府信息公开条例》（以下简称《条例》）第十三条还进一步明确，除行政机关主动公开的政府信息外，公民、法人或者其他组织还可以根据自身生产、生活、科研等特殊需要，向国务院部门、地方各级人民政府及县级以上地方人民政府部门申请获取相关政府信息。为了监

督行政机关依法行政，切实保障公民依法获取政府信息，公民认为行政机关在政府信息公开工作中的行政行为侵犯其合法权益的，可以依法提起行政诉讼。而需要指出的是：任何公民享有宪法和法律规定的权利，同时必须履行宪法和法律规定的义务；公民在行使自由和权利的时候，不得损害国家的、社会的、集体的利益和其他公民的合法的自由和权利；公民在行使权利时，应当按照法律规定的方式和程序进行，接受法律及其内在价值的合理规制。

《条例》第一条规定，制定本条例的目的是为了"保障公民、法人和其他组织依法获取政府信息，提高政府工作的透明度，促进依法行政，充分发挥政府信息对人民群众生产、生活和经济社会活动的服务作用"。因此，保障社会公众获取政府信息的知情权是《条例》的最主要的立法目的之一。而有关"依法获取政府信息"的规定，表明申请获取政府信息也必须在现行法律框架内行使，应当按照法律规定的条件、程序和方式进行，必须符合立法宗旨，能够实现立法目的。

本案原告陆红霞所提出的众多政府信息公开申请具有以下几个明显特征：一是申请次数众多。仅据不完全统计，自2013年开始原告陆红霞及其家人向南通市人民政府及其相关部门至少提出94次政府信息公开申请，2014年1月2日当天就向南通市人民政府提出了10件申请。二是家庭成员分别提出相同或类似申请，内容多有重复。如原告陆红霞与其父亲陆富国、伯母张兰多次分别申请市、区两级人民政府年度财政预算报告、数十次申请城北大道工程相关审批手续等信息。三是申请公开的内容包罗万象。诸如政府公车数量、牌照、品牌，刑事立案，接警处置中使用的电话号码及监控录像，拘留所伙食标准等信息，且有诸多咨询性质的提问，原告陆红霞对部分信息也明知不属于《条例》规定的政府信息范畴。四是部分申请目的明显不符合《条例》的规定。原告陆红霞申请政府信息和提起诉讼的目的是为了向政府及其相关部门施加压力，以引起对自身拆迁补偿安置问题的重视和解决。

上述特征表明，原告陆红霞不间断地向政府及其相关部门申请获取所谓政府信息，真实目的并非为了获取和了解所申请的信息，而是借此表达不满情绪，并向政府及其相关部门施加答复、行政复议和诉讼的压力，以实现拆迁补偿安置利益的最大化。对于拆迁利益和政府信息之间没有法律上关联性的问题，行政机关已经反复进行了释明和引导，但原告陆红霞这种背离《条例》立法目的，任凭个人主观意愿执意不断提出申请的做法，显然已构成了获取政府信息权利的滥用。

保障当事人的诉权与制约恶意诉讼、无理缠诉均是审判权的应有之义。对于个别当事人反复多次提起轻率的、相同的或者类似的诉讼请求，或者明知无正当理由而反复提起的诉讼，人民法院对其起诉应严格依法审查。本案原告陆红霞所提起的相关诉讼因明显缺乏诉的利益、目的不当、有悖诚信，违背了诉权行使的必要性，因而也就失去了权利行使的正当性，属于典型的滥用诉权行为。

首先，原告陆红霞的起诉明显缺乏诉的利益。诉的利益是原告陆红霞存在司法救济的客观需要，没有诉讼利益或仅仅是为了借助诉讼攻击对方当事人的不应受到保护。本案原告陆红霞的起诉源于政府信息公开申请，作为一项服务于实体权利的程序性权利，由于对获取政府信息权利的滥用，原告陆红霞在客观上并不具有此类诉讼所值得保护的合法的、现实的利益。

其次，原告陆红霞的起诉不具有正当性。《中华人民共和国行政诉讼法》第二条明确规定："公民、法人或者其他组织认为行政机关和行政机关工作人员的具体行政行为侵犯其合法权益，有权依照本法向人民法院提起诉讼。"显然，行政诉讼是保护公民、法人和其他组织合法权益的制度，原告陆红霞不断将诉讼作为向政府及其相关部门施加压力、谋求私利的手段，此种起诉已经背离了对受到侵害的合法权益进行救济的诉讼本旨。

再次，原告陆红霞起诉违背诚实信用原则。诚实信用原则要求当事人实施诉讼行为、行使诉讼权利必须遵守伦理道德，诚实守诺，并在不损害对方合法利益和公共利益的前提下维护自身利益。骚扰、泄愤、盲目、重复、琐碎性质的起诉显然不符合诚实信用原则的要求。原告陆红霞本已滥用了政府信息公开申请权，所提起的数十起诉讼要么起诉理由高度雷同，要么是在已经获取、知悉所申请政府信息的情形下仍坚持提起诉讼，这种对诉讼权利任意行使的方式有违诚实信用原则。

针对原告陆红霞所提起的频繁诉讼，人民法院也多次向其释明《条例》的立法目的、政府信息的涵义，并多次未支持其不合法的申请和起诉，原告陆红霞对法律的规定显然明知，也应当知道如何正确维护自身的合法权益。原告陆红霞在明知其申请和诉讼不会得到支持，仍然一再申请政府信息公开，不论政府及相关部门如何答复，均执意提起行政复议和行政诉讼。行政资源和司法资源的有限性，决定了行政机关和人民法院只能满足当事人有效的行政和司法需求。原告陆红霞的申请行为和诉讼行为，已经使行政和司法资源在维护个人利益与公共利益之间有所失衡，《条例》的立法宗旨也在此种申请-答复-复议-诉讼的程序中被异化。原告陆红霞所为已经背离了权利正当行使的本旨，超越了权利不得损害他人的界限。纵观本案及相关联的一系列案件，无论是原告陆红霞所提出的政府信息公开申请还是向本院所提起的诉讼均构成明显的权利滥用。

一审判决后，陆红霞提起上诉。南通市中级人民法院认为一审法院审理在程序和法律适用上并无不当，遂裁定驳回上诉，维持原裁定。其判决理由如下：

原审法院认定陆红霞存在滥用获取政府信息权和滥用诉权行为依法有据，裁定驳回陆红霞的起诉并无不当。

（1）陆红霞与陆富国是父女关系，陆富国申请信息公开、提起行政复议及行政诉讼均由陆红霞经手或作为委托代理人。张兰系陆红霞伯母，两人均住南通市港闸区怡园新苑，与港闸区政府均存在房屋拆迁补偿争议，陆红霞、张兰分别向南通市人民政府申请公开"南通市人民政府2013年度政府信息公开工作年度报告"申请表，以及陆富国、张兰分别向南通市人民政府、南通市住房保障和房产管理局申请公开"城北大道工程征地的供地方案"、"城北大道工程拆迁计划和方案、房屋拆迁公告、房屋拆迁许可证"申请表内容完全一致；2014年陆富国与张兰分别向本院提起的每起行政诉讼的诉状，除当事人不同外，其他内容高度雷同或者一致。其三人基于共同目的，以各自名义分别实施申请信息公开、提起行政复议和行政诉讼行为，可视为陆红霞等三人的共同行为。

（2）2012年底陆红霞与港闸区政府产生拆迁争议，2013年开始，陆红霞三人先后提起至少94次政府信息公开申请，2014年1月2日当天就向南通市人民政府提出10件申请。其中，所提申请多有相同或类似，如重复申请市、区两级人民政府年度财政预算报告、二十余次申请城北大道相关审批手续等信息。申请公开的内容繁多、形式各异，如政府公车数量、牌照及品牌，接处警电话号码及监控录像，拘留所伙食标准等信息，且很多系以信息公开的名义进行咨询询问。陆红霞持续申请公开众多政府信息，借此表达自己不满情绪，通过重复、大量提起信息公开的方式给有关部门施压，从而达到实现拆迁补偿安置利益最大化目的。这种行为已经明显偏离了公民依法、理性、正当行使知情权和监督权的正常轨道，超过了正当行使知情权的合理限度，悖离了政府信息公开制度的初衷与立法目的，故原审法院认定陆红霞滥用获取政府信息权是适当的。

（3）公民在行使权利的时候，不得损害国家的、社会的、集体的利益和其他公民的合法权利。作为权利之一的获取政府信息公开权和诉权当然也不能滥用。陆红霞的起诉源于政府信息公开申请，其起诉的理由多以被诉答复无发文机关标志、标题不完善、无发文字号、程序违法为由，反复多次提起相同或类似的诉讼请求。陆红霞不当的申请和起诉多次未获人民法院的支持，而其仍然频繁提起行政复议和行政诉讼，已经使有限的公共资源在维护个人利益与他人利益、公共利益之间有所失衡，这种损害他人并对自己利益较少或根本无利益的行使，超越了权利行使的界限，亦有违诚实信用原则，已构成诉讼权利的滥用，原审法院驳回其起诉并无不当。

原审法院对陆红霞今后的信息公开申请及行政诉讼进行适当限制是适当的。

《条例》第十三条规定：除行政机关主动公开的政府信息外，公民、法人或者其他组织还可以根据自身生产、生活、科研等特殊需要，向国务院部门、地方各级人民政府及县级以上地方人民政府部门申请获取相关政府信息。《条例》第二十条规定了政府信息公开申请应当包括申请人的姓名或者名称、联系方式；申请公开的政府信息的内容描述；申请公开的政府信息的形式要求。《条例》没有规定申请人在提出政府信息公开申请时要说明使用信息的用途、理由等，故政府信息主管部门和工作机构在实务中不得随意增设申请人这方面的义务。但陆红霞持续、琐碎、轻率甚至带有骚扰性质地滥用获取政府信息权、滥用诉权，超越了权利行使界限，应当对其设定一个限制反复的约束。原审法院从维护法律的严肃性、促进公共资源的有效利用出发，同时也为了保障诉讼权利平衡、保障陆红霞依法获取政府信息，对其今后再次申请类似信息公开、行政诉讼设定了一定的条件，符合《条例》的立法精神和目的。

二、案件背景

（一）现实背景

在本案裁判之前，伴随着法院受理案件数量的迅猛增长，诉权滥用现象时有发生。2012 年全国人大法律委员会在关于《民事诉讼法修正案（草案）》修改情况汇报中曾指出："最高人民法院、有的地方人大和专家提出，审判实践中当事人恶意诉讼、拖延诉讼等滥用诉讼权利的情形时有发生。"① 最高人民法院新闻发言人孙工军也认为："个别人甚至借助登记立案，在全国法院提起大量不符合立案条件的诉讼，严重干扰正常审判秩序，挤占有限司法资源。"② 行政诉讼案件中的诉权滥用的案例在全国多地也都有发生。浙江省高级人民法院原院长齐奇就曾经介绍说："一些信访老户，往往以滥用申请政府信息公开、申请履行法定职责等方式重启诉讼。例如温州瑞安市有 6 名申请人先后在半年时间内向当地政府部门提出 3000 余件政府信息公开申请。"③ 浙江金华市人大常委会主任黄锦朝认为："部分申请人通过诉讼、复议乃至信访等途径得不到满足后，把信息公开作为实现其他利益诉求或表达个人情绪的途径，希望行政机关在不堪重负或不胜其烦后满足其要求。"④ 在上海，两名拆迁户因不满政府行为，提起政府信息公开诉讼 208 件，上海二中院公布的《2011—2015 政府信息公开白皮书》中认为："存在滥诉倾向案件特点是申请次数多、申请内容反复或雷同，召集大量群众旁听庭审。"⑤ 各地频发的政府信息公开滥诉案件成为行政审判工作必须回应的一个现实问题。陆红霞案也可以算得上是不当行使信息公开申请权和诉讼权利的典型代表。

从法院调查的情形看，2013 年至 2015 年 1 月期间，陆红霞及其父亲陆富国、伯母张兰三人以生活需要为由，分别向南通市人民政府、南通市城乡建设局、南通市发展和改革委员会、南通市住房保障和房产管理局、南通市规划局、南通市国土资源局、南通市公安局、南通市公安局港闸分局等共提起至少

---

① 全国人大常委会法制工作委员会民法室编：《〈中华人民共和国民事诉讼法〉释解与适用》，人民法院出版社 2012 年版，第 503 页。

② 资料来源于《最高人民法院新闻发言人通报全国法院实施立案登记制度进展情况》，载中华人民共和国最高人民法院网，http：//www.court.gov.cn/zixu-xiangqing-14675.html，2016 年 10 月 15 日访问。

③ 资料来源于《半年申请信息公开 3000 余件　代表建议规制行政诉讼滥诉》，载新浪网，http：//www.finance.sina.com.cn/sf/news/2016-03-12/183323655.html/？from＝Wap，2016 年 10 月 15 日访问。

④ 资料来源于《半年申请信息公开 3000 余件　代表建议规制行政诉讼滥诉》，载新浪网，http：//www.finance.sina.com.cn/sf/news/2016-03-12/183323655.html/？from＝Wap，2016 年 10 月 15 日访问。

⑤ 资料来源于《上海二中院：两拆迁户提政府信息公开诉讼 208 件》，载搜狐网，http：//news.sohu.com/20160705/n457920864.shtml，2016 年 10 月 25 日访问。

94次政府信息公开申请，要求公开南通市人民政府财政预算报告，所拥有公车的数量、牌照号码及公车品牌，政府信息公开年度报告，南通市拘留所被拘留人员2013年度伙食费标准，拘留人员权利和义务告知书，城北大道工程征地的供地方案，农用地转用方案，城北大道拆迁工程是否由南通市港闸区人民政府出资，南通市港闸区城市建设开发总公司是否由南通市港闸区人民政府出资成立，港闸区人民政府2007年度财政预算决算报告，城北大道工程前期征地拆迁费用1.5亿元资金的来源、使用情况及资金列入哪一年财政预算，港闸区人民政府以何种形式授权南通市港闸区城市建设开发总公司实施城北大道工程中征地拆迁等前期工作，陆红霞通过短信、电话向南通市城乡建设局顾队长及举报平台举报违法施工后有无按照《建筑工程施工许可管理办法》的规定责令违法施工单位停止施工、拆迁安置房屋所有权人的认定依据，长平路西延绿化工程的建设项目规划选址意见书，南通市港闸区天生港镇街道国庆村15组登记在陆富（付）相名下的土地使用证所记载的地籍号地块是否征用，2014年3月8日21时44分唐闸派出所调查过程中具体是哪位天生港镇街道干部多次用什么号码的电话要求派出所将哪些参与稳控的人员放回，唐闸派出所在该所询问室对弘祥拆迁公司员工刘彬进行询问的监控录像，2014年7月12日收到陆红霞《刑事控告书》后是否受案等政府信息。

在以上提出的政府信息公开申请中，陆红霞、张兰分别向南通市人民政府、南通市港闸区人民政府申请公开"南通市人民政府2013年度政府信息公开工作年度报告、南通市港闸区人民政府2007年度《财政预算决算报告》"等内容相同的信息；陆富国、张兰分别向南通市人民政府、南通市发展和改革委员会、南通市住房保障和房产管理局、南通市港闸区审计局等单位申请公开"城北大道工程征地的供地方案、农用地转用方案、征收土地方案、补充耕地方案、城北大道的立项批文、城北大道工程的拆迁计划和拆迁方案、房屋拆迁公告、房屋拆迁许可证、城北大道工程拆迁管理费的审计内容及该工程拆迁管理费的总额"等内容相同的信息。

陆红霞、陆富国及张兰在收到行政机关作出的相关《政府信息公开申请答复》后，分别向江苏省人民政府、江苏省公安厅、江苏省国土资源厅、南通市人民政府、南通市审计局等共提起至少39次行政复议。在经过行政复议程序之后，三人又分别以政府信息公开申请答复"没有发文机关标志、标题不完整、发文字号形式错误，违反《党政机关公文处理工作条例》的规定，属形式违法；未注明救济途径，属程序违法"等为由向南通市中级人民法院、如东县人民法院、港闸区人民法院提起政府信息公开之诉至少 36 次①。

(二) 理论背景

尽管诉权概念可追溯至罗马法②，但我国目前尚未有完善的行政诉权理论体系，也并无完善的政府信息公开诉权滥用的研究。薛刚凌在 20 世纪末曾提出："诉权是指社会权利主体按照法律预设程序，请求法院对其主张予以公正裁判的权利。诉权中包含了起诉权、获得裁判权、得到公正裁判权。"③ 行政诉权是在民事诉权的基础上，伴随着资产阶级宪政民主而逐渐产生。④ 对诉权概念的阐述离不开对诉的利益的界定和判断。在日本就有着没有诉的利益就没有诉权的说法。⑤ 刘敏也认为诉的利益是诉权行使的必要条件。他认为诉的利益是指"当事人提起的诉讼应当具有的法院对该诉讼请求进行审判并作出判决的必要性和实效性"。⑥ 在当代，诉权保障被认为与人权保障有着密切联系，故而不断呼吁诉权的宪法化以期得到宪法保障。同时诉权获得保障的前提是权利的正当行使，"当事人行使诉权，不得损害对方当事人利益、案外人利益，否则构成诉权的滥用"⑦。当事人虽然在合法形式下行使诉权，但违背了诚实信用原则，恶意实现不正当的诉讼目的的行为将构成滥诉行为。⑧ 诚实信用原则成为了判断诉权行使主观目的的重要依据，其要求法律关系主体在进行法律活动中诚实守信，不得以恶意的目的行使自己的相关权利。诉权滥用逐渐衍生出了诉讼欺诈和虚假诉讼的概念，江必新就认为滥用诉权是一种程序上的诉讼欺诈行为，是"当事人明知其启动不同类型司法程序所为行为缺乏胜诉的理由、事实依据或者法律依据，但为了达到非法目的，而行使法律赋予的启动不

---

① 参见江苏省南通市港闸区人民法院〔2015〕港行初字第 00021 号行政裁定书；江苏省南通市中级人民法院〔2015〕通中行终字第 00131 号行政裁定书。

② 参见薛刚凌著：《行政诉权研究》，华文出版社 1999 年版，第 1 页。

③ 薛刚凌著：《行政诉权研究》，华文出版社 1999 年版，第 7 页。

④ 参见薛刚凌著：《行政诉权研究》，华文出版社 1999 年版，第 26 页。

⑤ 参见〔日〕原田尚彦著：《诉的利益》，石龙潭译，中国政法大学出版社 2014 年版，第 1 页。

⑥ 刘敏著：《诉权保障研究——宪法与民事诉讼法视角的考察》，中国人民公安大学出版社 2014 年版，第 85 页。

⑦ 刘敏著：《诉权保障研究——宪法与民事诉讼法视角的考察》，中国人民公安大学出版社 2014 年版，第 207 页。

⑧ 参见刘敏著：《诉权保障研究——宪法与民事诉讼法视角的考察》，中国人民公安大学出版社 2014 年版，第 209 页。

同类型司法程序权利的行为"。① 违背诚实信用原则依旧是判断诉权行使正当性的重要标准，否则会使权利逾越法律所保护的界限，因而构成诉权滥用，诉权将不再受到法律的保护。

（三）制度背景

我国行政诉讼法律制度中尚未有关于诉权滥用方面的规范，面对滥用诉权情况时，并无相关法律法规依据可以予以应对。但是在民事诉讼领域已有关于诉权滥用的初步探索。我国行政诉讼制度的发展完善程度不及民事诉讼制度，故而在《行政诉讼法》和相关司法解释中也有表示在多种情况下行政诉讼制度未予规定的参照民事诉讼制度。我国《民事诉讼法》第十三条第一款规定："民事诉讼应当遵循诚实信用原则。"作为整部民事诉讼法的指导原则，诚实信用原则适用于民事诉讼活动的所有领域，其要求民事主体所进行的诉讼活动，包括启动诉讼的行为均应当是诚实可信的。该法第一百一十二条进一步作出具体规定："当事人之间恶意串通，企图通过诉讼、调解等方式侵害他人合法权益的，人民法院应当驳回起诉讼请求，并依据情节轻重予以罚款、拘留；构成犯罪的，依法追究刑事责任。"民事诉讼中通过法律规定了不遵守诚实信用原则，恶意行使诉权损害他人利益则应当承当法律责任，对此类恶意行使诉权的行为实施法律制裁。诚实信用原则是我国民事法律活动中的帝王原则，《民事诉讼法》通过修改，从实体法领域进入到了程序法领域，从私法领域进入到公法领域。我国在民事诉权滥用的制度规制上，诉权的行使如果逾越了诚实信用原则则会导致诉权丧失在法律上的正当性，法院将予以驳回其诉讼请求。

三、案件的突破和创新

（一）对信息公开申请权和诉权滥用的判断

在对滥用诉权行为的规制上，我国行政诉讼的相关法律法规并没有规定，学者在理论层面也并无系统论述。我国对信息公开行政诉讼诉权滥用问题的界定与规制在制度和理论上并不明确，南通市法院在"陆红霞案"中对陆红霞滥用诉权行为的判断界定了信息公开行政诉讼诉权权利界限，对滥用诉权进行

---

① 江必新主编：《民事诉讼新制度讲义》，法律出版社 2013 年版，第 24 页。

了司法判断，是一次对滥用诉权制度的突破与尝试。

在诉权滥用的判断上，南通法院确定了政府信息公开行政诉讼诉权滥用的四项衡量标准，确定了诉权正当行使的边界。目前我国行政诉讼法律法规并未对诉权加以规定，法院依据权利正当行使原则对陆红霞权利行使界限进行审查和判断，以维护正当的诉讼环境和维护公共利益。经法院依职权查明陆红霞及其家人在多次申请政府信息公开申请背后向法院提起了政府信息公开之诉至少36次，依据诚实信用原则和权利正当行使原则，法院对陆红霞信息公开申请行政诉讼的诉权行使作出判断，认定其存在诉权滥用的特征，符合诉权滥用的构成要件。南通法院对政府信息公开申请滥用诉权的行为的明确界定对于我国政府信息公开诉讼而言是一种突破，对政府信息公开诉讼诉权正当性行使有着推动作用。

（二）初步确立判断诉权滥用的标准

为了论证陆红霞的诉讼行为属于诉讼权利滥用，审理法院归纳并初步确立了判断诉权滥用的标准：一是缺乏诉讼的利益，二是缺乏诉的合法目的，三是违背了诚实信用原则，四是违背了权利正当行使的宗旨。法院通过这四个标准来判断信息公开行政诉讼诉权行使的界限。

南通法院为政府信息公开诉讼诉权界限划分作了初步探索。陆红霞案主审法官在总结政府信息公开诉讼案件典型案件特征基础上[1]，对该类行政诉讼诉权滥用进行界定。由于诉的利益是诉讼存在的前提条件，是法院行使审判权的基础，故而诉权正当行使的首要条件就是诉的利益的存在。法院将诉的利益确定为诉权正当性行使的标准之一也是体现了法院实体审判的进行不仅需要形式上的诉讼要件，同时也需要实质上的具备价值的要求，意味着"只为满足个人情感或者学问上的欲求是无法发动审判权的"[2]。同时，法院引入诚实信用原则对陆红霞诉讼行为的主观目的进行分析，认为陆红霞反复多次不当地申请诉讼已经致使"有限的公共资源在维护个人利益与他人利益、公共利益之间

---

[1]　高鸿认为实践中政府信息公开申请滥用的现象有如下特点：频繁、大量提出申请，动辄几十件、上百件；申请内容五花八门，对明知不是政府信息人坚持要求公开；无论行政机关是否满足其获取和知悉政府信息的主张，均逐一提起行政复议和行政诉讼。引自高鸿：《滥诉之殇引发的再思考》，载《中国法律评论》2016年第4期。

[2]　［日］原田尚彦著：《诉的利益》，石龙潭译，中国政法大学出版社2014年版，第1页。

有所失衡"①，其主观目的已背离了政府信息公开诉讼的立法目的，为追求不正当利益而行使诉权，在权利的行使上已经超出了法律规定的范围，损害了公共利益，因而认定陆红霞构成了滥用诉权。南通法院关于诉权行使界限的四个判断标准既给滥用诉权判断提供了新思路，为诉讼权的正当行使提供了参考标准，也为信息公开行政滥诉案件的审理带来了新的解决方式。

（三）将诚信原则引入政府信息公开诉讼实践

诚实信用原则被誉为民事法律活动中的帝王法则，也是民事诉讼中的重要原则之一。我国的《民事诉讼法》中第十三条规定："民事诉讼应当遵循诚实信用原则。"在"陆红霞案"中，法院认为陆红霞在滥用了政府信息公开申请权的前提下，"所提起的数十起诉讼要么起诉理由高度雷同，要么是在已经获取、知悉所申请政府信息的情形下仍坚持提起诉讼，这种对诉讼权利任意行使的方式有违诚实信用原则。"② 这是继诚实信用原则被《民事诉讼法》吸收之后在行政诉讼领域的一次新的适用。

江必新认为诚实信用原则"已从私法领域延伸到公法领域，从实体法领域延伸到诉讼法领域，逐渐成为高层次的法律理念为人们所信奉和遵循"③，胡玉鸿也在 2005 年就认为，公法与私法在原则上有着共同生存的社会伦理土壤，是社会伦理想的反映和体现。④ 公法与私法的法律关系并未泾渭分明，存在着大量交叉地带，而行政法中对私法原则的运用便是两者法律关系出现交叉的客观所需。闫尔宝在 2008 年在《行政法诚实信用原则研究》中也将诚实信用原则引入行政法，将其与行政规制、行政决定等行政法律行为相衔接。⑤ 尽管学者对此已有一定的论述，但我国并未在法律制定和应用中明确诚实信用原则。在"陆红霞案"中对诚实信用原则的完整阐释是该原则在行政诉讼领域从理论到应用的一种跨越，是一种法律适用上的突破，推动政府信息公开行政诉讼法律制度的发展。

---

① 参见南通市中级人民法院〔2015〕通中行终字第 00131 号行政裁定书。
② 参见南通市港闸区人民法院（2015）港行初字第 00021 号行政裁定书。
③ 江必新主编：《新民事诉讼法理解适用与实务指南（修订版）》，法律出版社 2005 年版，第 48 页。
④ 参见胡玉鸿：《论私法原则在行政法上的适用》，载《法学》2005 年第 12 期。
⑤ 参见闫尔宝著：《行政法诚实信用原则研究》，人民出版社 2008 年版，第 196~238 页。

四、待探讨的问题

虽然陆红霞诉南通市发改委一案的裁判给我国行政诉讼制度中滥用诉权问题上带来了新的解决思路和制度上的创新，但是由于我国尚未在法律上对行政诉讼中的滥诉问题作出回应，致使南通市法院这一探索面临着许多新的问题有待进一步的研究和解决。

（一）行政诉讼可否借鉴民诉中滥诉制度

在"陆红霞案"中，法院判断陆红霞构成滥诉的标准主要是认定陆红霞诉讼行为诉的利益的丧失和违背权利正当行使的诚实信用原则。在我国民事诉讼活动中，关于滥用诉权的判断也是主要依据诉的利益和诚实信用原则。在"陆红霞案"中，法院认为政府信息公开诉讼中所依托的是陆红霞的政府信息公开申请，依据法院审理查明的事实，法院认定陆红霞滥用了信息公开申请权，导致了陆红霞在本案中诉的利益的丧失，且陆红霞提起数十起理由高度雷同的诉讼和违背立法目的和诚实信用原则的行为都致使陆红霞在本案中信息公开行政诉讼诉权行使丧失其正当性，故而构成了滥用诉权。南通法院对陆红霞信息公开行政诉讼诉权滥用的判断标准借鉴了民事诉权滥用的认定。

即使在我国现行的《民事诉讼法》的相关规定中已经引入了诚实信用原则作为对当事人诉权滥用进行规制的依据，但由于我国民事诉讼滥用诉权的法律规制时间不长，自身就存在一定争议。诉权在许多学者看来是作为一项基本权利而受宪法的保护，故而以诚实信用原则对这样一项权利进行规制本身在学界仍存在一定的争议。① 此时如果全面地借鉴则容易返回到行政诉讼起诉难的诉讼困境中，且在民事诉讼领域，诉权滥用有骚扰型诉讼、多余型诉讼、故意不作为型诉讼、明显缺乏事实和法律型诉讼、诉讼欺诈、琐碎纠纷型诉讼等多种类型。② 其本身在诉权是否滥用的判断上就并非清晰可辨，需要法官进行个

---

① 例如张卫平就认为："由于诉权是一种受宪法保障的基本诉讼权利，因此，在外国民诉的实践中，以诚实信用原则对诉权滥用的处置是相当谨慎的。在承认诚实信用原则的国家，关于诚实信用与诉讼上权能或诉讼权利滥用的规制两者之间的关系，理论上至今仍存有争议。"参见张卫平：《民事诉讼中的诚实信用原则》，载《法律科学》2012 年第 6 期。

② 参见杜丹著：《诉讼诚信论——民事诉讼诚实信用原则之理论及制度构建》，法律出版社 2010 年版，第 168～172 页。

案分析，全部借鉴则存在着操作上的困难。在政府信息公开诉讼中，由于其本身的特殊性需要我们特殊考量，依照章志远教授观点①，行政信息公开诉讼与传统行政诉讼相比更加积极，其以信息公开申请权为基础，是突破传统行政诉讼中以所诉利益是否涉及自己为标准所划分的主观诉讼和客观诉讼，故而对其诉权的判断也需要更为特殊的对待。依据我国《政府信息公开条例》第一章总则部分的规定②，在我国具备申请政府信息公开的主体为公民、法人和其他组织，几乎涵盖所有的法律主体，并且除依据法律应当主动公开的事项之外，《政府信息公开条例》第十三条规定："公民、法人或者其他组织还可以根据自身生产、生活、科研等特殊需要，向国务院部门、地方各级人民政府及县级以上地方人民政府部门申请获取相关政府信息。"生产、生活和科研构成的申请信息公开的理由，几乎可以囊括申请信息公开的大部分理由，这就使得申请主体和申请理由范围上难以限制，诉的利益十分宽泛而难以判断。南通法院通过对政府信息公开申请权的滥用的认定倒推出陆红霞的诉讼不具备诉的利益，与最高人民法院在《关于请求公开与本人生产、生活、科研等特殊需要无关政府信息的请求人是否具有原告资格的答复》③ 中意见相悖，申请人申请内容的相关判断不能成为判断诉的利益的标准。同时，信息公开行政诉讼中也会出现诚实信用原则在主观恶意的认定困难④，出现多次申请是维权行为亦或是恶意申请的认定困境。

---

① 章志远著：《行政诉讼法前沿问题研究》，山东人民出版社 2008 年版，第 136～138页。

② 参见《中华人民共和国政府信息公开条例》第一条规定："为了保障公民、法人和其他组织依法获取政府信息，提高政府工作的透明度，促进依法行政，充分发挥政府信息对人民群众生产、生活和经济社会活动的服务作用，制定本条例。"

③ 最高人民法院〔2010〕行他字第 193 号《关于请求公开与本人生产生活科研等特殊需要无关政府信息的请求人是否具有原告诉讼资格问题的批复》规定："公民，法人或者其他组织认为行政机关针对政府信息公开申请作出的答复或者逾期不予答复侵犯其合法权益，提起行政诉讼的，人民法院应予受理。申请人申请公开的政府信息与本人生产，生活，科研等特殊需要是否有关，属于实体审理的内容，不宜作为要求原告的主体资格条件。"

④ 例如沈岿曾指出当事人申请信息公开种类包罗万象可能真的关乎其自身的利益。对于所申请的信息是否为政府信息的理解因为因人而异，也不能一概认定为是当事人怀有恶意。参见沈岿：《信息公开申请和诉讼滥用的司法应对——评"陆红霞诉南通市发改委"》，载《法制与社会发展》2016 年第 5 期。

（二）司法机关有无权力制裁滥用权利行为

在"陆红霞案"中，根据法院的裁定，"原告陆红霞今后再次向行政机关申请类似的政府信息公开、向人民法院提起类似的行政诉讼，均应依据《条例》的现有规定进行严格审查，原告陆红霞须举证说明其申请和诉讼是为了满足自身生产、生活、科研等特殊需要，否则将承担不利后果"。① 因为法院的裁判文书在整体上都具有法律效力，因此，虽然在法院裁定主文之前，法院认为以后应当对陆红霞在关于信息公开申请诉讼中的诉讼利益进行严格审查的结论同样具备法律效力。根据法院的裁定，以后陆红霞进行信息公开诉讼中需要举证说明自己的生产、生活和科研的"三需要"。这一做法使陆红霞行使信息公开类诉讼诉权的行使条件更加严格，还增加了陆红霞行政信息公开诉讼的行为的成本，加重行使这一诉权的负担是一种司法上的制裁。

法院对陆红霞的滥诉行为作出了司法上的制裁，但这种对陆红霞实体权利的限制缺乏法律依据且与现行规定相冲突。虽然陆红霞的行政诉讼行为被法院认定为滥用权利，但是我国相关的法律却并未规定法院可以对滥用信息公开行政诉讼诉权的行为进行制裁，对权利的处分行为并不在审判权的含义之内。因为，虽然对权利是否越界的判断，属于审判权的裁量幅度，但是关于权利的处分则属于立法权限范围内。我国民事诉讼活动以前也是饱受恶意诉讼、诉讼欺诈的困扰，但是由于法律并未有对此类诉讼的惩治措施，故而一直采取较为容忍的态度。2012 年修订的《民事诉讼法》中增加了对当事人恶意诉讼损害他人利益行为的惩治措施，自此类民事诉权滥用行为的规制才有了法律依据。我国《行政诉讼法》附则中规定只有在"关于期间、送达、财产保全、开庭审理、调解、中止诉讼、终结诉讼、简易程序、执行等，以及人民检察院对行政案件受理、审理、裁判、执行的监督，本法没有规定的，适用《民事诉讼法》的相关规定"。其中并不包含有关于诉权滥用的惩治内容，且鉴于行政诉权易受到政府公权的侵害，最高人民法院在《关于依法保护行政诉讼当事人诉权的意见》中曾明确指出："不得在法律规定之外另行规定限制当事人起诉的其他条件。要正确处理起诉权和胜诉权的关系，不能以当事人的诉讼请求明显不成立而限制或剥夺当事人的诉讼权利。"② 故而在关于诉权限制的问题上除法

① 参见江苏省南通市港闸区人民法院〔2015〕港行初字第 00021 号行政裁定书。
② 转引自梁艺：《"滥诉"之辩——信息公开的制度异化及其矫正》，载《华东政法大学学报》2016 年第 1 期。

律明确规定外并不能借鉴民事诉讼的相关规定。因此，南通两级法院均认为应当对陆红霞滥用信息公开行政诉讼诉权的行为予以惩戒的做法在现行的行政诉讼法律制度中难以找到合适的依据。

五、结语

"陆红霞案"的出现引起了人们对于滥用信息公开行政诉讼诉权的关注。虽然南通法院在"陆红霞案"中对信息公开行政诉讼诉权滥用的判断和界定上仍存在许多值得进一步探究的地方，但也正如沈岿所言："在司法应对此类问题尚处起步探索阶段之际，这是一种开放的、经验的、试错的姿态，是值得肯定。"[1] 滥诉行为在"陆红霞案"中被法院界定和规制是司法对行政诉讼制度进行完善的有益尝试，同时我们也要充分注意到政府信息公开行政诉讼的特殊性，适当照顾作为弱势一方行政相对人的诉权，防止对诉权的不当限制抵消我们为破解立案难所作出的努力，也通过不断完善的行政诉讼制度来促进法治政府的更好建设和发展。

---

[1] 沈岿：《信息公开申请和诉讼滥用的司法应对——评"陆红霞诉南通市发改委案"》，载《法制与社会发展》2016年第5期。

后　　记

在本书稿付梓出版之际，还有几点需要说明，作为后记。

首先，本次案例评析活动是"金陵行政法案例研究中心"2017年的主要工作和成果之一。"金陵行政法案例研究中心"成立于2016年3月，是由南京师范大学法学院和南京市律师协会共同发起设立的，系全面开展学术科研、案例分析和对策研究的非营利性专业机构和多元化开放型学术平台。本次案例评析活动得到了南京市律协领导和同仁的鼎力支持，承担了全部出版经费。

其次，本次案例评析工作是由"金陵行政法案例研究中心"秘书长杨博炜律师全程策划和推动的，其间，也得到了南京市司法局副局长、市律协党委书记陈宣东和研究中心副主任张利军、严青、蔺瑸、王和平等领导及同仁的热情鼓励和支持。"金陵行政法案例研究中心"以及中心所从事的其他研究工作能够顺利开展，完全得力于他们的辛苦努力和热情支持。

最后，具体承担本次案例评析工作的是南京师范大学法学院宪法学与行政法学科的博士与硕士研究生，他们对于这次评析活动充满激情，也投入了大量的时间和精力。对他们来说，案例研究与评述，既是研究的过程，更是学习的过程。本项工作得以付诸实施并最终完成，得感谢他们的热忱和勤奋。这15个案件的评述工作的分工如下：

（1）吉德仁等诉盐城市人民政府行政决定案，张燕君；

（2）宋莉莉诉宿迁市建设局房屋拆迁补偿安置裁决案，李海峰；

（3）陈莉诉徐州市泉山区城市管理局行政处罚案，熊雅；

（4）念泗三村28幢楼居民35人诉扬州市规划局行政许可行为侵权案，尹杨；

（5）伊尔库公司诉无锡市工商局工商行政处罚案，郝培轩；

（6）张成银诉徐州市人民政府房屋登记行政复议决定案，王晓强、侍海燕；

（7）建明食品公司诉泗洪县政府检疫行政命令纠纷案，李红杰；

（8）铃王公司诉无锡市劳动局工伤认定决定行政纠纷案，杨兰；

（9）夏善荣诉徐州市建设局行政证明纠纷案，周新宇；

（10）杨庆峰诉无锡市劳动和社会保障局工伤认定案，石真；

（11）王长淮诉江苏省盱眙县劳动和社会保障局工伤行政确认案，李海峰；

（12）苏州鼎盛食品有限公司诉江苏省苏州市工商行政管理局工商行政处罚案，胡超；

（13）陈爱华诉南京市江宁区住房和城乡建设局不履行房屋登记法定职责案，张鹏举；

（14）无锡美通食品科技有限公司诉无锡质量技术监督局高新技术产业开发区分局质监行政处罚案，张慧；

（15）陆红霞诉南通市发展和改革委员会政府信息公开案，郝培轩。

书稿经过三次修改，后又经过李晴同学（原为南京师范大学法学院宪法学与行政法学硕士研究生，现为清华大学法学院宪法学与行政法学博士生研究生）全面研读和修改。即便如此，我相信其间存在的问题还不少。不过总体上，我还是比较满意和备感欣慰的，尤其对于学生的成长而言，这是一件非常有益的事。

杨登峰

2018 年 3 月 15 日